墨香财经学术文库

"十二五"辽宁省重点图书出版规划项目

Local Financial Resources Allocation

Desirability, System Logic and Path Choose

地方财力配置

合意性、制度逻辑与路径选择

刘明慧 ◎ 著

东北财经大学出版社
Dongbei University of Finance & Economics Press
大连

图书在版编目（CIP）数据

地方财力配置：合意性、制度逻辑与路径选择 / 刘明慧著. —大连：东北财经大学出版社，2020.3

（墨香财经学术文库）

ISBN 978-7-5654-3724-3

Ⅰ. 地… Ⅱ. 刘… Ⅲ. 地方财政-研究-中国 Ⅳ. F812.7

中国版本图书馆CIP数据核字（2019）第282287号

东北财经大学出版社出版发行

大连市黑石礁尖山街217号 邮政编码 116025

网 址：http：//www.dufep.cn

读者信箱：dufep @ dufe.edu.cn

大连永盛印业有限公司印刷

幅面尺寸：170mm×240mm 字数：241千字 印张：16.75 插页：1

2020年3月第1版 2020年3月第1次印刷

责任编辑：刘东威 周 欢 责任校对：李 丹 徐 群

封面设计：冀贵收 版式设计：钟福建

定价：56.00元

教学支持 售后服务 联系电话：（0411）84710309

如有印装质量问题，请联系营销部：（0411）84710711

“东北财经大学‘双一流’建设项目
高水平学术专著出版资助计划”资助出版

前言

地方财力作为地方政府职能履行的物质保障，其配置的合意性研判、制度逻辑与路径选择既是一个普适的理论命题，也是不同语境下的特定问题，因而成为国内外学者长期关注的理论与实证研究的重大课题。地方财力配置问题在根本上是地方公共资源配置体系与机制的问题，与财政体制、税收制度、非税收入制度、预算管理制度有着密切的联系。同时，地方财力配置制度的发展演化往往受制于历史与现实中体制运行成本、法律、既得利益、适应性预期、行为主体的局限性等因素的综合影响，这些因素为地方财力的配置带来不同的制度环境，推动着地方财力配置机制的不断改革与再造，并引致政府间财政关系的重构，从而使地方财力系统走向多重路径依赖并形成固有的惯性。

如何重构政府间事权、财权、财力分配机制，建立地方财力长效机制并进一步推进地方财力体系建设，是横亘在地方财政收入体制改革面前的一个难题。针对地方财政收入运行面临的新环境与制度环境的多重约束，亟待结合地方财政收入体制、机制的既定路径、运行受限的主要症结和现实可能性，在关键环节、重点领域进行适应性的改革。与此同时，修改后的《中华人民共和国预算法》（以下简称《预算法》）的实施、税制改革、税制结构优化、税费综合改革、政府间财政关系的规范都对地方财力配置体系构建和地方财政收入制度建设提出了新的要求，如何进行有效的回应以避免地方财政汲取收入能力的下降，防范地方财政风险，这又是一个重大的课题。

我国地方财力的变迁基本上反映了财政体制演变的趋势，尤其是收入分权体制是构成这一变迁的中轴逻辑。收入分权体制变迁具有阶段性的特点，每次改革的直接动因都是源于当时的财政困境。从20世纪80年代的财政包干体制到1994年的分税制改革，财政体制变革的实质是围绕着事权、财权、财力而对中央与地方之间的财政权力结构进行重新组合和配置。不同类型的收入分权体制改革直接牵系着地方财力结构的变化和地方财力配置的激励方向。

财政包干制在不断提高地方财政收入占比的同时也对地方财政收入行为产生了逆向激励。分税制改革虽然确定了政府间税收划分制度的总体框架，在一定程度上理顺了中央与地方的财政关系，但这种关系还没有完全通过法律框架加以确定。地方税收体系建设的滞后性、地方财力与事权不匹配、省以下财政体制没有有效推进的问题仍然在不同程度上存在。地方财政收入体制不完善、运行质量不高已经成为我国分税制财政体制进一步完善的一大瓶颈。地方财力配置逐渐形成了体制内寻求税收最大化和体制外寻求非税收入最大化，以及对土地财政收入高度依赖的格局。基于非税收入与土地财政收入来源的不稳定性特点，地方财力配置的结构性缺陷不利于地方财政收入的持续性和地方财政平稳有序地运行，也难以为地方政府治理提供充分的财力保障。总之，破解分税制改革后地方财力配置困境成为财政体制改革的直接目标。

2012年下半年以来，中国经济已由高速增长时代步入稳增长与高质量发展时代，财政收入增速放缓或低增长必将成为常态。在经济下行压力不断增大和经济结构调整转型的宏观背景下，我国地方财政发展的可持续性问题日渐凸显，这是处于改革攻坚期和深度调整期的经济运行情况在财政收入上的必然反映。进入经济新常态以来，为保持我国宏观经济的稳定发展，增强市场活力，政府陆续出台了一系列减收增支的积极财税政策，在一定程度上对地方财政增收产生了较大压力。同时，地方财政收入增长动力不足，突出表现在地方经济运行中转变增长动力、去过剩产能的问题突出、微观企业效益不高，这些因素叠加导致地方财政收入稳定增长与结构性减税之间的矛盾日益显现。

随着经济增长进入由超高速转变为中高速的拐点，作为经济运行晴雨表的地方财政收入遭受了很大的冲击，2011—2018年地方本级一般公共预算收入增长速度呈现波动式下滑，分别为26.6%、16.2%、12.9%、7.8%、4.8%、7.4%、7.7%、7.0%。在财政收入增速整体下滑的过程中，不同区域和中央与地方之间的增速下滑幅度的情形差别很大，对于一些资源、能源依赖型省份而言，财政收入不仅是增速下滑，而且是负增长，收入结构不合理性突出，收入质量下降，特别是县级财政的脆弱性凸显。与此同时，为了应对经济下行走势，国家从2012年起实行结构性减税，从稳增长的需求端和调结构的供给端不断加大减税降费的力度和规模，而地方政府在面临着一个相对缩小的收入规模的同时，改善民生的刚性支出日益上升。在这一背景下，地方财政将面临不断上升的收支压力，地方财政收入减少与地方财政支出增加之间的矛盾更加突出，地方财政结构性失衡以及地方财政赤字扩大的现象也愈发凸显，这些都给地方财政运行带来了前所未有的困难和挑战。因此，必须适应地方财政收入中低速增长的新常态，高度重视这一趋势给地方财政收入质量提升带来的新挑战并积极寻求制度创新。

地方财政收入在全国财政收入中的地位日益重要。从全口径财政收入来看，2018年地方一般公共预算收入占全国一般公共预算收入比重为53.40%，地方政府性基金预算收入占全国地方政府性基金预算收入比重为94.65%，地方国有资本经营预算收入占全国国有资本经营预算收入比重为54.30%。同时，鉴于地方财政收入制度的建设与现代财政制度之间的高度关联性，对地方财力有效配置问题的研究对于有效落实国家加快财税体制的改革战略、切实提升地方财政收入运行质量将起到积极的实践指导作用；同时对于进一步完善现行财政体制、优化税制改革和规范预算管理制度，从收入源头防范地方财政风险也具有一定的决策指导意义。

本书以“财政是国家治理的基础”为基本理念，运用公共经济学的财政分权理论、财政社会学的财政形态划分理论以及国家治理的基本原理，分析地方治理、地方财政与地方财政收入的内在逻辑关联性，构建一个较为完整的地方财力配置分析的概念框架，扩展该领域研究的基本理论内涵，提升定性研究的深刻性和思想性；从系统论的视角，规范性地探讨地方财力配置合意性的研判标准体系，并运用相关指标对我国改革开放以来整体的地方财政收入运行轨迹进行实证分析；同时，选取样本省、自治区、直辖市的收入情况进行考察，全面透视地方财力配置合意性的程度及偏离状况；以新制度经济学的路径依赖和制度变迁理论为指导，对制约地方财政收入运行质量的路径依赖问题加以深入的阐释，全方位解析我国地方财政收入的制度逻辑、路径依赖特征、表现形式及存在的问题；最后针对地方财力配置制度安排及运行结果的主要症结，提出了增强地方财政收入合意性与打破既有路径锁定的政策建议。

本书的内容结构包括8章：

第1章，地方财力配置的立论逻辑与意涵。在地方财力配置分析框架中嵌入财政分权、地方政府治理与财政体制变量，并在此基础上从财政分权、地方政府治理、财政体制三个维度重新审视这些元素与地方财力配置的内在逻辑关联性，基于财政制度模式、收入主体权限、收入来源形式、政府预算管理阐述地方财力构成的划分标准。本部分为地方财力配置问题研究搭建理论支点与概念框架。

第2章，地方财力规模合意性的规范分析。阐析地方财力配置合意性的基本蕴涵，从理论与技术可操作层面，在收入规模的适度性、收入来源的稳定性、收入增长的持续性、收入与支出的匹配性、财权的自主性、收入结构的合理性、收入管理的法定性和规范性、地区间收入的横向均衡性8个维度全面论析地方财力配置合意性的标准体系与评价尺度。创新性地研究税负稳定的经济内涵与政策意蕴，从宏观税负、中观税负和微观税负及其税收弹性系数变动的多层次视角提出研究税负稳定的思路，探讨税负稳定的最低界限与最高界限的衡量标准。本部分运用规范分析方法，为实证研究提供了逻辑前提和应用依据。

第3章，地方财力配置合意性检视。运用相关测度指标，全方位地实证描述地方财政收入相对规模、地方财政收支缺口、税负弹性系数的变化轨迹；通过财政收入分权度、财政自给率、财政依存度与转移支付再分配系数考量地方财力配置的自主性程度；从地方税收收入与非税收入结构、税收收入与转移支付收入占地方公共预算收入比例、地方税收收入结构、地方税种结构、地方非税收入结构五个维度解析地方财政收入结构的变化趋势；深入分析地方财政收入空间均衡性的状况。

本部分的特色体现在从全口径预算的视角，分别小口径、中口径和大口径细化地方财力配置的研究。将税收收入、非税收入和中央转移支付收入统一纳入地方财力研究框架，分别研究不同形式收入的增长潜力、预期稳定性、可持续性与预算管理规范性。基于地方财政构架的内在复杂性和差异性，对地方财力配置合意性的分析既把地方作为一个整体来加以考察，又对省以下地方政府的运行态势进行选择性的考察。

第4章，收入分权体制变迁中的地方财力配置。首先阐述制度变迁中路径依赖理论的要义与适应性，并在此基础上探讨地方财政收入行为的路径依赖约束因素。其次，分析收入分权体制变迁对地方财力配置的影响，分别研究收入分权体制演变的特征，税收收入体制的演变及其对地方财政收入比重的影响。最后，通过收入包干体制的收入激励和分税制体制的收入激励的比较，全面探析收入分权体制的收入激励效应。本部分的新意在于运用制度经济学的相关理论，深入透视地方财力配置中的路径依赖、惯性及锁定，为研究地方财力配置的轨迹与逻辑提供了制度性的视角。

第5章，财权激励下的地方财力配置。系统研究税权配置下的地方财政收入特征，在国内研究文献述评的前提下从税收划分的角度分析地方税权不完全性问题；以问题为导向，论析地方税收体系中主体税种和辅助税种不健全与缺乏省以下政府之间正式的收入分配制度引发的地方税建设问题；从地方非正式财权选择的动因、财政分权引发预算外收入规模膨胀、非税收入规模扩张的软预算约束，以及分税制下的财政需求引致非税收入增长四个方面阐释非正式财权的选择性激励问题。

本部分的研究特色是将地方财力配置问题置于不同时期的现实“环境依赖”中。通过对地方财政收入规模、结构、持续性与收入分权体制、预算管理制度及财政激励机制之间的相互制约与相互反馈的路径依赖的探讨，阐析地方财力制度的演变规律、阶段性特征与问题表现。从激励相容的视角探析地方自有财力与转移支付收入的替代与互补关系，以及对地方最终财力配置产生的效应，提出转移支付制度实现均等化和激励约束相协调的改革方式和路径。同时，拓展到对地方收入分权的程度问题的研究。从地方财政收入初次分配和再分配两个连续完整过程的视角，将收入支配权、广义非税收入纳入研究范围，论证名义税权与实际税权、狭义税权与广义税权之间的区别，探讨在地方财政收入形式多元化的语境下扩展收入分权度衡量的必要性和思路，使得收入分权的衡量更具有操作性和可行性，对财政分权效应的研究更有针对性。

第6章，地方财力对土地财政依赖的机理与制度逻辑。首先运用文献分析法，对国内研究成果进行全面的评析，探求本书进一步研究的重点；其次，从地方政府汲取土地收益的学理依据、土地收益收支特点符合地方政府增强财政能力利益指向、地方政府行为模式助推依赖土地收益的动力机制形成三个维度廓清土地财政的形成逻辑与生发机制，阐述土地财政收入的预算管理方式及其影响；最后，从土地出让收入、土地直接税收入、土地间接税收入三个方面分析了土地财政收入规模变化趋势。在对国内研究文献述评的基础上，通过“后土地财政”的参照系选择与“后土地财政”的供求形成机制的研究创新性地提出了“后土地财政”的基本内涵、态势研判的思路与依据。

本部分的研究特色表现为构建了一个关于“土地财政”向“后土地财政”转变的动力机制、制度基础、体制环境、约束条件的完整分析框架。本部分从理论和制度层面探究了土地财政形成的应然性以及回应改革诉求的实然性，为理论层面的探索和实践层面的土地财政改革诉求提供了一个新的研究视角。

第7章，地方政绩考核机制与收入激励的兼容。深入探索政治激励对地方收入增长的影响，以及政治激励软约束的表现，进而讨论分析政绩考核机制下的地方经济行为取向的动因；通过收入预算的编制环节、收入预算的执行环节、收入预算的审查环节、预决算差异四个维度全面分析政治激励与预算管理机制导致地方财政收入超收的相关性；在上述研究的基础上，进一步探讨分析财政收入政绩化与预算平衡约束驱动对地方财政收入虚增造成的影响及其表现形式。本部分的研究特色体现在将政治激励与地方财力配置结合起来进行考察，既提供了一个问题导向，又能勾勒出地方财力配置格局形成的全貌。

第8章，规范地方财力配置的路径选择。以地方财政收入机制建设面临的新环境分析为切入点，从系统论视角提出规范地方财政收入分配机制的基本思路；阐述合理构筑地方税收收入体系的设想，研究近期与长期方案实施的必要性与可行性；在探讨地方税收自主权的衡量与约束条件，以及国外做法与比较反思的基础上，论证我国地方税收自主权模式选择的合理性；深入研究正确处理地方自有财力不足与转移支付依赖的关系应秉承的原则，明晰政府间事权和支出责任划分的基本路径；系统阐析非税收入治理的关键环节及适时调节土地收益分配制度的选择路径；提出完善地方政府政绩考核制度与有效约束地方政府收入预算行为的基本设想，为研究提出了结果导向的建议。

本部分的研究特色表现在以解决现实问题为着眼点，有针对性地提出构建地方财政收入增长的长效机制、优化地方财政收入结构、增强收入预算安排的科学性的政策建议，进而确保研究的动态性和逻辑连贯性。研究成果将为进一步完善分税制财政体制、有效推进地方财政收入体系建设和制定建设性、可操作性的决策提供有价值的参考。

本书的出版得到东北财经大学“双一流”建设项目高水平学术专著出版的资助，在此深表谢意。

著　者

2020年1月

目录

第1章　地方财力配置的立论逻辑与意涵

在层级政府结构中，地方政府是财政分权治理的着力点。地方政府履行职能和实施经济行为的前置条件是对社会资源的汲取和财源的流入，合意的地方财力配置是地方政府充分提供基本公共服务的财力保障和支撑。合意的地方财政收入制度是切实提升地方财政收入质量、增强地方政府治理能力的基础。横向上地方财政收入关系到政府、企业及个人之间的利益协调，纵向上涉及中央与地方之间的财政关系。在以政府为主体的国家治理框架中，财政汲取能力是国家能力的最重要的部分，地方政府治理的作用机制以及效果都离不开财政分配中产生的利益关系。在治理的多种目标指向中，地方财政收入毋庸置疑成为地方政府治理的重要环节。地方财力配置合意性既是一个经验性判断，又是一个在特定环境下的动态概念。一国不同发展阶段地方政府获取财政收入的形式、种类与体系构成受各种因素影响存在着不同程度的差异，而这也是研究地方财力问题的基础切入点。

1.1 财政分权与地方财力配置

1.1.1 财政分权理论评述

财政是运用公共权力对公共资源的配置手段，财政权力是财政资源获取权、财政资源配置权和财政资源使用决策权的集合，这三种权力正式和明确地配置到各级政府并依此形成分权的财政安排是一国有效治理的前提条件。在一个多级财政框架下，公共权力的运行要求以制度化的形式在纵向和横向两个向度内进行规范配置，这必然涉及中央与地方之间的财政关系，而这种关系本质上是一种利益分配关系，其最有效的安排方式就是以分权契约来体现。规范性分权的效能在于通过政府间权力范围、职责边界的划分来规避信息不对称产生的问题，实现资源有效配置和社会福利最大化的财政目标，以及纵深推进相关财政制度的创新。尤其像我国这样一个大国，分权治理是降低与规模有关的较高治理成本的必然选择。

1.传统财政分权理论要义

财政分权又称财政联邦主义，指以政府职能或事权为基础，给予地方政府一定的税收权力和支出责任范围，并允许地方政府在一定程度上自主决定其预算支出规模和结构的财政制度[①]。财政分权是政治分权和管理分权在财政制度上的反映。广义上，财政分权可界定为上级政府向下级政府下放财政权力；狭义上是指中央政府赋予地方政府一定的财政自主权，通过将支出责任与筹资责任从中央下放地方而给予地方政府一定的支出责任和财权，并使支出责任与财权相匹配。财政分权的功能在于挖掘地方政府在提供地方性或区域性公共品中的比较优势，通过激励机制确保地方有限的财力资源得以有效利用。

传统的财政分权理论以财政联邦主义理论为支撑，基于一些严格假定，如政府以社会福利最大化为目标，在此前提下阐释财政分权如何能

① 徐国祥，龙硕，李波．中国财政分权度指数的编制及其与增长、均等的关系研究[J]．统计研究，2016，33（9）：36-46.

增强地方政府的回应性问题，核心是基于多层级财政体制如何正确地处理各个层级政府间的财政关系，以及地方政府存在的合理性和必要性，因为相对于高层级政府而言，低层级政府基于对地方居民真实信息获取和居民偏好反映的优势能更加贴近居民，对本区域内居民的公共品需求的偏好、数量、质量、结构等相关信息的了解更加全面、正确、及时，即地方政府能够比中央政府更为有效地向当地人民提供地方性公共品。

传统财政分权理论提出了联邦主义结构下不同层级政府的财政职能在政府间分配的基本原则和理论，以及执行相关职能的财政工具。其核心思想是全国性的公共品，应该由中央政府来提供，具备地方性质的公共品应该由地方政府来提供。在资源配置中，中央政府应关注不同地区之间公共品提供的平衡性问题。市场经济体制下财政三大职能中的资源配置职能主要应由地方政府履行，以加强地方政府公共品提供的责任和提高透明度。

Hayek（1945）认为，与中央政府相比，地方政府更适合提供地方性公共品，因为地方政府在相关信息的获取上具有明显优势①。同时，实行财政分权可以减少或者避免信息不对称及信息传导中的阻滞或流失问题，削减公共品提供中的交易成本、控制成本和摩擦成本（Hayek，1945；Tanzi，1995）。

Tiebout（1956）提出居民通过“以足投票”显示偏好，并在不同地区之间选择最符合其偏好的公共品/税收组合，这种“准市场”方式可以促使具备财政自主权的地方政府进行类似市场竞争的辖区间竞争，地方政府间的竞争结果呈现正和博弈，可以满足居民对公共品多元化与复杂化的需求，增加社会公众的福利。从而激励地方政府更有效地提供公共产品和产生最高的财政效率②。

Stigler（1957）从资源配置的公平性和有效性的角度阐释了地方政府存在的必要性与合理性，认为地方政府比中央政府更了解辖区居民的效用和需求，由地方配置比中央更有效率，并在这一意义上提出公共品

① F.A.Hayek，The Use of Knowledge in Society［J］. The American Economic Review，Vol.35，No.4（Sep.，1945），pp.519-530.

② Charles M. Tiebout，A pure Theory of Local Expenditures［J］. The Journal of Political Economy，Vol. 64，No.5，（Oct.，1956），pp.416-424.

应尽可能地采取分权方式由地方政府主导提供，从而有利于将提供公共品的成本分摊与受益直接挂钩，并通过地方政府间的竞争加强对政府行为的预算约束，提高资源配置效率和增进社会福利水平，更好地根据各个地方居民需求偏好实现供给与需求的匹配，实现地方政府行为和地方居民福利之间的激励相容。

Musgrave（1959）从公共品种类及受益范围的角度分析了设置各级政府的合理性和必要性，认为资源配置职能由地方政府负责更有利于经济效率的提高和社会福利水平改进。其理论逻辑前提是应按照“受益地理区域”的原则在各个级次政府间明确界定公共品的供给范围和内容。

Oates（1972）在假定不考虑规模经济和公共品外溢性的基础上，分析了中央与地方在提供公共品方面的效率差异，他认为完全集权有利于解决财政资金稳定性和分配问题，完全分权能为国民提供符合其偏好的公共服务，而财政分权能够结合集权与分权的优点。整个社会的公共品如果完全由中央提供，那么就可能使得整个社会的资源配置不能实现福利最优化，如果以两个小区的环境为资源提供的背景，公共品提供就可以实现资源配置的最优化。地方政府存在的根本原因是为了提高财政经济职能实施效率。

2.第二代财政分权理论内涵

第二代财政分权理论从政府治理角度出发，提出了分权与地方政府增长动力的关系机理，认为地方政府在市场经济的激励和约束机制引导下能够确保其行为动机与当地居民福利的一致性。该理论基于政府的经济人假设，主要运用激励相容与机制设计学说、公共选择理论、委托代理理论，将研究重心置于如何使财政分权体制为地方政府行为偏好带来正向激励，从而更好地增强地方政府公共品的供给责任和提高公共品供给决策的准确性。

Fisman和Atti（2002），Qian和Weignast（2005）将激励相容机制设计理论引入财政分权体制研究。Weingast（1997）阐述了财政分权在改善公共品供给水平上的作用路径，认为财权与事权相匹配、问责机制健全是财政分权改善地方公共品供给的重要保证。需强调的是，取得预定的分权效果要受一些因素的约束，如财政制度和运行机制、财政纪律、转移支付制度等，如果制度和机制运转良好，纪律硬化约束性强，中央政府的转移支付能起到较好的平衡财政赤字的作用，地方政府往往就不会大规模地举债。反之，Wildasin（1997）认为地方政府就会大规模举债。如果对于失去当地居民的支持看得不是那么重要，就会激励地方政府不按本地居民偏好配置财政资源，导致地方政府支出偏好扭曲，产生无效率的公共品供给①。

与传统财政分权理论相比，第二代财政分权理论的要义是实行多级政府结构及财政分权能够强化地方政府本身的激励机制与鼓励它们之间的竞争，实现官员和地方居民福利之间的激励相容。一般来说，财政分权程度、赋予地方政府的自主权与激励方向之间呈正向传递关系，并共同影响着地方政府调整自身决策的范围和强度。而财政分权激励的合意性一般是指有效激励和有效竞争，即在提高地方自治程度的同时，地方财政活动的规范性进一步增强，财政资源的配置能力和公共品供给效率得到不断提升。

3.财政分权理论的简评

传统财政分权理论和第二代财政分权理论都取得了一些有价值的研究成果，为该领域的进一步研究提供了可借鉴的意见。但在具体运用中不能把财政分权理论绝对化，因为这些理论的假说或模型变量并不具有普适性。无论联邦制国家还是单一制国家都实行了财政分权，但由于制度设计、运用环境及其他条件的制约，不同国家所取得的绩效存在着较大的差异，这主要体现在对经济增长与社会福利改善方面的程度不同。可见，由于各国分权的决定因素、制度环境不同，一国的经验并不能为其他国家提供足够充分的支持，所以最优分权程度、绩效的衡量标准与财政分权改革的依据没有统一性，需要根据各国的国情进行适当的修正。

传统财政分权理论只是从财政支出分权的维度阐释了财政分权的必要性，而没有将影响财政分权程度的因素与财政分权效率的适用条件与一国的实际情况联系起来，如财政体制设计对地方政府行为是否产生了

---

① 谢芬，肖育才. 财政分权、地方政府行为与基本公共服务均等化［J］. 财政研究，2013（11）：2-6.

正向激励影响，中央政府和地方政府在偏好上是否存在偏差，地方政府提供公共品是否具有规模经济，政府是否具有很强的管理能力，政府层级设置是否合理、信息和协调成本是否较低，是否具有财政负责任性及影响公共品供给质量的重要制度性因素等，如果这些条件不具备或财政分权产生正向激励效应的制度基础缺失，就难以保证其作用的有效发挥，或者严重影响到地方公共品的供给效率；另外，将财政支出分权与财政收入分权结合起来加以探讨还有待系统化。实际上，在财权与事权严重不匹配的情况下，财政支出分权和财政收入分权之间存在着较大的差异，因而不能笼统地用财政支出分权来说明与描述整体财政分权的程度高低。

虽然第二代财政分权理论将激励机制纳入到财政分权的研究框架中，并且进一步拓展了财政分权有效性的条件，但重点仍然放在财政支出分权和公共品提供效率方面，对于财政收入分权激励机制的形成机理及其对地方政府行为、地方财政支出结构、地方财政运行及地方经济发展影响的研究尚需深入。鉴于此，本书将财政收入分权作为研究的主题，以期从理论逻辑和实践检视两个方面加以论析。

1.1.2 地方财力的基本界定

中央与地方之间进行行政与经济分权是国家治理的必然选择。从国家治理的角度，中央政府和地方政府是一个大国治理的主体。我国的政府治理结构表现为中央集权、多层级、多地区的政府组织架构。财政分权使得中央政府和地方政府成为两个较为独立的利益主体，地方一般泛指除中央外的所有层级，地方政府在财政体制和财政制度既定的框架内全面主导地方的经济社会发展。与其他转型国家或发展中国家相比，地方政府在经济发展中的推动作用是我国经济发展的典型特征与发展模式的核心①。由于各个地方实际经济发展阶段与状况不同，在制度设计、政策制定及执行、改革需求与目标等方面存在着差异，因而在横向上各个地方将呈现出多元化的发展模式与格局。

① 付敏杰，张平．增值税改革：从稳定税负到国家治理［J］．税务研究，2016，382（11）：18-22.

基于新制度经济学的视角，地方政府是影响制度变迁的一个重要因素，在公共领域中发挥着不可替代的作用。需特别强调的是“郡县治，天下安”。在单一制国家体制下，作为行政管理体制的重要一环和宏观调控的直接落实者，县级政府在国家治理中地位重要、作用特殊，必须予以正确的激励和约束[①]。从合约关系中的委托—代理视角看，地方政府具有双重的委托代理身份，横向上作为地方居民的代理人承担着为辖区居民提供公共品的职责；纵向上作为中央的代理人，地方政府往往承担着中央转移或委托的事权，以及中央与地方共同分担的事权。

地方政府作为辖区经济活动的主导者、财政分权的实际操作者和局部利益的支配者，在分权化改革实践中客观上形成了相对独立的权力，在所辖区域内对经济发展拥有很大的控制权和影响力，并以追求地方利益最大化为目标。地方政府作为一级政权组织，在本地事务治理中扮演着重要角色，不仅具有管理和调控地方经济社会运行的职能，而且对整个经济社会的发展也起着非常重要的作用。对于地方政府而言，其职能的有效履行、自身利益诉求的满足以及为地方居民提供公共品的前提保障是通过各种形式获得稳定可靠的财力。改革开放以来，我国行政性放权、经济性分权和激励机制的共同作用保障和固化了地方的独立经济利益，同时也为地方追求经济增长和财政收入目标提供了充分的驱动力。

财力配置的实质是政治权力制约下的财政资源分配。在这一意义上，有什么样的权力分配格局就会有什么样的财力配置模式。地方财力是在一定时期内各级地方政府以各种收入形式占有的从微观经济主体转移来的资源价值总量，是政府提供公共品的财源基础，也是公共资源在中央政府和地方政府之间配置结果的反映。地方财政收入来源与财政收入能力是地方政府执政的基础和地方政府维持运作的支撑条件，在相当程度上决定和制约着地方财政的基本格局和走向，也直接关系到地方政府执政目标实现的程度，更标识着地方在社会公共资源配置中的角色和地位。

地方政府汲取财政收入的行为既受到社会环境的影响，又影响地方

① 李杰刚，李志勇，高子达. 县级转移支付与地方财税收入相关性分析——以河北为考察样本［J］. 地方财政研究，2016（11）。

政府自身的运作形态并进而影响国家与社会的关系形态。完整的地方财政收入体系是地方政府运用财权获得的各种形式收入集合，除了税权，地方政府实际控制着国有资源与国有资产的公共产权。财政收入实质上是公民私权对政府公权的某种让渡，是政府提供公共品的价格，获得财政收入的正当性也是地方财政收入制度设计的逻辑起点，否则就会受到质疑和难以得到民众认可。

构建合理的地方财政收入机制是财政分权的重要环节。相对于中央财政收入而言，地方财政收入达到合意性的程度通常和特定的制度环境密切相关，并受财政分权模式制约。因为地方财政收入问题并非只是地方的问题，它牵涉到整个财政体制框架，是地方经济发展与财政体制的一个连接点。财政分权体制下地方财政收入的规模与结构是中央与地方财权财力纵向配置中需着力解决的核心问题。地方政府的财政收入行为会受到财政分权模式导向的影响而变化，并且具有明显的制度化特点。为此，地方财政收入的内涵可以从三个方面进行阐释：

其一，地方财政收入反映了地方政府财源流入与财政汲取能力。地方财政收入是地方一切政治、经济和社会活动的物质基础，是地方政府提供公共品保障能力的财政前提，是地方政府为了履行社会管理和经济调控职能、实施公共政策、提供地方性公共品而在一定时期内（一般为一个财政年度）以各种形式参与国民收入分配取得的货币收入或资金保障。

其二，地方提供公共品的成本补偿决定了汲取必要财政收入的实在性与正当性。在衡量地方政府财力与可获资源能力方面，地方财政收入是一个最为重要的指标，也是地方政府集中性分配活动的重要载体。地方财政收入直接影响地方政府的运转和职能的发挥，即地方政府履行职能的广度和深度、提供公共品的范围和规模都与财政收入的丰裕状况直接相关。

新制度经济学从国家职能界定——为社会生产和出售秩序、公正和安全这些社会“产品”，以及国家机构正常运转的需求视角，阐释了国家拥有确定和保护“所有权”的正当性，以及职能履行和机构运转所需收入的必要性。其中税收收入是公共品提供的资金保障和成本补偿的主要方式，根据“社会契约论”的观点，地方政府和公民之间是一种权责对等的契约关系和互利双赢的利益交换关系，即公民通过各种方式将自己的利益转移形成财政收入，实质上是公民私权对政府公权力的某种让渡，即把私人可供支配的收入变为政府可供支配的收入，涉及公权和私权的冲突与协调①。

其三，地方财政收入与财政分权相互影响，相互制约。地方财政收入是财政分权的必然结果和要求，财政分权优势的发挥和利益的获取受制于地方政府筹资能力的大小、财政收入汲取形式是否正当、收入规模是否适度、收入结构是否合理、收入使用的结构是否符合辖区公众偏好、财政资金管理制度是否完善和收入分配使用的预算透明度的程度高低等因素。财政分权制度的设计直接关联到地方财政收入的合意性程度，地方财政收入的数量与质量又是财政分权得以有效实施的前提保障，因此，研究地方财政收入需要以财政分权为逻辑起点，并在特定的制度或体制框架下展开。

1.2 地方政府治理与地方财力配置

地方政府治理要求地方具备较强的资源汲取能力，因而地方收入能力是地方政府治理能力的集中体现，特别是随着我国分税财政制度不断地改革与完善，地方政府承担更多社会事务的治理责任，如何有效地汲取社会资源以治理地方公共事务就成为理论研究和实践探索的重要课题。

1.2.1 地方财力是地方政府治理的基础保障

国家治理体系是由一系列制度安排及运行机制构成的，覆盖了国家的政治、经济、社会、生态、文化等各个关键环节和重要领域。同时，国家治理又是由这些方面互相联系、互相协调形成的制度架构，目的是规范、约束社会权力的有效运用和维护良好的公共秩序。在现代市场经

① 郑谊英. 地方政府非正式财权偏好成因分析及法律治理［J］. 财政研究，2015（1）：75-79.

济中，政府是国家治理的主体性力量之一，财政与政治、经济、社会具有高度的相关性和联动性。财政是国家控制权力资源的经济体现，财政作为政府的分配手段和宏观调控工具，财政分配的综合性以及各种利益关系交汇点的地位决定了财政是现代国家治理的基石和重要支柱。财政制度在国家治理体系中始终发挥着基础性、制度性和保障性的作用，财政制度安排承载着中央与地方的财政关系，体现了国家制定法律制度、执行公共政策、治理经济社会事务以及社会秩序的水平。可以说国家治理现代化与财政制度现代化相辅相成，国家治理现代化离不开财政制度现代化，财政制度建设是构建国家治理体系的必要手段和重要保障。

财政收入不是单一的政府筹资行为，而是预置了公共活动的目的和相关政策目标。在财政制度的三个基本要素——财政收入、财政支出和财政收支管理中，财政收入的来源具有决定意义。它决定着财政本身的性质与支出走向，决定着预算制度的性质，也建构着国家与社会的关系。从历史上看，依据财政收入的主要来源，财政制度大体可划分为国王财政、国家财政以及公共财政三种类型。国王财政的收入来源于国王的自有领地和诸侯的进贡；国家财政制度主要出现在实行计划经济体制的国家，财政收入主要来自国家自营经济；在公共财政制度下，公民个人和企业缴纳的税收成为国家收入的主要来源。财政收入作为国民财富的一部分由政府支配，其背后的逻辑是：公民支付税收委托政府用这笔钱为他们提供公共服务[①]。

从国家治理的角度，财政收入是国家维持其存在、运行和治理的根本基础。因为任何形式和机构的国家治理都必须依赖国家财政资源的汲取，国家治理能力建设目标的实现程度与资源汲取、公共品提供、资源再分配、宏观调控这些方面密切相关。财政收入是政府履职施政的根本基础，同时，财政职能的履行和职能目标的实现与国家治理有效性密切相关，并且直接影响和制约国家治理现代化水平的高低。另外，财政收入实质上是对各相关主体利益分配关系的一种调整，如果在财政收入分配中不能公平、公正地处理与协调好相关利益主体的关系，就会引发社

① 付爱兰．预算民主视阈下的我国财政“超收”现象审思［J］．内蒙古大学学报：哲学社会科学版，2013，45（2）：11-17.

会收入分配格局不合理，甚至导致社会矛盾加剧，直接影响到社会结构的优化和国家治理的效果。

现实中公共品受益范围的地域性和层次性决定了必须建立地域性和层级性的治理结构，如此政府治理的多重目标指向在政府的层级结构中才能真正得以落实和实现。在层级制政府结构中，地方政府承担着提供地方性公共品的主要职责，尤其是下级政府承担着更多的社会保障、医疗卫生、教育、住房等与群众生活密切相关的事权和财政支出责任。从国家治理的角度看，地方是一个有效的、相对独立的治理主体。在我国，随着分权财政体制改革的深化，地方政府正成为国家治理的重要载体和基本单元。地方政府治理水平的提高和治理结构的改善对于实现政府的现代治理具有重要的现实意义。

增强地方政府的治理能力是地方财政改革的最终目的。地方财政收入的体制设立、机制构建都与地方治理架构之间存在着一定的内洽性。地方政府治理的价值理念建立在契约基础上，强调地方性、社会性和法治性，治理的目标是规范地方政府行为，提高地方公共资源的配置效率，推进地方经济发展和社会稳定。较高的治理水平是降低地方性公共品提供的交易成本、提升地方经济社会发展质量的有力保证，而法制化、规范化和有效性的制度建设是治理的重要途径。地方财政收入体系具有服务地方经济发展、公平社会分配和增强民主政治等多重政策指向，其合意性程度直接关系到地方政府的财力保障和治理质量。地方财政收入制度的设立对于构建科学合理的地方政府治理结构至关重要，因为地方政府提供不同层次的公共品需要相应的必要的财力作为支撑，因此，政府财政收入也要按照政府层级结构来配置。

地方财政收入制度现代化是地方治理现代化的主要内容。地方财政汲取能力是地方治理能力的重要组成部分与基础性环节，也是其他治理能力，如再分配能力、调控能力、整合能力建设的物质基础。地方财政收入制度体系以及运转机制是地方财政制度建设的首要环节，决定了地方财政治理水平与地方政府的治理水平。地方财政收入制度反映着政府间及国家公权力与公民权利之间的关系，其制定及实施对地方政府的财政行为及政府治理方式都会产生直接的影响。法治型、服务型的现代政府是现代国家治理体系的核心要素之一，地方财政收入体制的改革有助于提升地方财政收入法制化水平，并为实现地方政府职能转型提供保障条件。

1.2.2 地方财力是地方政府履行职能的必要支撑

财政职能与政府职能之间存在着逻辑关联。财政职能虽然是财政本身具有的内在属性，但它与政府职能转变密切相关，而不同时期政府职能的内容、结构、履行方式在很大程度上取决于不同阶段经济社会发展的深度、广度及国家治理的目标。如与国家治理体系和治理能力现代化相适应，党的十八届三中全会的有关文件对新时期财政职能定位进行了全新概括，明确指出科学的财税体制具有优化资源配置、维护市场统一、促进社会公平、实现国家长治久安的功能，科学的财税体制是这些功能有效发挥的制度保障。

财政职能在政府间划分的科学性和有效性是财税体制的重要内容。由于各级政府所处的地位、对经济活动干预的范围不同，因而各级政府财政职能的侧重点与分工，以及发挥职能的政策工具也有所不同。一国不同时期财政职能的划分会随着财政职能内涵、表现形式与履行手段的变化呈现出动态特征。地方政府治理的目标是为了保证地方政府有效实现其社会管理职能和经济调节职能，地方财政是实现地方政府治理目标的主要操作者，其治理的手段、机制、目标的可行性与有效性影响着一国政府整体治理能力水平的高低，同时地方政府的行为模式直接决定着一国分权的绩效，并通过地方财政职能的有效履行确保地方财政运行的高效率和持续稳定。

多级政府体制下必然涉及财政职能的划分。基于对公共品的层次性以及受益范围、外部性、信息复杂程度、公共品提供的比较优势、履行职能手段的局限性及效果有效性的多维度分析，传统财政分权理论认为，在联邦财政体制中，收入分配和稳定职能主要由中央履行，资源配置职能主要靠地方来履行。同时，地区间的外溢性表明需要中央政府的介入，在一个多级政府和复杂的公共品提供清单语境下，在决定最优政府组合时不可避免地要进行空间外溢和规模经济之间的协调[①]。这种职能划分理论已被国内外学者所认同，并逐渐成为处理和安排政府间财政关系的基础依据。

该理论是建立在一系列假设前提下对理想的应然状态的一种描述，起源于发达国家，并以西方国家三级政府结构为实践蓝本，因而在具备成熟市场的国家付诸实施具有一定的可行性。然而，现实中这些条件很难在各个国家同时被满足，其对现实的解释力就具有一定的限定性。事实上，政府间财政职能划分从实质上确定了各级政府财政活动范围，总体上在多级财政体制框架下，中央财政职能与地方财政职能具有同一性，换言之，收入分配职能、稳定与增长职能一定程度上也能嵌入到地方财政中，只是与中央财政职能相比在履行职能的范围、环境、条件、侧重点、难易程度方面存在着差异。同时，无论中央还是地方，其财政职能的履行都借助于财政收支手段来实现，并且其政策工具贯穿于各个财政职能之中，这是由财政职能之间的密切关联性所决定的。因此，研究政府间财政职能的划分不能把三个财政职能作为独立单元来考量，简单地将它们归宿于中央政府或地方政府，而应更加关注它们的融洽程度和协调配合的有效性。

在分权治理的保障机制中，一方面，政府间职责划分、地方政府职能边界是决定财政收入规模和范围的根本性前提，另一方面，地方政府要较好地履行其财政职能必须要有相应的财力做支撑，因而地方财政收入的合意性也是必不可少的着力点。换言之，国家治理或任何层级的政府治理都必须依赖财政收入。地方财政收入是地方财政运行的首要环节，也是地方政府治理和地方财政职能履行的基本依托。

1.3 财政体制与地方财力配置

1.3.1 财政体制与地方财力的形成

财政分权治理能否对地方财政收入产生正向激励取决于财政体制的

① Wallace E. Oates. The Theory of Public Finance in a Federal System [J]. The Canadian Journal of Economics, 1968, 1 (1): 37-54.

设计和相关制度条件。财政体制是政治体制和经济体制的交汇点，既涉及中央和地方在动员、支配经济资源上的权责划分，也是一个中央与地方之间集权与分权关系依据何种原则处理的问题。财政体制具有综合性和基础性，是形成和决定各级政府财力的根本性制度，从纵向上——税种的划分及转移支付模式和横向上——税收收入和非税收入结构两个维度影响着地方财政收入规模及结构。财政体制的设计一般受政治体制、政府结构、一国的经济资源配置方式及历史文化传统、财政活动效率和财政委托代理有效性等因素的制约。财政体制是政府间权力资源配置格局最充分的体现，地方财政收入构成与收入行为模式受到既定的财政体制的制约，财政体制的变迁意味着地方政府汲取收入的基础与方式也要随着变化。

标准意义的财政体制要求下级政府在一定的法规约束下拥有对称的税收和支出的自主权。财政体制设计和优化是地方政府治理的基础环节，权责清晰、激励相容又是财税体制改革的基本方向，财政体制中的四个要件——事权、财权、财力和支出责任的不同组合形成了不同体制模式，且呈现动态变化。事权调整、支出责任变化需要与财权、财力的分配进行联动，即这四个要素的变化要相互适应与同步推进。事权[①]与支出责任是具有连带关系的比较近似的概念，事权的一般性内涵表明一级政府运用财政资金在公共事务、公共品提供中应承担的任务和职责，支出责任是政府履行财政事权的支出义务和保障，是和财力直接使用相关的一个概念，意味着政府在履行事权、承担公共品责任方面必须履行的支出义务。事权与其相应的财政支出责任的纵向配置在政府间财政关系中处于基础性的地位，是政府间财权及财政收入划分的主要依据之一，也决定着政府间财政转移支付的结构和规模。

在多级政府财政体系下，事权与支出责任是两个对应性的配套环节。事权与支出责任匹配是衡量和评价财政体制的最重要标尺，但事权与支出责任之间的逻辑顺序又有所不同。一方面，事权划分是研究财政体制相关问题的重要基点和前置因素。各级政府事权的合理配置是科学

① 事权是我国财政体制语境下广泛使用的一个概念，在西方财政分权理论中相对应的说法是职能。

设计各级政府支出责任划分的重要依据和先决条件。换言之，事权划分是先导，事权的内容、实现方式及其分工决定了支出责任的边界和划分结果，要在明确事权的基础上明晰相应的支出责任；另一方面，支出责任是事权实现的载体。一级政府要较好地履行其事权必须要有相应的财力做支撑，事权最终都要通过财政支出责任来落实和保障。一般来说，有什么样的事权，往往意味着对应的支出责任，而支出责任又具体体现为一级政府的财政支出安排。总之，政府间的事权、支出责任、收入划分是运用转移支付的基础和前提，它们之间的有序安排和合理组合才能更好地发挥财政体制的效能。

在西方的分税制理论中，没有事权这一术语，而是以支出责任范畴来代替事权概念。这意味着在西方的财政实践中，某级政府的事权就是本级财政的支出责任，两者合二为一。然而，在我国的财政理论中，却同时存在事权和支出责任两个概念。换言之，我国的财政实践中出现了某级政府的事权与其财政支出责任脱节的现象。也就是说，即使某项事权属于某级政府，但该级政府并未完全履行其支出责任。比如，口岸建设、部队营房建设等本是中央的事权，但地方却承担了部分支出责任。相反，因农村税费改革造成的地方财政减收，中央财政却承担了中西部地区公务员工资发放的部分支出责任，而公务员的工资本应由地方财政承担全部的支出责任①。

原则上地方政府仅仅承担实现其事权所需的财政支出，反映出政府事权与支出责任分担之间的一致性。然而，受地方政府财政能力、履行职责成本以及公共品供给职责共担或委托等因素的影响，地方政府事权与支出责任的不对称是非常普遍的状态。从世界范围看，各国主要支出责任划分都采用支出责任共担的方式。如中央财政要深度参与对资金量需求较大的基本公共服务供给，这突出表现在一些民生性的项目上，如基础教育、医疗卫生的提供都以法律来保障各级政府共同分担的项目和比例，特别在环境保护等外溢性程度高、区域性强的公共服务提供方面，中央承担的比例较高。对于如社会保障这类社会发展长期面临的重

① 陈颂东．与分税制原则有关的几个认识问题［J］．地方财政研究，2016（7）：60-63.

点事权，中央或独自承担或承担比例较大[①]。

财权与财力是财政体制要素中既有关联又有显著区别的两个概念。财权一般是指各级政府筹集、支配收入所拥有的法定财政权力，财力是财权履行的最终落脚点，体现了各级政府在一定时期内真正可支配收入及拥有的财政资源。财权和财力之间并没有必然的连带关系或不要求完全一致与相互匹配，对于一级政府而言，拥有财力与拥有财权不是完全对等的，特别是对地方政府而言，如果被赋予了一定的财权并不一定就能获得预期的财力。从筹资的角度，一级政府的财力可能源自本级政府和上级政府两个渠道，相应地，不管是来自于本级政府的税收收入、非税收入还是来自上级政府的转移支付收入，从给地方政府带来的收入效应来说并不存在实质性区别。从财权的角度，一级政府的财政收入主要来自哪级政府或哪种形式，一般反映了地方是否拥有自主权及其程度的大小。

转移支付是影响政府间财力分配的关键性因素，是分权财政体制下地方政府财力的一个主要来源，也是衡量收入分权程度必须考量的一个变量。就政府间纵向分配来看，转移支付制度使得下级政府的财力可能往往大于它的财权，因为地方政府是转移支付资金的具体使用和管理者。横向来看，财权与财力关系的关键之处在于某一级政府掌握的财权大小和地区经济发展水平的高低。经济发达程度不同的地区自筹财力的能力参差不齐，对于发达地区而言，只要赋予相应的财权就能够比较容易地取得所需要的财力，反之，对经济欠发达地区而言，即使给予相应的财权也没有组织收入的基础和能力。从我国主体功能区的类型来看，对于限制开发的地方以及禁止开发的地方而言，生态脆弱与税源较少，即使被赋予了相应的财权也很难有稳定的收入来源，因此这些地方政府的收入主要依靠转移支付。

1.3.2 政府间财力分配与支出责任划分

支出责任是事权与财力之间的逻辑节点，是政府履行财政事权的支

① 白景明．进一步理顺政府间收入划分需要破解三大难题［J］．税务研究，2015，362（4）：3-8.

出义务和保障，是和财力直接使用相关的一个概念。逻辑上各级政府承担支出责任就会衍生政府间财力分配的需要。就财政体制的构成要素而言，事权、支出责任和财力是相互贯通的链条，其中事权是前端，支出责任是事权与财力之间联结的中端点，财力是落脚点或后端。支出责任更多的是从筹资或财力的意义上来体现的，财力内含于支出责任，财力是基础，支出责任属于财力运用过程的实质内容和量化指标。

各级政府支出责任的合理配置是科学设计各级政府收入划分的前置因素、重要依据和先决条件。政府间支出责任的划分不仅受到财政收入体制的约束，还要受制于政府职能的客观经济属性（受益范围、外部性、规模经济、信息复杂程度、再分配性质等），还受到多重激励的约束。支出责任的划分是约束收入划分的最基本变量，支出责任的边界和划分结果往往意味着对应的财力分配格局，同时也是中央和地方收入规模和结构应达到何种水平的基本依据。原则上政府间财力分配与支出责任分担应成正比，一级政府收入筹措能力应与本级政府所承担的支出责任保持对应性，即一级政府财力水平与其承担的支出责任应呈正相关，财力水平越高，支出责任就应越大。Musgrave（1959）的研究表明，税收和支出责任相对应时分权才能够改善公共福利。相应地，支出责任越大，就越需要提高收入规模来满足支出需要，从而形成不同层级政府支出责任与财力相匹配的财政资源格局。由此支出责任变化需要与财力的分配进行联动，各级政府财力增长的测度要和支出责任有机地联系起来。

现实中二者的匹配模式通常有两种表现形式：一种是财力与支出责任对称，即通过收入划分获得的财力水平与支出责任划分要求的支出水平大致相等，二是财力与支出责任之间存在缺口，需要中央转移支付来进行弥补。换言之，对一级政府而言，收入划分与支出责任划分具有内在关联性。收入划分是支出责任划分的基本前提，收入划分直接决定着应履行的支出责任程度，但这并不表明收入只能来自本级政府，支出的安排与筹资责任的承担之间可能会存在着分离，由此形成一级政府财政支出的资金来源既来自于本级政府，也包括上级政府转移支付的格局。因为各级财政之间事实上不能做到完全相互独立，中央与地方收支划分的结果往往使地方财政自身难以拥有足够的收入来满足其支出需要，这种情况在地方不能拥有充分财权的情况下更为严重，因而需要转移支付来矫正财政资源分布不均衡导致的地方收支缺口，进而均衡不同层级政府财力和改善地方财政能力，进一步实现基本公共服务均等化。

我国1994年的分税制改革对最重要也是最难的中央与地方事权和支出责任划分基本没有触及。除了国防、外交等中央政府的专有事权，地方政府在辖区内拥有的地方事权基本上是中央事权的延伸与细化，并且几乎涵盖全部的社会管理职能。事权重叠交叉往往带来一些弊端，如政府间职责细分存在着不明晰的地带，这在一定程度上造成中央政府承担的事权却由地方政府承担部分支出责任，中央与地方的共同事权由于支出责任分担比例划分不明确、不固定也造成地方政府承担的支出责任过多。

从地方政府层级来看，省、市（县）级政府之间也存在事权与支出责任不对称的情况，如属于省政府承担的部分事权却由市（县）财政承担了支出责任，这是省域内各地级市之间基本公共服务供给水平存在较大差异的一个体制原因。这种情形直接导致基层政府财政收支矛盾更为突出，基层政府履行职能（事权）与其自身所拥有的财力严重不匹配，在地方财政收入结构中突出表现为更加依赖上级政府转移支付而不是地方税收。转移支付表面是资金的转移，背后折射的是支出责任的转移，转移支付既是基层政府获得财力保障以满足其履行职能（事权）的一个重要选项，也成为中央政府承担支出责任的基本路径。

1.4 地方财力构成的界定标准

地方财力是一个具有整体性、层级结构性、联系性和动态性的系统，本质上体现的是一种以地方政府为主体的特定分配关系——横向上体现了政府与纳税人之间的分配关系，纵向上反映了中央政府与地方政府之间的分配关系。相对于中央财力，地方财力的构成与决定因素等有其特殊性。地方财力是适应“一级政府、一级事权、一级财权”的分级政府和分级财政的需要而产生的，是分级财政管理体制下的必然产物。

与地方政府层级相对应，地方财力也带有明显的分级特点，收入结构横向上表现在不同收入形式之间，纵向上体现在中央与地方之间。地方财力又是财政体制与税费制度的连接点，与财政体制与税费制度改革密切相关，并随着改革的变化而不断调整。

研究地方财力问题既要从整体加以系统性考察，也要关注各种收入形式的结构效应，平衡好各种收入形式之间的互补和替代关系，从而分析地方财力构架的内在统一性和差异性，因而对财政收入进行科学分类是一个必要的环节。由于财政收入口径不同、基础数据存在出入、研究的目的和分析的角度各异，目前在揭示地方财力分类的衡量标准与体系设计方面还没有统一定论。

1.4.1 基于财政制度模式的地方财力构成

基于财政制度模式的政府财力分类是从社会变迁的角度来认识财政问题的。财政社会学作为一门综合性学科，从整个社会特别是历史的角度来探求财政制度的路径演变，并根据国家收入类型将国家大致分为领地国家、贡赋国家、关税国家、自产国家、税收国家、租金国家等。其中，自产国家的财政收入主要来自国有企业上缴的利润，大致与计划经济体制相匹配；税收国家指国家财政收入主要来自于私人部门缴纳的税收，大致与发达国家的市场经济体制相匹配。我国改革开放以前，财政收入主要来自国有经济部门。改革开放以后，随着社会主义市场经济体制的建立和完善，财政收入中对国有经济部门的汲取比例不断下降，对私营经济部门的汲取比例逐渐上升，财政体制也进行了从“利改税”到“分税制”的一系列改革，使得国家类型从“自产国家”转型到了“税收国家”。

从现实来看，利润主要来源于国家所有或国有控股企业。从租金的来源看，土地出让金被认为是最大、最重要的形式，也包括其他租金收入如海域使用金等。根据财政社会学的第一命题，私人经济部门缴纳的税收在财政收入中比重越高，向税收国家转型就越彻底，国家对社会的依赖性就越大；而财政社会学的第二命题则表明在财政收入中，利润和租金的比重越高，国家对社会的依赖性就越小，国家的自主性就越高[①]。

在不同的社会发展阶段，政治制度的安排决定了政府汲取资源的方式不同。从财政收入的形式演变及其占主导的特性出发，财政制度可分为贡纳型财政、租金型财政、利润型财政、税收型财政、关税型财政和公债型财政，不同类型对应于不同的产权结构。贡纳型财政是产生最早的一种模式，在这种模式下领主拥有不完全产权；租金型财政以拥有特别的产权结构为基础；利润型财政以国家直接支配产权和政府单一所有为特征；税收型财政下私人产权得到明确界定和保障；关税型财政强调内部产权和外部产权在权能和收益方面的差异；公债型财政以偿债来源确定产权结构[②]，其中税收国家是现代国家民主治理的根本标志。

整体上看，历史上各国财政收入大致分为四种形式：贡纳型财政、租金型财政、利润型财政、税收型财政[③]。这种财政收入分类实际上是从演绎法的角度，将政府权力与其派生收入结合起来，其划分机理同样适用于地方政府。概括起来，地方政府根据行政管理权获得税收（收费）收入，依据所有权取得租金、利润（国有资产收益）收入，凭借信誉得到债务收入。相应的，税收、收费、租金、利润（国有资产收益）应属于地方政府内源性筹资方式，而债务应归为外源性融资形式。每种收入形式各归其位并与不同类型公共品筹资目的相对应。

1.4.2 基于收入主体权源的地方财力构成

基于收入主体权源的标准，政府财力可分为税收收入和非税收入。在统计口径上，地方财力可分为小口径、中口径和大口径。小口径是指地方拥有收入立法权、收入征管权和收入支配使用权，这属于典型的财政分权模式；中口径是指地方拥有收入征管权和收入支配使用权，但不拥有收入立法权，这属于分权型的收入分享模式；大口径是指地方只拥有收入支配使用权，这属于集权型的收入分享模式。一般来说，不管是

① 史锦华. 基于财政社会性中“中国困惑”的深度思考［J］. 地方财政研究，2016（3）：45-60.

② 刘志广. 财政社会学视野下的财政制度变迁与经济社会转型——兼论20世纪末社会经济转型的实质及其发展趋势［J］. 经济与管理研究，2007（2）：27-31.

③ 陈志勇. 现代税收与政府预算：内在逻辑和制度契合［J］. 税务研究，2015，360（2）：10-16.

财政联邦制还是财政单一制，地方政府都有一定的收入征管权和收入支配使用权，但在收入立法权，特别是税收立法权方面却存在着较大的差异，因而不同口径下地方的财力规模，以及宏观税负的衡量标准呈现出不一致性的特征。

在收入权中，税权是核心。理论上，税权包括税收立法权、税收征管权和税收收入支配使用权。税收立法权是税权的主导和根本，税收征管权是税收立法权的执行和落实，税收收入支配使用权则是前三个权力行使的结果。从立法权、征管权和收入支配使用权三个维度来考察，税权可以构成复杂的四种组合。一是集权型——立法权、征管权和支配使用权都归中央；二是集权型的收入分享——立法权与征管权归中央，支配使用权共享；三是集权分权结合型——立法权归中央，征管权和支配使用权归地方；四是分权型——立法权、征管权和支配使用权都归地方。我国地方政府除了不拥有税收立法权外，拥有一定的税收征管权和税收收入支配使用权，这集中表现在第二和第三种模式中，而税收收入支配使用权对于保障地方政府履行支出责任是最为关键的。根据横向财权分配程度，目前地方财权既有部分税权，也包括非税收入权。在非税收入逐渐成为地方政府财政收入重要组成部分的现实环境下，必须把非税收入纳入地方财力研究的框架。

1.4.3 基于收入来源形式的地方财力构成

1.基本框架设计

地方财力来源不是单一的，表现为由各种形式综合构成的收入体系，而收入形式的选择主要受财政体制模式、预算管理水平、经济发展程度等因素的制约。在收入分权体制下，地方政府将根据自身效用函数和约束条件来选择和决定收入的具体方式。按照收入来源和预算管理标准，可采用不同的口径来分析不同发展时期地方财力的构成内容与范围大小。

改革开放以来，我国地方财力来源逐渐呈现出多元化态势，预算内收入、预算外收入和既不纳入预算内管理也不纳入预算外管理的制度外收入构成了大口径的财力体系。这三种形式的财力都形成了微观经济主体的一种实际经济负担。出于自身研究的需要，一些机构和学者采用了不同统计口径来研究政府财力规模，并从小口径、中口径和大口径的角度对宏观税负进行测度。在1994年分税制改革框架下，地方财力主要来自税收收入、非税收入、制度外收入、中央转移支付收入和债务收入。在这5项地方财力中，本书的研究范围不包括制度外收入和债务收入，主要是基于两个方面考虑：

其一，限于制度外收入和债务收入在预算管理、数据度量等方面的特殊性。我国在统收统支体制下，财政收入都纳入预算管理，预算收入就是财政收入，在这一语境下用预算收入口径来统计财政收入具有合理性。改革开放以来，财政实行一系列放权让利改革措施，政府间收入分配博弈的表现形式主要体现在地方财力呈现明显的多元化与复杂化特点，特别是预算外和制度外收入迅速增长。可见，由计划经济向市场经济转轨过程中政府间收入分配体制欠规范是预算外及制度外收入形成的内在动因。

预算外和制度外收入的区别以财政预算管理制度为标尺。预算外收入有规可依，有据可循，属于体现在部门预算中的制度内收入，具有法理地位。制度外收入最初是指乡镇自筹经费，之后扩展到泛指财政管理体制之外的各类政府不规范收入。制度外收入的征收依据是政府及其所属机构的行政权力，收入形式主要包括各种制度外基金、收费、摊派、罚没以及未全额纳入政府性基金预算管理的部分土地出让收入。在预算管理方面，2004年以前，预算外资金与制度外资金的内容存在着交叉，2004年以后根据《财政部关于加强政府非税收入管理的通知》规定，预算外收入的统计口径以部门预算中的预算外财政专户资金为标准。

在政府财力体系中，制度外收入的特征主要体现为预算非完整性与管理规范化程度较低。一是制度外收入来源多样性与不稳定性。资金由征收主体自由支配、自行管理，游离在预算控制之外，属于财政资金的体外循环，没有真正形成政府可支配财力，分散了财政资金的集中度。二是筹资行为没有经过地方人大审议或明确授权，几乎没有任何法律刚性约束。三是透明度低，由于具有隐蔽性且没有被纳入统计，使得收入数据的可及性较差，这给度量制度外收入规模带来了很大的难度，影响了政府财力统计口径的完整性，并在很大程度上低估了地方政府财力规模，造成政府收入和财政收入在内涵和外延上的严重偏离。

其二，债务收入没有完全纳入预算管理。1995年起实施的《中华人民共和国预算法》不允许地方政府发债，地方政府只把国家代理发行的政府债务纳入了预算管理，通过政府融资平台筹集到的大量债务收入和或有负债则没有纳入预算，即地方政府没有通过债务预算来规范发债的规模、资金使用及偿还，造成地方债务规模不断扩大，债务风险不断累积。虽然从2015年1月1日开始实施的新《中华人民共和国预算法》规定，地方政府预算中必需的建设投资的部分资金可以在国务院确定的限额内，通过发行地方政府债券举借债务的方式筹措，但地方政府债务预算的编制工作还处于启动阶段，而且从现行政府会计核算的角度来看，债务收入没有在收入科目中得以体现。

综上，基于预算管理规范性、纳入预算和可比较精确统计的视角，本书以整体性与结构性思维为指向，将地方财力按照税收收入、非税收入、上级转移支付收入三个维度加以解析，并依此客观洞悉地方财力的真实状况及结构布局，全方位地探讨以税为主、非税补充、转移支付调控为特征的地方财力体系对我国财政收入分权的综合影响。地方财力体系中的税收收入、非税收入和转移支付在不同的经济发展阶段、制度环境、资源配置方式等因素的约束下会形成不同的规模和结构组合，关键是如何寻求三种形式之间的平衡关系。从地方财力汲取过程看，三种收入形式都具有一定的正当性和不可替代性。在初次分配中形成地方税和共享税（税权的体现），以及非税收入（非税收入权的体现），在再分配中获得转移支付收入，这两个过程共同形成的地方财政可支配财力和财政资源是地方财政收入能力的集中反映。

在地方财力来自税收收入、非税收入和转移支付收入的多元化的语境下，地方财力结构的形成必然与税制改革、非税收入管理方式及转移支付制度设计密切相关。地方税制的改革也必然会涉及中央与地方间财政关系的变化，共享税税率及分享比例的调整，非税收入分配机制的变动以及转移支付分配体系的重构。一般来说，税收收入是正规体制内收入的主要来源，当缺乏足够的税收收入来满足公共品提供需求而产生财政缺口时，会导致地方政府对转移支付的高度依赖，以及催生地方非税收入的增长。因此，建立合意的地方财力体系，必须将地方税、共享税、非税收入及转移支付收入置于同一架构内综合审视和合理安排，从而构建和完善规范稳定、清晰透明、激励与约束相容的地方财力机制。

2.税收收入

税收作为一种筹资方式，税收收入是地方财力的本源和主体，也是地方政府履行支出责任、提供公共服务成本补偿的主要方式，更是地方财政可持续的根本。与其他收入形式相比，税收在明确地方政府的受托责任、形成地方财力的稳定预期和提高地方经济绩效方面具有明显的优势。税收收入规模大小、税收能力的高低直接决定了地方财政地位稳定性的强弱，充足、持续和可预期的税收收入是满足地方财政支出需求的根本性支撑，也是测度地方体制性分权大小的主要指标。在税制统一的情况下，一个地区所能征得的税收收入主要取决于该地的税源和税收征管水平，而一个地区最终能获得的税收收入又取决于中央与地方的税收分配体制，即税收在不同层级政府之间的划分。其中既包括不同税种或同一税种税权在不同层级政府之间的分配，也包括征税权被赋予了中央政府或高一级政府的前提下所征税收收入在不同层级政府之间的划分。

可以从三个不同的标准对地方税加以解析。一是税种属性，按此标准应将税基流动性小、比较稳定的税归为地方税，这也是从应然意义和学术意义角度的理解。就税制而言，不同的税种具有差异性的征税对象及相关制度要素，以及不同的社会经济功能，因此应分别归属于不同级次政府或共同分享。一般来说，将关系到国民经济全局、有利于加强宏观经济调控的税种归属中央；而将税源分布与地方密切相关且区域性较强、符合受益原则和税基固定、流动性小、便于提高地方征管效率的税种划归地方；将与国家整体经济发展直接相关性强的税种确定为中央和地方共享税，并以此作为联结中央和地方财政共同利益上的一种方式。

二是法律意义上的地方税，从税收立法权、征管权和收入归属权这三权的归属来界定。依据税权的三个维度，地方税的界定有四种标准：

（1）地方政府同时拥有立法权、征管权和收入归属权，税率和税基由地方政府来决定，税收由地方政府征收，收入基本上用来提供地方性公共服务；（2）以立法权为标准，地方政府同时拥有自主立法权与税基、税率的调整权；（3）以征管权为标准，凡是由地方政府征收的都属于地方税；（4）以收益权为标准，凡是收入归属地方政府支配使用的税收都可以称之为地方税[①]。

三是财政体制意义上的地方税。这是一个与中央税相对应的概念，即根据财政体制规定，由地方征管、收入完全归地方支配的税收。这种划分一般依据税种属性与政府财政职能相结合的原则来确定。

现实中地方税的含义根据不同的定义标准或者不同的角度去分析是不同的，税收理论界和业务部门在这方面并未达成完全一致的认识。基于中央政府的调控要求，绝大部分国家还是根据自身国情实行集中或相对集中型的税收划分模式，即税收立法权集中于中央政府，地方政府仅有收入归属权和税收征管权。此外，哪些税种具体确定为地方税还应结合政府间事权与支出责任划分、转移支付调节作用等因素。由于我国地方政府不拥有税收自主立法权，除了上海与重庆两地在房产税的税基与税率设定方面由地方政府规定之外，地方政府没有调整税基及税率的权力以及决定共享税分成比例的权力。因此，基于现实可操作性的考量，我国理论界也是把征管权和收入归属权作为界定地方税最基本的条件。总的来说，根据不同标准我国地方税的内涵具有不同的规定性，在财政体制意义、应然意义和法律意义上不完全一致。从世界范围来看，地方税大多是法律意义上的，或者是应然意义上的地方税。

按照我国分税制对税种划分的规定，税收分为中央税、地方税和共享税。而从税收收入归属的角度，地方税收收入体系包括地方税和共享税中地方分得的部分。地方税是在分权意义上强调地方政府自己征收管理的收入规模及比例，共享税是在分成或分钱意义上的由中央征管、之后将地方共享的收入部分划分给地方来支配。地方税是实质性财政分权的体现，构成地方财政能力的基础，是确保地方拥有稳定可靠收入的重

① 石子印．中国地方税的界定标准与体系重构研究［J］．当代财经，2015（5）：37-44.

要来源，能真正体现分级预算，自主理财、自求平衡的基本要求；共享税由各级政府按一定方式分享，是中央政府和地方政府及地方政府间进行税收协调的有效方式，主要有附加式、分征式、比例分成式等形式，税收分享对地方税收产生直接的收入效应。

3.非税收入

非税收入具有征收的依据与合理性。其设置的目的是凭借国家的公共权力和所有权来调节和规范某些社会经济活动，同时集聚一定的收入来部分补偿政府提供特定公共服务与准公共服务的成本，以及促进公共资源的可持续发展。根据财政部《关于加强政府非税收入管理的通知》规定，非税收入是各级政府、国家机关、事业单位、代行政府职能的社会团体及其他组织依据政府权力、政府信誉，运用国家资源、国有资产获得的收入，具有受益与付费的对应性，以及收入专用性特点。

非税收入也是政府参与国民收入分配和再分配的一种形式。由于非税收入不具有普遍性、连续性，在政府财力中只能起补充性的作用，重点是发挥政策调控功能而非收入功能。目前我国非税收入主要是为了弥补地方政府履行公共服务职能的资金缺口，并在专项建设支持、国有权益保护、环境污染治理、资源集约利用等领域发挥重要的调节作用，因而有其存在的合理性，其规模大小也反映了地方自主性分权的程度。就财政收入形式而言，非税收入是费、利、租的综合。非税收入作为地方财力形式具有其正当性，从地方政府提供准公共品成本补偿的角度，非税收入符合付费与收益对等的原则，从财政收入稳定性的需求角度，财政收入形成的多样化和互补性有助于减少收入的不稳定性。

在我国预算管理体制的演变中，非税收入是由预算外收入演变而来的。预算外收入以其自由裁量度高、获取更为容易、来源隐蔽且分散、支出自主权更大且缺乏公开透明的特性而成为地方财力长期以来的重要组成部分。2010年以前，预算外收入占预算内外收入之和的比重自1983年以后长期保持在30%~40%，有个别省份达到60%[①]。2010年以后随着预算外收支改革全面推进，2011年起全面取消预算外资金并由

---

① 李婉．中国式财政分权与地方政府预算外收入膨胀研究［J］．财经论丛，2010，151（3）：24-30.

非税收入替代。近年来以土地出让金为主要构成部分的非税收入仍是地方政府收入的重要来源，非税收入的增长极大地提高了地方政府的可支配收入，这使得必须把非税收入纳入研究视野才能真实刻画地方财力的图景。

4.上级转移支付收入

在多级政府体制下，作为分权治理中中央政府实施宏观调控的重要工具，财政转移支付发挥着平衡器的作用。在学理上，财政转移支付的理论基础与公共品外部性理论、分权与制衡理论、宏观调控理论的价值具有一致性。由于政府间财政收入和财政支出划分秉承的原则不同，各个地方税基分布不均及公共品的需求和提供成本差异，客观上会形成中央与地方的纵向不均衡和地方之间的横向不均衡，出于矫正纵向和横向不平衡、内部化财政空间外溢效应和协调规模经济的需要，通过设计合理和运行有效的转移支付制度来形成规范的政府间财力分配格局就具有客观必然性。从规范研究的角度出发，转移支付的有效性需要满足4个条件：（1）维持地方政府财政财力的充足性；（2）保持地方政府有效的征税和支出控制；（3）促进地方财政均等化；（4）保证转移支付的透明度和稳定性。

转移支付再分配具有均等化功能。鉴于中央政府承担着促进全国基本公共服务均等化的职责，因而中央政府集中的财力基本上超过其履行责任的需求，多余的财力通过转移支付形式补助给地方政府以均衡不同层级政府财力和不同地区公共品的供给。转移支付就是在政府间第一次财政分配的基础上，按均等化目标的要求进行的第二次分配。公共服务均等化的基本要求就是各地之间的人均财力大致均衡，并与各地提供公共服务成本的差异相匹配。从各级政府的财力配置看，即使各级政府都拥有明确的主体税种，如美国联邦政府是所得税、州政府是销售税、地方政府是财产税，但这并不意味着各级政府都必须而且完全是自给自足。转移支付直接增加地方财力，能够较真实地度量地方事实上的财权，也是提高地方收入分权程度的一种手段，并成为经济不发达地区得以维持运转的重要方式。

转移支付构成影响政府间财力分配的重要因素。基于各级政府事权划分的不清晰、交叉或同构，以及下级往往要承担中央委托事权等因素，单单靠地方主体税种和地方税体系不可能完全支撑地方事权和支出责任需要，因而需要不同程度的上级转移支付的配合。从国际视野看，任何国家地方政府财权与事权的匹配都是不完全的，其履行事权都离不开中央政府转移支付提供的财力支持。例如，地方提供公共服务的资金来源中上级转移支付占比较高是许多欧洲国家的共性。从转移支付的形式来看，无条件补助具有收入效应，而有条件补助具有收入效应和替代效应，它们在地方收入预算决策中都具有内生性，是现行财政体制下地方政府自身收入以外的主要收入来源，尤其是基层财力的重要来源，是影响地方财政收入能力的重要因素，忽略这一因素往往会低估基层政府的财力。

财政体制解决的核心问题是事权、财权与财力的匹配。假定其他条件不变，三要素的组合方式和搭配模式直接影响地方财力结构的形成及其变化。在我国，转移支付分配在地方财政收入中的重要性经历了由弱到强的过程。分税制改革前中央对地方的转移支付规模相对较小，分税制改革后转移支付规模逐步扩大，在增强地方财力方面发挥了积极的作用，这主要是由分税制改革后地方事权、财权与财力组合的不确定性和不对称性造成的。

从财权与财力的角度来看，地方政府掌握财权和支配财力的目的都是为了满足一级政府有效履行事权的财源需要。拥有财权是获得相应财力的必要条件，即财权总是会带来一定的财力。反过来，拥有财力及其规模大小并不一定与拥有财权完全相关，即财力的获得并不一定是运用财权的结果。各国的实践都表明上级政府的财权往往大于它最终支配的财力，其中一部分财力以转移支付的方式分配给下级政府使用。因此，转移支付能够折射出地方协议性分权的规模。

从我国分税制改革的实践看，中央政府与省级政府在明确了财权划分的同时，中央政府通过税收返还等转移支付形式对地方最终财力格局的形成起着关键性的作用，并由此来尽可能地达成地方政府事权、财权与财力的对称组合。然而，失范的财政转移支付制度会在很大程度上由于对地方政府财政行为的负向激励和较高的制度成本而造成资源配置的效率损失，以及背离均衡财政能力的目标，因而规模适宜的转移支付收入，应作为地方财力的一项补充性来源。

由于受不同时期体制类型、制度设计、管理能力等因素的制约，不同国家地方财力结构——税收收入、非税收入和上级转移支付收入的占比不是一成不变的，而且应然性和实然性之间也会存在差异。从发达国家来看，地方财力中约有80%来自税收收入和补助收入，20%来自其他收入。在联邦制国家，税收收入和补助收入占地方财政收入的比重为45%和30%；在单一制国家，比例约为40%。从发展中国家来看，地方财力结构总体与发达国家类似，地方财力中平均80%来自税收和补助收入，其中税收收入在地方政府收入中的比重同样低于50%[①]。这说明无论是发达国家还是发展中国家，联邦制国家还是单一制国家，地方财力都是由地方本级收入（税收和非税收入）和上级补助收入构成的。

1.4.4 基于政府预算管理的地方财力构成

地方财力体系的构建与预算体系、预算管理范围密切相关。我国地方财力除了由国家凭借政治权力分配而形成税收收入和非税收入以外，还有国家凭借财力分配所形成的大量国有资产资源性收入。由于一般公共预算收入和全口径预算收入存在着偏离，仅仅考察一般公共预算收入很难覆盖地方财力的全貌，因此，对我国复式预算制度体系完善的探索一直都是理论界和实践中关注的问题。

目前我国已初步建立起了适应预算管理要求的，由一般公共预算、政府性基金预算、国有资本经营预算和社会保险基金预算构成的全口径预算体系。与此相适应，从预算管理规范性及可支配财力的角度，地方财力体系可以从小口径、中口径和大口径3个角度来探析。小口径指地方本级预算收入，中口径指一般公共预算收入，包括地方一般公共预算本级收入、中央税收返还和转移支付，大口径是指由一般公共预算收入、政府性基金预算收入、国有资本经营预算收入、社会保险基金预算收入组成，纳入全口径预算的地方财力的集合。从性质上这些收入都是

① 李林木，李为人. 从国际比较看地方财政收入结构与主体税种的选择［J］. 国际税收，2015（6）：53-56.

用于向公众提供公共服务的财政性资金，但它们在收入征收依据、收入规模、资金管理与使用方面都存在着一定的差别。

1.我国政府预算体系的逻辑演变过程

我国在20世纪90年代提出建立复式预算体系的设想。1992年将国家预算分为经常性预算和建设性预算，开始探索复式预算的编制方式。1993年提出建立复式预算的基本框架是：建立政府公共预算和国有资产预算，并根据需要适时建立社会保障预算和其他预算。1995年《中华人民共和国预算法实施条例》进一步将复式预算体系设定为公共预算、国有资本经营预算、社会保障预算和其他预算。1998年，国务院又进一步明确提出要建立公共预算、国有资本金预算和社会保障预算。

全口径预算是复式预算的进一步细化。全口径预算的提出旨在解决长期以来我国政府收支未能全部纳入政府预算这一预算管理中的结构性难题。预算范围广覆盖是健全预算体系的前提和必要条件，是OECD《预算透明度最佳实践（2001）》所倡导的现代预算管理原则中“全面性原则”的体现，也是预算管理改革的基本方向。

从全口径预算提出的时间来看，自2003年我国政府首次提出“实行全口径预算管理”，到2005年进一步提出“逐步实行全口径预算管理”，再到“十二五”规划、党的十八届三中全会期间的有关文件以及党的十八大报告中，都把建立、健全全口径预算作为预算管理的重点环节，而且不同时期都提出了明确的改进预算管理制度的指导原则、侧重点和主要目标。2015年开始实施的新《中华人民共和国预算法》也明确规定了按照全面性原则，将政府的全部收入和支出都纳入预算管理，切实建立起一般公共预算、政府性基金预算、国有资本经营预算、社会保险基金预算相互独立、相互衔接的全口径预算管理体系。

在具体实践中，我国政府预算体系的逻辑演变过程是根据不同预算的特点，从中央到地方分类推进、逐步完善的，带有明显的“碎片化”特点。一般意义上的“碎片化”现象描述的是，刚开始时某种制度非常精炼，但随着社会的发展，出现的问题增多，出现一个问题就修补一下制度，制度越修补越多、越来越复杂。整体上全口径预算中的四本预算建立和推进的进度不均衡。除了一般公共预算是我国一直以来的预算主体外，中央国有资本经营预算2008年才开始试编，而地方国有资本经营预算各地的编制情况各不相同；2010年起全面编制中央与地方政府性基金预算，同时开始试编社会保险预算。

尽管从中央到地方的全口径预算的管理目标是一致的，但在全口径预算体系建设程度方面，基于我国政府预算制度改革以强制性制度变迁为主导制度，全口径预算的推进采用自上而下的形式，使得中央与地方及地方各个层级在规范性、建立和发展的进度、完整性方面都存在着不同程度的差异。此外，我国的各类预算收入规模与结构也存在着较大的差异（见表1-1）。

表1-1　　**我国的各类预算收入规模与结构存在着较大的差异**

年份	一般公共预算收入		政府性基金预算收入		国有资本经营预算收入		社会保险基金预算收入	
	收入总额（亿元）	占比（%）	收入总额（亿元）	占比（%）	收入总额（亿元）	占比（%）	收入总额（亿元）	占比（%）
2013	129 142.90	59.4	52 238.61	24	1 651.36	0.7	34 515.56	15.9
2014	140 349.74	59.6	54 093.39	22.9	2 023.44	0.9	39 186.46	16.6
2015	152 216.65	62.9	42 330.14	17.5	2 560.16	1.1	44 660.34	18.5
2016	159 552.08	62.1	46 618.62	18.1	2 601.84	1	48 272.53	18.8
2017	172 566.57	59.1	61 462.49	21	2 578.69	0.9	55 380.16	19
2018	183 351.84	54.8	75 404.50	22.6	2 899.95	0.9	72 649.22	21.7

数据来源：根据2013—2018年中央和地方预算执行情况报告相关资料整理得来。

中央层面的制度建设及实践操作更加规范。相比而言，各个地方在制度完善、难度突破和推行力度等方面则参差不齐。如国有资本经营预算很多地方还停留在政府内部试编的阶段，不少地方政府尚未单独编制社会保险基金预算。从L省地方政府层级看，整体推进不均衡。省本级预算比较完善，全口径预算体系框架已基本形成，一般公共预算和政府性基金预算编制的细化程度不断提高，国有资本经营预算和社保基金预算编制范围逐渐扩大，并尝试编制了政府性债务预算。但一些县市企业规模还比较小、企业经济效益普遍较低，甚至大多数企业处于亏损状况，加之国有资本经营收入覆盖范围较窄、国有产权转让等一次性因素的影响，这些问题都导致国有资本经营预算收入来源非常有限，国有资本经营预算的试编工作尚未完全启动或推进较迟缓，扩大覆盖面的工作也做得不够①。

2.地方财力体系口径的界定

从应然的角度，地方财力体系应全面覆盖各种类型的公共收入以充分体现政府在经济社会中的多重身份并发挥每项收入的功能。从实然的角度，研究地方财力问题必须在预置的口径下展开，不同口径的意义与收入规模都会存在很大的差异。基于数据的可得性、区分度和口径的可比性，本书将地方一般公共预算收入、地方政府性基金预算收入置于地方财力体系的研究框架内，这主要是基于四点考虑：

第一，对地方非税收入研究的需要。分税制改革后地方非税收入的规模呈增长态势，特别是地方政府对土地出让收入的高度依赖对地方财政收入产生了非常重要的影响，因此研究地方财力就不可能回避地方非税收入这个元素。按照我国现行预算管理制度的规定，非税收入的不同项目主要体现在一般公共预算与政府性基金预算中。如果单从一般公共预算视角来探讨，难以全面、真实地衡量非税收入规模及其影响因素，也不利于现代预算制度的整体改革，而从地方财力的整体性进行考量可以更好地增强地方公共财政活动的透明度，形成地方财政收支之间激励与约束的相容机制，提高地方政府财政活动效率。

第二，增强地方财力分析的可信度。基于地方层面预算体系的不完整性、公开的地方决算数据的可及性，本书主要从大口径预算的角度，将一般公共预算收入、政府性基金收入作为研究的对象。因为我国中央从2010年开始、地方从2012年才开始公布国有资本经营预算收入，地方国有资本经营预算收入规模相对较小，对地方财力影响相对较弱。由表1-2可知，2012—2018年地方国有资本经营三类预算收入的占比虽然稳中略有提高，但比例一直较低。

① 张谦煜，姚明华．省级全口径预决算审查监督：辽宁样本［J］．地方财政研究，2014（8）：13-16.

表1-2　**2012—2018年地方国有资本经营三类预算收入的占比**

年份	一般公共预算收入		政府性基金预算收入		国有资本经营预算收入	
	收入总额（亿元）	占比（%）	收入总额（亿元）	占比（%）	收入总额（亿元）	占比（%）
2012	61 078.29	63.8	34 216.74	35.7	525.22	0.5
2013	69 011.16	58.6	48 030.31	40.8	654.93	0.6
2014	75 876.58	60.0	50 005.57	39.5	675.79	0.5
2015	83 002.04	67.9	38 219.95	31.3	937.92	0.8
2016	87 239.35	66.7	42 465.19	32.4	1 178.78	0.9
2017	91 447.54	60.8	57 637.72	38.3	1 334.42	0.9
2018	167 578.49	69.7	71 371.85	29.6	1 574.64	0.7

数据来源：根据2012—2018年全国财政决算相关资料整理得来。

可见，目前地方财力主要还是由地方一般公共预算和政府性基金预算收入两部分构成。社会保险基金预算收入本质上是由政府代管的社会公众资金且具有很强的专用性，旨在为社会保险的“蓄水池”充分发挥互济功能提供财力保障。因此，从严格意义上讲，这部分收入不构成地方的可自由支配财力，不宜将社会保险基金收入作为通常意义上的政府财政收入。

第三，准确衡量地方收入分权程度的客观要求。财政收入分权的测度具有多维特征，地方财力的多元性决定了判断收入分权程度不能仅仅限于传统分权理论中的税权，而应进一步拓展到非税收入权和转移支付收入权以进行全方位的考察，即将地方非税收入权、转移支付收入权都纳入到地方财政权力的束中。同时，分析收入分权程度要从内涵式分权——质的规定性转变到外延式分权——量的可衡量上来。从收入分权程度可衡量的角度，税权衡量的是传统意义上的名义分权，非税收入权和转移支付收入权才能更真实地反映我国地方实际收入分权程度，因为这一指标可以充分揭示地方政府实际可支配收入的规模大小和水平高低，唯此才能准确研判收入分权的程度及增强分权度量的可操作性，而这些问题的研究需要在一般公共预算收入的框架下来展开。

第四，适应政府预算体系改革的趋势。虽然各类预算都有自身的功能定位和各自的政策目标，但相互之间又是存在内在逻辑关联的整体。在政府预算体系中，各类预算收入的稳定性和刚性支出增长程度的不同会导致每类预算都难以保证自身平衡，从而要求应在各类预算相对独立的前提下确保预算体系的有效运作。这需要进一步厘清各类预算的收支范围和相互关系，逐步改变各类预算收支自求平衡的管理要求，更加注重各类预算的有机衔接，如加大国有资本经营预算收入充实社会保险基金的力度。然而，各类预算编制主体、编制原则、编制形式及管理模式的不同是各类预算之间有效衔接面临的一大难题。从收支性质相近和可操作性的角度考虑，可以从政府性基金预算改革入手，达成政府性基金预算与一般公共预算有效衔接。这主要是因为目前一般公共预算与政府性基金预算在一定程度上存在着功能界定不清和收支交叠的问题。

政府性基金预算源之预算外收入改革。从1996年开始，部分地方政府的预算外收入逐渐纳入到基金预算收入中，2011年预算外收入统计分类正式取消。政府性基金预算也实行分级管理、收支两条线的管理方式，并包括一般基金收支与上级转移支付两部分。但其基金收入范围并非每年一成不变，需要根据相关事项有所调整，且各地征收范围也存在着差异。政府性基金收入具有特定用途，地方政府不能完全自主支配，所以是否将基金收入纳入可用财力存在一定争议。现实中地方政府往往将基金收支净额直接用于区域经济社会建设，因而构成了实质性可用财力。

土地使用权出让收入是地方政府性基金收入的主体。基于土地出让收入的特殊性，又可按土地出让毛收入和净收入两个口径来衡量地方财政能力与收入的可统筹使用程度。土地是政府的重要资产，从资产的意义讲，土地收入不应计入政府财政收入。按照国际货币基金组织《政府财政统计手册2001》的定义，国有土地出让收入只是资产形态变换，不应计作财政收入，但我国的土地出让收入不仅仅是从政府实物资产向货币资产形态的转换，而且承担着公共职能，如转移农民、转换土地用途、建设公共设施等。在这个意义上，也可以把土地收入视为政府的财政收入看待（刘尚希，2015）。土地出让毛收入2007年起纳入地方基金预算管理，其中80%左右属于成本补偿性费用，如支付给被征地农民的补偿，被拆迁居民的补偿，开发企业的征地拆迁补偿、土地出让前期开发费支出，不能完全由地方统筹安排使用。剩余的部分是净收入，主要用于城乡基础设施建设、农业农村发展以及保障性安居工程建设支出，对地方一般公共预算收入起到补充作用。

我国设立政府性基金预算旨在把预算外收入全部纳入政府预算管理，以利于更好地体现政府预算的统一性和完整性原则，进而更好地发挥人大和社会对预算外资金的监督作用，增强预算外资金的约束力，提升预算外资金管理的透明度。然而，政府性基金专款专用的特殊性在很大程度上造成其具有明确的使用主体，财政部门在征收、分配和使用各个环节不掌握最终的决定权，而是将这些权力归属于各个部门。虽然政府性基金专款专用，但就所涉及资金的公共性而言，与一般公共预算没有差别。在预算收入方面，目前一些属性相近、项目税基、征收方式和用途完全相同的非税收入分别纳入两类预算，如教育费附加列在一般公共预算，地方教育费附加列在政府性基金预算；水资源费、矿产资源补偿费、三峡库区移民专项收入等具有专款专用性质的项目列入一般公共预算而不是政府性基金预算；国有资源类收入中国有资产（资源）有偿使用收入属于一般公共财政预算，而国有土地出让收入纳入政府性基金预算。

在预算支出方面，两类预算有重复安排的投入项目且可以调剂。虽然一般公共预算侧重于国防、安全、行政和民生支出，政府性基金预算侧重于特定基建和公共事业发展，但一般公共预算资金可以用来满足某项政府性基金入不敷出的特定需求，地方土地出让收入的支出中也有一些民生性投入。从2015年开始，根据国务院有关统筹一般公共预算收入和政府性基金预算收入的要求，地方从土地出让收益中计提的教育资金、农田水利建设资金和调入地方一般公共预算收入统筹安排，剩余的其他土地出让收入仍然纳入地方政府性基金预算管理。因此，按照“正税清费”的预算体系改革总体思路，应该按政府性基金预算性质区别处理，将具有税收性质的基金通过一定程序归并，纳入税收的管理轨道，如具有消费税性质的可将其改为消费税的征收子目。同时在税费综合改革的基础上将没有专门用途的收入适当并入一般公共预算，适合改为专项收入的可纳入一般公共预算，从而增强预算内资金的整合和统筹能力。另外，对于征收期限到期已完成了承担任务的基金项目可适时废止。

实践中在一般公共预算运行面临巨大压力与未能完成收入预算的境况下，作为缓解财政压力、平衡一般公共预算收支的一种不得不动用的措施，2015年以来已有16项政府性基金纳入一般公共预算①，主要包括地方教育附加、文化事业建设费、残疾人就业保障金、从地方土地出让收益计提的农田水利建设和教育资金、转让政府还贷道路收费权收入、育林基金、森林植被恢复费、水利建设基金、船舶港务费、长江口航道维护费、水土保持补偿费、政府住房基金、无线电频率占用费、铁路资产变现收入、电力改革预留资产变现收入等。2017年加大清理规范涉企收费力度，取消城市公用事业附加、新型墙体材料专项基金，取消工业企业结构调整专项资金。取消、停征或减免环境监测服务费等43项行政事业性收费等。可见，随着统筹政府性基金力度的加大，一般公共预算与政府性基金预算的区别会呈现弱化的趋势。

① 高培勇，汪德华. 本轮财政体制改革进程评估：2013.11—2016.10［J］. 财贸经济，2016（11）：5-17.

第2章　地方财力规模合意性的规范分析

在质的规定性方面，地方财力配置的合意性体现为地方财政收入的质量或健康度。其内涵可以从地方财政收入汲取的条件、过程与结果三个层次来界定，从财政收入制度内在要素构成及制度运行对经济社会发展的影响来衡量。地方财政收入的合意性决定了地方政府公共服务的供给能力。具体来说，其基本研判尺度是财力配置规模、结构、持续性及制度的有效程度，地方财力是否稳定，是否与地方合理性、动态性的支出需求相协同，是否能为地方政府履职施政提供重要财力支撑；地区间财力是否达到均等化程度；地方财政收入制度是否规范透明，是否对地方收入行为形成正向激励和有效约束，是否有助于提高地方政府财政活动效率，等等。相应地，可以对合意性的内涵从多个维度加以阐释，并量化为一些具体指标对现实情况进行有针对性的论析。

2.1　地方财力配置合意性的基本厘定

合意性是一种很宽泛的概念，一般指符合人的意愿和喜好的事物所处的状态。经济学中研究合意性旨在描述某种现象、趋势或者政府的政策、手段、机制、体制等是否符合经济发展规律，与社会经济发展目标保持一致并有利于促进目标的实现。地方财政收入合意性总体上表现为财政收入质量的全面提升与改善，这是保障地方财政运行的基本前提，也是地方财政收入运行最优状态和质量高效的集中体现，更是衡量地方财政收入制度改革的最高标准；地方财政收入合意性具体表现在：财力汲取形式合理、合法和合宪，财力规模与结构能满足地方公共服务支出的正常需求，财力汲取流程规范透明，财力管理有规、有序和有则，财政收入真实可靠，以及恰当选择与运用能提升地方财政收入能力的政策和手段。其根本目标是在提高地方自治程度的同时，确保进一步增强地方财政活动的规范性，从而更好地履行地方财政职能和提高公共服务供给效率，满足合理的地方财政支出需求，切实增加地方居民的福利。

理论上，财力合意性的标准也是国家实现长治久安所必备的条件。在经济学研究方法的意义上，地方财力质量问题可归为一种规范性的价值判断，其程度高低通常受财政体制、制度理念、政策导向、经济社会发展阶段性特征等多重因素的制约。由于地方财政收入既涉及横向的国民收入分配格局、不同经济主体的利益关系，以及对微观经济主体负担的影响，同时也和财政体制的纵向收入划分模式密切相关，因而，研究地方财力的合意性既要注重财力规模的适度性，又要关注财力结构的合理性；既要考量财力的成长性、持续性，又要兼顾财力分配用途的合规性；从手段的角度，则需要借助合意的财力体系构建、合意的财力机制设计、合意的财力制度构建与合意的财力体制安排。上述既表明地方财力合意性的内涵需要从多个维度进行探讨，也为对该问题的分析提供了基本框架和思路。其中财力规模的适度性、财力来源的稳定性、财力增长的持续性、收支的匹配性、财权的自主性、财力结构的合理性、财力管理的法定性和规范性、地区间收入的横向均衡性共同作用与影响着地方财政收入制度安排的合意性，而对不同方面合意性的衡量则需要设立科学合理的指标体系。

2.2 财力规模的适度性

财政收入的经济学意义体现着政府对社会财富的汲取，反映了在占有和支配国民收入中政府与微观经济主体之间的分配关系。财力的规模与结构反映了政府在配置社会资源和调控经济运行中的深度、广度和地位。按照包容性增长的基本理念，国家应该适当汲取财政收入，实施恰当的再分配政策。换言之，财力规模无论在理论上还是实践中都应该有一个适度的范围或区间，在这个合理的幅度范围区间内可以适当上下浮动，确保财力规模同经济发展水平相适应，与经济增长协调同步，与社会经济发展模式对政府集中财力的规模要求相符合，能够满足有效履行政府职能的需求。反之，对社会财富集中不够或过度，都将影响经济社会发展的活力、后劲和可持续性，进而丧失财政收入存在的价值。

西方财政学者从不同的角度探析了财力的适度规模及其关键问题。亚当·斯密从财政支出本身出发探讨财力规模的量限。威廉·配第从税收与国家财富创造、税收与国家经济实力之间的关系分析入手，提出了税收负担重且不公平对经济发展造成的负面影响。凯恩斯通过对财政收支规模与储蓄、投资、消费关系的阐述，以及财政收支规模变化对私人供求经济关系的关联性影响，论证了经济波动时期财力规模适度性的界限问题，认为政府宏观经济政策意图与经济中总供给和总需求的关系是决定适度财力规模的主要因素；萨缪尔森和汉森从内在稳定器政策下的财力规模和相机抉择下的财力规模的视角，提出了研究财力规模的最优状态必须和所选择的财政政策结合起来。布坎南认为，确定适度财力规模的标准是弥补市场缺陷与满足社会公共需要，而不是简单地考虑政府政策本身。

不同领域权力资源运作机制和活动主体的不同会导致不同的财力规模和社会经济发展绩效。地方政府作为地方性公共品的提供主体，其财力规模的适度性在于在兼顾公平与效率前提下，获得充分、稳定、与经济和社会发展相适应的收入，在财政收入最大化和社会经济发展绩效最大化之间达成平衡，并且能形成合理的国民收入分配格局，从而充分发挥地方财力在履行地方财政职能、满足公共服务需要、调节地方经济等方面应有的作用。根据19世纪下半叶德国社会政策学派瓦格纳提出的财政政策原则，在筹集收入的过程中，应确保地方财力的充分和弹性，财政收入与辖区GDP的比重稳定在一个适度的水平上。只有地方财力规模适度，才能够有效地保证财政职能的履行及合理的财政支出需要，促进地方社会经济的持续发展；反之，如果地方财力规模过小，就难以满足财政支出需要，不利于地方政府有效地履行事权，造成地方公共品供给的短缺；而财力规模过大甚至超过整个国民经济的负担，则会加重微观经济主体的负担，损害地方社会经济的发展。

2.3 财力来源的稳定性

2.3.1 主辅收入形式的合理搭配

财力来源的稳定性是地方财政运行的重要保障。其基本标志表现在：一是财源分布具有较强的区域性、成长性，能够较好地满足地方政府的财力需求。二是能够根据当地当期的经济运行情况拓展新的财政收入来源，有效培养新的经济增长点，增强抵御外在经济冲击的能力，防止地方财政收入的大幅度波动。三是拥有主体税种。在税率和征管水平一定的条件下，不同税种的收入汲取能力主要取决于税基的变化情况，并且整体的收入稳定程度受主体税种的收入结构制约。

地方税主体税种选择应符合三个基本原则：第一，受益原则。要求税种具有成本和收益的对应性，针对居民受益程度开征受益税，其核心是对利益进行成本补偿。第二，稳定原则。即税基的非流动性和收入稳定。基于此，确立地方税税种和税基主要应考虑征税对象的不可移动性，税源具有较强的地域性，税基在区域间的流动性较弱等。第三，透明原则。要求辖区内居民对其所缴纳的税收征收标准和使用方向很清楚，并可以用市场规则“以脚投票”的方法促进成本和收益大体均衡[①]。

---

① 朱尔茜. 全面营改增后地方主体税种的选择［J］. 地方财政研究，2017（1）：57-62.

主体税种一般具有4个基本特质。第一，从财政收入原则出发，税基具有广泛性，税源比较丰沛，通过该税种获得的税收收入占地方财政收入的比重较高，这样才能为地方政府带来充分的财政激励；第二，税种类型应多元化，这样可以在地区间发展差异显著的情况下更好地发挥各地的比较优势；第三，税收收入来源具有相对稳定性，税收收入随着经济周期性波动的幅度较小；第四，税收收入具有适度弹性，税收收入增长能大体与经济增长保持同步，能满足地方经济社会发展对公共支出增长的需要。从国际经验看，只要是实行分税制财政体制的国家，各级地方政府都掌握着符合主体税种标准的税种，虽然选择的税种不尽相同，但主体税种在本级税收收入中都占据主导地位。

主体税种是形成地方自主财力的基础，地方拥有主体税种是收入稳定的基本保障和必要条件，可以保证税收收入在地方财政收入总额中占有较大比重。与此同时，主体税种不仅能确保地方公共服务融资的需要，而且能够强化地方居民关注和监督地方政府收支行为的意识，有助于地方政府形成自我负责的机制，为地方政府改善治理提供激励机制。主体税种并不一定特指地方税种，共享税种同样可以担任主体税种。主体税种应主要根据受益原则——依据辖区居民的受益程度征税，核心是保障成本和受益的严格对应和责任原则——具有较强的地域特性与征管便利原则来加以选择。需指出的是，拥有稳定的收入来源不等于只能有一个地方主体税种，关键是能保证地方政府获得稳定、规范、合理的收入规模。

财力来源的多元化有助于保持地方财政收入的稳定性。在筹资方面，地方财政面临着税收收入、非税收入、转移支付收入的形式选择。各类财政收入都有各自的特点，并且对财源充裕程度、筹资能力大小、地方财政努力激励方向的影响不同。在由一个多形式构成的财力体系的情境下，各种财政收入形式在量上存在此消彼长的交互作用和交互影响，构建一个稳定规范的地方财力体系需要在各种收入形式之间寻求着力点和增强协调性，并根据各自特点进行预算管理。

财力结构具有纵向的动态变化性。受不同时期财政体制模式、财政政策目标、预算管理制度等因素的制约，不同形式收入的规模及在总收入中的地位和作用会发生变动。不管采取哪种税收划分模式都应保证地方税收来源的充分性和对地方财政努力形成正向激励，特别是正确处理地方税和地方分享税的比例关系，当影响地方税收收入的某个税种的地位发生根本性改变时应及时通过立法重新调整税收划分方式，从而不断加强税收在财政收入中的核心地位，扩展地方政府理财空间和增强调控能力。

2.3.2 税负稳定的经济内涵

税负稳定在财力来源稳定中起着关键性的作用。从影响地方财力的因素看，税收是协调经济与财政收入关系的主导性因素，税收制度安排、税收结构设计直接关系到地方政府对财源的汲取能力以及财力的稳定程度。从2012年起我国经济步入“新常态”，在这一背景下，中央提出要把稳定税负作为税制改革的重要目标，旨在稳定微观经济主体的税负，确保经济的稳定增长。

税负是判断财政与经济，政府与企业、个人关系，以及国富与民富关系的一个重要参照系。税负高低是经济增长、物价上涨、税收政策和税收征管、税源结构、本国的经济发展水平、政府职能范围和程度、政府取得财政收入的形式、税制设计和税收管理的水平等多方面因素共同作用的结果。税负过重或过轻都不利于经济发展和财政职能的有效履行。

税负稳定既是一个规模概念，更是一个税种结构调整问题；既与经济发展水平、现行税制框架的内生性有关，也受一定时期内政府相机抉择的税收征管的影响。税负稳定意味着税收收入增长节奏均匀，力度适中，税负不能大幅度起伏波动表明税收与GDP增长要协调，既避免税收增速过高加大宏观税负与拖累经济发展，又要避免税收增速过低而导致赤字债务扩大与财政风险积累。稳定税负的经济内涵应从以下三个方面进行把握：

其一，税负稳定并不表明维持税负高低不变。税负本身是一个相对和动态的概念，其高低没有绝对的标准，而且考察税负高低必须建立一个具有可比性的参照系。因为不同时期影响税负的变量、不同国家衡量税负指标的口径不同，以及统计数据的准确性程度存在差异等，所以无论是纵向比较还是横向比较得到的结论都往往缺乏科学性和说服力。

其二，应着眼于宏观税负、中观税负和微观税负三个维度考察税负稳定性。宏观税负是一个综合性指标，通常用税收收入占GDP的比重来衡量，反映一定时期政府通过税收形式参与社会资源配置的程度，也是国际上比较常用的指标。从经济意义上来说，宏观税负代表着政府对整个社会财富的占用程度，反映了政府参与社会资源和收入分配的程度；中观税负衡量产业和行业的总体税收负担程度，分别用一定时期内产业税收占相应总产值的比重，及行业部门所缴纳的税收总和占部门实现的生产总值来表示；微观税负是宏观税负和中观税负的最终归宿，包括企业税负、家庭税负和个人税负。企业缴纳的税收构成企业的负担，各类税额占企业销售收入或企业增加值的比例都是企业税负高低的真实反映。家庭部门的微观税负可以用家庭所缴纳的税款占当年所得的比重来表示，个人税负是指纳税人实际计缴的税款占应税税基的比例。

一般而言，在经济发展水平较低的时期，税收收入主要来自于企业部门；当经济发展水平提高到一定阶段，来自于家庭部门的税收收入会随着人均国民收入水平的提高而扩大，这时微观税负将会逐渐向家庭部门移动。在存在税负转嫁的情形下，家庭和个人所缴纳的税收往往是名义上的税负，与实际税负会有一定的偏离，这给微观实际税负的衡量带来了很大的不确定性，而微观税负的高低会对纳税人可支配收入的规模、消费、投资和储蓄能力产生直接的影响。

其三，税收负担的多层次性决定了应将宏观税负、中观税负、微观税负及其相应的税收弹性系数变动的相对稳定作为税负稳定的基本意向。税负稳定的最低界限是建立税收收入正常增长机制，宏观税负、中观税负要与相应的GDP增长同步，微观税负要和主要税种的税基增长保持同步。这就要求税制改革和税收征管应以保持税收收入占GDP比重基本稳定为基本约束条件，使税收增长与经济增长基本同步。同时，国内增值税与规模以上工业增加值和商业增加值、消费税与企业经营收入、企业所得税与企业利润水平、个人所得税与城镇居民收入应保持直接的正相关关系。如果收入增长与对应的经济税源总量增长与经济税源结构保持协调，其增长规模就具有内生的适度性；税负稳定的最高界限是将宏观税负、中观税负和微观税负的税收收入弹性系数保持在合理区间内。

2.4 财力增长的持续性

财力增长的持续性是指政府获得长期性充分收入的能力。地方政府的主要财政目标，也是保证持续性履行地方公共财政职能和满足公共服务需求的必要前提，更是保证地方财政可持续的载体与地方经济可持续发展的重要体现。地方财力的增长应从短期、长期两个维度来考察，并从动态角度加以刻画。地方财力增长的良性循环取决于内在的初始条件与运行过程中外在的制度环境，并与潜在财源、收入预期、动力机制发生相互的耦合作用。影响地方财力可持续性的因素主要有经济发展水平、经济周期、经济结构和政府间财政关系，其中经济发展水平是财政收入基础和源泉的最根本性因素，对财力的长期变化趋势和中短期波动状况起着决定性的作用。人均GDP、税收水平、财政收入水平之间具有内在的相互影响与传递逻辑，随着人均GDP水平的不断提高，税收收入和财政收入也会相应增长。地方财力与地方经济发展、收入增长与经济增长的内在联系决定了地方财政收入增长要与地方当前及未来的经济增长及税源结构变动保持同步、协调与吻合，同时要考虑财政收入的汲取规模、方式可能对经济增长造成的负向影响。

地方经济发展与地方财政收入是两个保持高度共振的元素。财政收入与经济增长之间是一种“流”和“源”的关系，从供给角度，经济发展水平决定了可供配置的社会资源总量，地方财政收入反映了地方资源中由政府配置的部分，其规模大小在很大程度上反映了微观经济主体的税负水平。整体而言，地方财政收入水平决定于地方经济的发展状况，地方经济的可持续发展是地方财政收入持续增长的基本前提和基础条件，另一方面地方财政收入的增长也有助于促进地方经济发展；同时，地方财政收入的持续增长又受到经济周期、产业结构等因素的制约，它们之间存在着相互依存、相互影响和相互制约的关系。经济周期的变化、产业结构的调整直接关系到地方经济发展的状况和水平，因而保持地方财政收入持续增长的主要途径就是要保持地方适度的经济增长以及与地区产业结构的转型升级相适应。

地方财力的持续增长要求地方财力应有一定的弹性。根据瓦格纳提出的财政收入原则，税收的基本职能就是能够满足国家财政支出的需要，税收收入增长要随着经济增长而能够自动增加，具体来说，一是收入充分，二是收入弹性。税收的增减变化应能适应财政需要的变动，即当财政需要增加或其他收入减少时，税收能够适时地增加以满足财政需要或增加公共收入。这主要表现在地方主体税种必须具有一定的税收弹性。税收弹性过大可能造成税收规模的扩大随经济的增长而波动过大，税收弹性过小则不能满足随经济增长与地方财政支出增长的需要。但这并不排除某一发展阶段财政收入增速高于经济增速的特殊性，但长期来看要归于常态。

地方财力增长态势是对经济周期特征、宏观经济走势、财政政策选择的一种系统性和内生性反应。经济周期是影响地方收入的重要变量，经济增长的加速、停滞、下降、回升的交替性变化会直接影响财力的变化，而地方财力的增长弹性大小又与宏观经济波动密切相关。与经济基本面和通胀正相关的税收收入通常会随着经济基本面转好或通胀上升而以同比例或更高比例增加，对经济基本面和通胀变化相对不敏感的非税收入通常滞后于经济增长或通货膨胀，除非地方立法机构可以及时对费率进行调整。当经济紧缩时，税收收入会以较大幅度下降，非税收入则会相应增加。因此，为了强化地方财政应对能力，必须建立一个弹性和非弹性之间的收入平衡系统，缓解因经济增长或下降对地方财力波动的影响。同样，地方财力与财政政策之间应保持协调性，并与逆经济周期的财政调节政策相适应。税收自动稳定器功能的发挥程度与相机抉择收入政策的效应都对地方财力增长的持续性产生着深刻的影响。

2.5 收入与支出的匹配性

财政收支之间具有一定的逻辑关系。国外理论界关于财政收支关系的研究有四种观点：一是以收定支（Friedman & Allen，1972），认为财政收入决定财政支出规模，财政收入变化引起财政支出变化；二是以支定收（Peacock & Wiseman，1961），认为财政支出决定财政收入，支出规模扩张促进财政收入增长与之匹配；三是财政收支同步（Meltzer & Richard，1981），认为财政收支相互依赖、互相影响，任意一方的变动都会带动另一方变动；四是收支分离（Baghestani & Mcnown，1994），认为财政收支相互独立，收支变动不存在直接的关系，一方变动不受独立的另一方影响。

地方财政收入和财政支出是衡量地方财政能力的两个根本性要素。财政能力可界定为地方政府以自主财源满足其必要支出的程度，即财政自给能力。缺乏财政能力意味着地方财政对中央财政的高度依赖性，这是小地方税、大转移支付这一组合的直接产物，并可能造就“等、靠、要”的地方政府行为——在体制内丧失了自主治理和统筹规划地方事务的起码能力[①]。收入和支出是财政分配中两个相互联系、相互促进、相互制约的环节，财政收入是稳定财政支出预期、保障财政活动有序进行与财政可持续的根本前提。财政收入合意性本质上意味着政府有足够的财力满足政府的最低支出需要，提供与改善必要的公共品数量和质量，避免因财政收入不足影响具有合意性的公共品的供给和基本支出需求。从需求角度，社会对公共品需求范围和程度的不同决定着政府职能的不同，以及政府履行职能对相应财力的需求水平。在这个意义上，财政支出是约束财政收入最基本的变量，同时也是地方财政收入规模和结构应达到何种水平的基本依据。同时，地方政府支出结构的合理化是确定恰当的地方政府财政收入形式的必要条件。

财政收入与财政支出、财力与事权、支出责任之间存在着内在的贯

---

① 王雍君.“铁三角”下的政府间财政体制改革新思维［J］. 新理财，2016，182（8）：26-27.

通性和对称性。受益原则符合收入形式选择与支出用途对接的标准，有助于降低财政活动的效率损失。由此构建地方财政收入体系，最基本的约束条件就是地方事权与支出责任的确定。在我国，中央财政与地方财政的收支序列安排理念都是“以支定收”，这表明政府筹集财政资源获得财政收入本身不是根本目的，最终目的是将它转化为依法履行的政府事权与财政支出，因而科学确定地方财政收入规模必须与支出规模和结构紧密结合起来一并考察。

收不抵支从静态的角度有两个层面的含义：一是政府支出是合意的，然而筹资方式不能保证满足这些合意支出所需要的收入；二是政府支出超出了合意水平，合意的税收收入规模满足不了政府支出的需要。从动态的角度看，地方财政收入应根据地方的支出需求适时调整以保障日益提高的公众需求。一般来说，财政支出随着经济发展水平提高具有不断增长的趋势，所以财政收入的增长速度应不低于财政支出的增长速度。然而，如果财政支出的约束机制不完善，财政超支的增加就往往具有刚性，这种情形会强化对财政超收的依赖并且会对财政超收形成倒逼机制。因而收入增长的合意性必须以支出决策的科学性、支出行为的规范性、支出结构的合理性和资金使用的效率性为前提。如果财政支出缺乏有效监督机制而不能保证其合理性，用增长的地方财政收入弥补不合理的支出缺口就缺乏正当性。

作为供给端的财政收入应以保障地方财力需求或满足地方财政支出需要为目标，并随着财力需求或财政支出的动态变化在财政收入规模与结构方面做出适应性的调整。理论上，不同类型财政支出责任应确定相应的收入来源，各种收入形式与对应支出之间应建立起勾稽关系以确保受益者与负担者的衔接，脱离了支出需求而单纯进行收入分配则缺乏体制调整的依据。实践中地方政府职能转变及其事权和财政支出责任范围的变化等因素都会导致对财政收入能力需求的变动，合理的政府间财力配置应与各级政府的规模、在财政体系中的重要性以及在公共品供给中担当的主要责任相匹配。

最优收入规模确定的复杂性和较大难度决定了打造相应的具有收入弹性的空间的必要性。地方财政收入的增长的上限是保持宏观税负相对稳定并控制在合理的区间内，下限则是能够满足地方财政支出的合理需要。地方财政支出比重的高低与地方财政承担的支出责任大小有很强的相关性，支出责任越大，地方政府就越需要相应地提高财政收入来满足支出需要，从而形成不同层级政府支出责任与财力相匹配的财政资源格局。为此，地方财政收入增长的测度要和财政支出联系起来考虑，在政府间事权边界划分清晰、事权范围确定科学、支出责任分担规范的基础上匹配相应的财力，只有这样才能建构起财政收支优质高效的动态均衡，形成收支激励相容的机制。

2.6 财权的自主性

财权的纵向配置直接决定了地方自有财力。按照规范财政分权的原则，当事权划分相对稳定或既定时应适当赋予一个辖区政府充分的财权。其研判的标尺主要包括增强地方财权能有效改善地方性公共品提供的数量和质量，提高地方经济发展水平，激励财政制度创新与规范财政收入行为。

2.6.1 财权自主性适度的含义

从政府筹资的角度，财权的基本内涵是指在法律允许下各级政府筹集和支配收入的权力，广义的财权应该是包括税权、费权、产权、债权在内的一个权力束。地方政府具有自利和自主的双重性。有自身利益诉求必然有相应的自主权要求，缺乏自利性，自主性的发挥也就没有激励驱动。因此，承认地方政府的利益并赋予地方财政自主权是财政分权理论的主旨所在。地方财政是一国财政收入体系的基础，地方政府提供地方性公共品必须匹配相应的收入，这是政府间收入划分的基本原则要求。同时，政府间收入划分制度直接决定着地方政府财力格局的形成和财源建设战略的选择。实行分级财政体制的目的之一是为了在规范化的条件下使地方政府拥有合适与合意的财政自主权，确保地方政府在财政分权中的相对独立地位和自主性。基于各国财政体制变迁的实践经验，由中央政府向地方政府进行适度的财政分权，为地方政府的事权匹配稳定有效的财权有助于地方经济发展已然成为共识[①]。

财政收支的集中与分散程度按照中央和地方之间的收入划分，支出责任划分，转移支付制度设计的不同有四种组合——收入集权，支出集权；收入集权，支出分权；收入分权，支出集权；收入分权，支出分权。在不同财政体制类型的国家中，地方分权都存在着程度和方式的差别，由于地方治理结构有着很大的区域异质性，因而需要根据收入分权理论与各国具体制度环境确定一个最优的分权结构，其衡量标准应包括是否有助于提升地方财政收入质量、公共品供给的有效性、转移支付的绩效等。

财政收入分权程度应保持在合理的水平。在充分考量财政收入分权的收益与成本及权衡激励与控制的基础上不宜一味提高财政收入分权的程度，其程度的大小应与区域差距大小、中央政府平衡区域差距的目标、均等化的财政责任和公共品提供效率目标这些因素结合起来进行综合考量。如果区域间发展差距较大，那么就应更加强调中央政府的平衡差距的目标，强化中央和省级财政的均等化责任，则地方财权自主性程度可能较低；如果过于强调地方财政收入目标，以及更加关注公共品提供的有效性与针对性，则地方财权自主性程度可以较高。另外，鉴于地方分权程度越高可能导致财政竞争越激烈，以及地方因争夺流动性税基而引起地方财政收入下降，需要建立一种立法权适度集权与收入支配权适度分权相结合的财政关系，以更好地体现财政体制的整体性、规范性和稳定性。

财权的自主性应有一个适宜度，对地方政府而言应是一定的自主而非完全自主。一般来说，财政分权程度与地方政府的自主权大小正相关，而财政分权程度与地方政府的自主权大小又对地方政府的激励方向和激励方式产生直接的影响。地方政府财政自主能力的提高并不完全意味着财力分配的比例一定要提高。鉴于完全集权面临资源配置的效率低下风险，高度分权又会导致分配不公，因此，应平衡好分权与集权的程度，保证地方财力既要有一定的可持续性，又要有一定的正向激励性，

① 吴非. 中国土地财政依赖的区域差异之谜［J］. 云南财经大学学报，2016，182（6）：16-32.

最终实现地方政府事权、财权、财力与支出责任的匹配。因为任何一个组织和社会的有效运转依赖于各项制度安排在激励上的相容，有效的制度安排要求对不同的参与者向同一的或者互补的目标方向进行安排[①]。Brennan和Buchanan（1980）提出辖区间竞争模型，认为只有事权而没有财权对促进有效治理是相对失效的。对地方政府而言，事权与财权不对等或只有事权而缺乏财权会给地方政府收入行为带来负面效应。

2.6.2 税权的外延维度

在现代市场经济条件下，税收是各级政府取得财政收入的主要形式，因而税权成为对财权规范形式考察的重点。这集中体现在马斯格雷夫的财政分税制思想中——中央政府和地方政府之间必要的分权是可行的，这种分权可以通过税种在各级政府间的分配固定下来（Richard Abel Musgrave，1959）。税权是政府能够自主决定税收的权力，一般包括税种选择权、税收政策制定权，以及地方政府依照法定程序自主开辟地方税种和税源的权力，是政府财政收入能力的重要表征。税权的划分在一定程度上决定着政府间财政分权的结果。一国政府间税权的分配受制于国家行政体制，进而决定着地方税收制度存在的基本状态与形成格局。地方财权合意性的要义在于，在一定约束条件下给予地方政府运用财政资源的空间，使地方拥有与支出相对称的收入自主权，使地方政府在税法与税收政策实际操作过程中享有较大的税种设置、税率调整、税基确定权且借此获得充足的财力。税权的外延维度可从两个方面来阐释：

（1）基于权力架构逻辑的税收立法权、征管权和支配权。税收立法权主要包括税种的开征权、税种的停征权、税目的确定权、税率的调整权、税收优惠的确定权等。税收征管权分为税收的征收权与税收的管理权，具体又包括征税权、处罚权、税收强制执行权、税务登记、纳税申报、税务检查等。税收征管权应该遵循效率原则与便利原则，并依此来选择由哪个级次的政府来实施；税收支配权或税收归属权的确定关键在

① 张明月，薛兴利．家庭农场的环境相容、功能约束及破解路径：新制度经济学视角[J]．经济与管理评论，2017（2）：26-31．

于税收收入由哪级政府支配使用，而不是以地方政府是否拥有调整税基，税率的权力、是否拥有决定共享税分成比例的权力为依据。从动态的财力分配格局角度来看，税收立法权、征管权和支配权并不完全统一。立法权只是从一个角度上表征了地方政府财权自主性的大小，征管权和支配权也是综合判断财权自主性大小不可或缺的维度。政府间三种权力的配置一般要考虑各级政府的职能履行需要、税收征管水平的目标。从各国政府间税收分权实践看，立法权集中、征管权和支配权相对分散是财政联邦制和财政单一制国家的共性。

不同国家由于政体不同，经济发展水平的差异以及经济管理体制存在区别，因而税权的划分也不一致。大多数OECD国家州政府/省政府层面税权立法权的内容见表2-1。OECD成员国的普遍做法是中央政府掌握主导税权，中央政府在税收分享的框架内也往往拥有决定分成比例的主动权。立法权相对集中可以增强中央税权的绝对权威，保证税收法令的高度统一，确保财政体制框架的稳定性以及为中央政府进行强有力的调控提供财力上的保证，有效防止地方利用税收立法权产生的机会主义行为对中央财政实力的削弱，这从另一个侧面说明了为什么各国地方政府不被赋予完全独立的税收立法权或只享有有限税收立法权的原因。

表2-1　**大多数OECD国家州政府/省政府层面税权立法权的内容**

类型	内容
a	本级政府被赋予制定税率与决定税基的权力，不受上级政府的控制和与上级协商
b	本级政府仅拥有制定税率的权力，包括上级不设定限制和上级设定上下限
c	本级政府拥有实施税收优惠的权力，包括只能规定税收免税额、只能规定税收抵免额
d	本级政府可以获得共享税收入，收入分成比例的调整须经过本级政府的同意，可以由上级政府单方面更改、由上级政府每年制定一次
e	本级政府不具有上述权力

资料来源：倪霓，王怡璞. 地方政府税收自主权的国际经验与启示［J］. 现代管理科学，2013（12）：44-46.

以实行财政联邦制的美国、德国和加拿大为例，美国三级政府都有税收立法权，联邦政府的税收权限由联邦《宪法》所赋予，各州享有包括税收立法权在内的各种税收自主权，但各州的税收立法不得与联邦税收立法相冲突，州以下地方政府的税收权限由州法律所赋予，在联邦及州宪法规定的范围内，地方可以制定本地的具体法规；德国联邦《基本法》规定，在联邦职责范围内，以及与整体经济活动秩序紧密相关的领域内，联邦政府对归属于联邦政府的税种享有独立立法权，同时对于州以下的税种拥有优先立法权。州与地方政府享有有限的税收立法权，即在不与联邦立法权冲突的情况下，以及在联邦专有的立法权限范围之外，可以根据联邦法律的明确授权享有一定的税收立法权；加拿大尽管市政府可以自行制定财产税税率，但省政府拥有是否对全部种类的财产适用同一税率的权力，并依此来对地方政府的行为加以限制和影响税率结构的形成。

地方政府在税收信息掌握和税收征管效率方面的优势是征管权、支配权相对分散，以及广泛采用共享税形式的动因。如美国以联邦政府为主体，对所得税实行三级政府共享，州政府以销售税为重点，并与地方政府同源共享；德国实行共享税与地方税共存、以共享税为主的模式来划分税收收入，联邦政府、州政府和地方政府对公司所得税共享，联邦政府和州政府对法人税和增值税进行共享①。

（2）基于收入来源渠道的税权、非税收入权及转移支付收入权。地方财力是由税收收入、非税收入和转移支付收入相互协调、相互补充构成的收入体系。从地方财力形成的环节看，税收收入和非税收入是收入初次配置环节的直接的财权体现，转移支付收入是收入再配置环节的间接的财权表现，中央对地方转移支付的区域分布与一定时期的收入划分制度相衔接，主要作用在于均衡各地的财力差异。现实中的各种权力配置与收入形式之间存在着纵横交叉关系，不同收入形式在立法权、征管权与支配权方面的强弱程度直接反映了财权自主性的大小，进而在很大程度上决定了政府间的财力配置格局，同时不同的财权结构直接影响地

① 吕冰洋．政府间税收分权的配置选择和财政影响［J］．经济研究，2009（9）：16-27.

方政府行为和作用机制，进而牵制着对地方财政收入的激励方向。如果综合考量税收立法权、税收征管权和税收收入支配权，将分税制笼统定义为集权是不妥的，对分税制财权集中特征的判断也有失偏颇。就地方财权而言，衡量其集权与分权的标准，不能单一地考察税权，还应结合非税收入权。依循激励相容的标准，合理的地方财权结构应该是税权占主导，非税收入权与转移支付收入权作为补充。

基于税种归属和税收收入归属往往具有不一致性，税收收入支配使用权使财政分权程度的度量具有更强的可操作性。在税收收入支配权的语境下，地方税收由地方税和共享税组成。从税基与税率的角度，地方税可以是税基与税率由中央统一规定或者是地方政府能够自行改变的税种，地方税可以充分地体现地方财政主体性，有助于发挥地方政府发展经济、优化经济结构和提高经济质量的激励作用；共享税收入取决于分成收入规模和分成比例设计，此时地方政府的财力不完全与自身税收努力的成效正相关。地方获得的固定收入通常意味着地方政府不拥有剩余收益权，其发展经济的积极性将受到很大负向激励；如果分成收入随着税收收入规模增加而增加，就说明地方政府充分拥有发展经济的剩余收益权，而且剩余收益权与对地方发展经济的正向激励呈正相关，前者越大，对地方财政努力的正向激励越大，财政努力程度则会越高。

2.7 财力结构的合理性

地方财力结构是地方财政收入有机构成的充分反映，是地方政府汲取收入形成的体系及各种收入相互之间的比重关系，包括各种收入形式在收入分配中的分布与选择，既表现为各种收入形式在质的方面结合方式，也反映了量的方面的比例关系与相对地位，以及某类财政收入形式的发展变化趋势。财力来源结构能直观体现地方政府的财政利益分配政策和制度的不同经济取向，以及财力对不同经济领域的依赖程度与财政激励的强度。财力结构的规定性一般受财政体制、经济结构、税制设计、地区人口统计特征、地方经济利益和政治利益的诉求等主客观因素的影响。由于不同财政收入形式在满足财政收入合意性标准的程度方面存在着差异，因而保持财力结构的合理性是十分必要的。

财力结构合理性是财力来源稳定性的前置条件，理想的财力结构既要在纵向上使中央与地方收入格局保持一定的连续稳定性，又应在横向上以地方税体系为支柱，以非税收入和转移支付为辅助，特别是税收收入与非税收入的合理组合与统筹安排。财力结构的优化具有动态性，在经济发展阶段既定的情况下，客观经济环境因素会对收入结构的调整幅度产生制约影响，相应地，财力结构应与经济发展阶段、制度环境等方面保持适应性，而且能够随着经济发展阶段、制度环境的相应变化进行合意性的动态调整。

从地方财政收入的角度来看，依据国家财政形态，可分为领地财政、贡赋财政、关税财政、自产财政、税收财政、租金财政。就现代财政标准而言，财政类型是指以私人部门的税收为基础的税收财政①。这表明现代财政制度的标志之一就是充分可靠的税收收入在财政总收入中应占有较高比重或增加税收收入在可支配财力中的权重，以确保财权与财力的统一性和一致性。换言之，地方政府在边际上更加依赖自身收入或允许地方政府在边际上决定其自有来源收入能充分发挥地方政府的潜在优势，从根本上增强地方政府财政行为的有效性①。

从地方财力体系看，如果更多地依赖分享性收入、非税收入、以土地收入为主的各项基金收入，则不利于财政分权的规范化（陈志勇，2015）。因为缺乏法律依据的行政性收费和政府性基金规模过大会在侵蚀税基的基础上加重微观经济主体的负担，提高广义的宏观税负。现实中行政事业性收费和政府性基金立法比较滞后，收费和基金项目的设立缺乏科学的依据，收费标准的确定与调整带有随意性，项目减免规定存在一定程度的不合理性，这些问题容易造成不公平的市场竞争环境，以及对市场主体利益的侵害。因此，应限制预算管理体系不健全、缺乏监督透明的非正常收入手段的运用和收入规模的扩大，有效协调地方税收和非税收入的关系。同时，确保转移支付规模与地方政府财政努力的正相关性。即转移支付给予地方政府足够的正向激励，以促使其为了更好

① 谷成. 分税制框架下地方税体系构建［J］. 税务研究，2014，356（10）：16-20.

地提供公共产品而努力增加预算内收入，如扩充税源、提高税收征管效率、节约征税成本等。

转移支付对地方政府具有收入效应，其政策目标应兼容财政均等化目标与对地方政府的激励，在保障各地财力水平和基本公共服务供给水平大致均等的同时，充分调动受援地方发展地方经济的主动性和征税的积极性。在转移支付制度设计时要对均等化与激励两个方面进行权衡，建立健全转移支付→财政激励→基本公共服务均等化的互动反馈机制。一是要考虑保障各地区财政能力的均等化，进而实现基本公共服务均等化。二是要切实考虑激励问题，在转移支付资金分配时，在保证地区间财政能力均等化的基础上，注重提高地方财政努力程度，规范地方转移支付资金的分配使用，引导资金主要投入到公共服务领域，激励地方政府不断提升提供公共服务的意愿，有效提高公共服务提供质量，力求避免转移支付资金分配对地方政府行为产生逆向激励效应。

转移支付分配规模应具有适宜性。转移支付规模过大或地方高度依赖转移支付收入会在一定程度产生转移支付对税收的替代，不仅会影响地方税体系的建设和降低征税的努力程度，而且将降低地方政府自主谨慎决策的意愿，引发财政机会主义行为，弱化地方政府的财政约束及削弱地方政府的财政纪律。这是因为，转移支付大多属于相机决策的范畴，地方政府在可支配的财力范围内对财政支出的用途安排拥有决定权，大规模的中央对地方收入转移会严重影响地方政府治理的努力程度，切断努力和绩效之间的联系，造成地方财政收益与成本的分离，从而引致地方政府过度的支出偏好。就财政管理而言，失范的财政转移支付制度会增加管理流程的复杂性和行政成本，形成权力寻租空间，进而带来资金配置效率低下。

2.8 收入管理的法定性和规范性

地方财政收入预算管理的法定性和规范性是约束地方政府行为与明确政府可分配资金规模的前提条件。财政收入管理的法定性核心是实现政府与市场主体关系的法治化及政府间财政关系的法制化。一是要以税收法定为基础推进税收的法治化。在保证切实提高税收收入占财政收入比重的前提下，加强税制要素制定的法定性，从根本上建立真正意义上的“税收国家”；二是推进非税收入的法治化进程，重点完善非税收入的审批、收取及使用制度；三是加快制定《转移支付法》，规范转移支付分配机制。

财政收入管理的规范性表征着地方财政收入政策的透明性、收入汲取行为的约束性和汲取方式的规则性。科学制定和实施清晰、明确的财政收入政策有利于微观经济主体准确把握政策意图，形成良好、稳定的政策预期。收入汲取行为的约束性和汲取方式的规则性主要包括收入行为正当性、收入内容规范性、收入体系完备性、收入手段合理性、收入分配有序性、收入信息公开透明以更好地为实现地方政府治理目标服务。依此逻辑收入管理规范性的蕴涵应包括三个方面：

一是财政资金管理的归一性。为了提高地方政府综合统筹调控资金能力与全面真实衡量地方政府分配规模，在明晰不同形式的财政收入功能定位的基础上，应切实将全部政府收入纳入地方预算管理的覆盖范围，这是保证收入预算规范性及其内部结构合理性的前提和必要条件，也是OECD“预算透明度最佳实践”（2001）倡导的现代预算管理原则中全面性的体现。实践中应将未通过正式预算管理程序的制度外资金纳入预算，因为制度外收入而导致地方政府收入规模和结构没有一个完整统一的统计口径，政府收支≠财政收支≠预算收支，从而使得对宏观税负水平的判定缺乏一个相对清晰且为人们所能接受的标准，进而也难以对全部政府收入进行有效监督。

二是约束自由裁量权大的非税收入的汲取。非税收入中的政府性收费和罚没收入作为地方政府相机抉择收入手段具有行政化倾向和征管的随意性，收入增长带有明显的不稳定性，特别在经济紧缩时期非税收入超常增长会偏离宏观调控目标，抵消积极财政政策效果，并降低地方财政收入运行的质量。同时，地方非税收入的项目繁杂，不同的收入形式都具有较强的专用性，应规范地针对不同事项各归其位，合理确定每项收入的规模和逻辑位次。

三是转移支付收入分配的科学性和效率性。转移支付作为中央政府平衡地区财力与实现公共服务供给均等化的调控手段，是对不同地方禀赋约束的积极回应，其激励效应涉及地方税收努力的激励与公共品供给的激励，而其实现程度的关键则取决于制度设计和转移支付形式。根据转移支付不同目标和地方政府当时当地的具体情况和需求，财政转移支付分为无条件补助和专项补助两大类。

无条件转移支付具有收入效应，受到补助的地方政府会把转移支付资金作为地方自身财政收入的替代收入，在财政支出预算约束既定时，在很大程度上会削弱地方对本地税收收入的征收努力强度，而这种做法的结果会进一步加重地方政府对上级转移支付的依赖性，导致对财政自给的负向激励。这种状况在资源禀赋有限和经济发展水平低的地方表现得尤为突出，削弱了转移支付的政策效果。同时，地方财力使用的自主性也会造成投资性支出和民生性支出结构的扭曲，造成转移支付收入使用与居民公共产品需求满足的激励不相容。

专项补助一方面增加了受援地方政府的可利用资金，另一方面其分配使用存在着条件性制约，对受援地方公共产品的供给行为和供给结构产生直接影响。对于非配套专项补助来说，可以使受援地政府在不额外增加税收努力的前提下提高地方公共品供给的总体水平，但对增强受援地政府的用款责任可能产生不利的激励；对于限额配套专项补助来说，获得转移支付的数额在很大程度上取决于地方的财政能力。为了争取更多的专项资金，地方往往要增强收入努力程度，同时，也容易导致地方供给的行为扭曲和受补助公共产品的过度供给激励。

基于转移性收入视角研究地方财力实质上是一个上级政府同下级政府的最优分权问题。转移支付比重过大会带来较高的制度运行成本，如信息不对称、程序烦琐等影响财政资源配置的效率。为了提升转移支付分配的科学性、公平性和效率性，在财力性转移支付分配中要注重采用公式化的分配程式来体现客观性，以及确保收入体制调整中地方财力的相对稳定性和可预见性；另一方面改革专项转移支付的分配方式，在决策程序、项目投向、资金使用等方面最大限度地提高财政资源配置效率、降低制度运行成本和增强正向激励。

2.9 地区间收入的横向均衡性

从概念意义上说，地区是地方的细分，研究地方财政问题时不能仅囿于单个地区财政收入的规模、结构和质量，还要更加注重地区间财力横向均衡问题。因为各个地区治理结构、制度设计、实际发展状况不同，地区间财力在横向上会呈现出多元化的类型格局。根据威廉姆森“倒U假说”：区域经济增长是一个从不平衡到平衡的过程。这反映在地区财政收入上则意味着阶段性的空间非均衡性。

地方财政收入有着很强的空间依赖性，地方财政收入规模横向上具有差异性和层次性。经济发展是决定财政收入的基础性因素，不同地区资源禀赋、经济发展水平以及经济结构的差异在很大程度上决定了不同级次地方政府财源总量与结构会存在差异；即使同一级次地方政府之间由于所处的辖区要素不同，收入规模也会有所差别。一般情况下，对于经济发达地区而言，由于人均GDP水平较高，经济基础雄厚和税源丰厚，政府组织收入的基础和能力较强，通常会对以增值税和企业所得税为代表的增长型税收依赖程度更高。相比之下，经济欠发达地方往往对非税收入依赖程度相对较高。

一个地区的财政能力是由多重因素耦合而成的，其中地区生产要素与生态资源禀赋、地理环境、经济发展水平、产业结构、产业基础、政府投资政策、财政改革目标、地方税体系的设计、转移支付制度安排等都与地区财政收入存在着函数关系，这些因素的地区性差异必然带来地区间的财政收入差距，因而地区间财政收入的均衡是相对的。各个地区之间政府的财力均等是保障公共服务均等化的物质基础，而地区人均财政收入差距的扩大态势必然导致当地居民享受公共服务水平的差异，不符合政府提供公共服务的“横向公平均等化原则”。布坎南认为，中央政府对收入调节的目的是保证无论居住在哪个地区的个人都会得到公共财政服务的同等对待。财政收入制度既是造成地区间财政收入差距的内在要素，同时也是矫正收入差距的外在手段。因此，应依据现实中各个地区的实践需求和环境条件来保持地区间财政收入差距的适度性。

首先，满足地区间均衡发展的需要是收入分权体制设计的一个重要动因。在地方主体税种选择、税收分享体制确定方面制定有区别的财政收入协调机制，根据不同税种对地区间财政不平等的贡献度决定税权配置给哪一级政府。如果某一税种空间分布不均但有利于增强落后地区财力，从财政公平的角度该税种应配置给地方政府以促进地区间财政公平的均衡性。

其次，充分运用转移支付手段促进对地方的有效治理。财力性转移支付和专项转移支付有着不同的目标定位，财力性转移支付直接增加地方政府财力，有利于政府统筹、整合可支配财力，目标是保证地方财政能力均衡与地方财力均等；专项转移支付直接服务于特定的政策意图，是上级政府向下级政府委托事权的财力配套手段，规定了资金使用方向或特定用途，旨在增加地方某一公共产品的提供数量，解决区域性公共产品外溢问题，促进落后地区的经济开发或特定公共事业的发展，目标是实现基本公共服务均等化。只有这两种方式有效配合，才能提高中央政策意图与地方目标函数的吻合度，切实发挥财政收入政策在解决地区间财力差距方面的作用。

第3章　地方财力配置合意性检视

按照上述地方财力配置合意性的界定标准，需要采用相关指标体系对我国改革开放以来整体的地方财政收入运行轨迹进行实证分析。按照从一般到特殊的技术路线，全面透视地方财政收入合意性的程度及其偏离状况，以及不同层级地方政府财力配置的异同点，进而全方位考察地方财政收入体制的运行规律。

3.1　地方财政收入规模分析

地方财政收入规模是衡量地方政府拥有的收入资源及与其承担的支出责任的匹配状态、地方财政收入的稳定性及其增长后劲的指标，可以用地方财政收入占GDP的比重，地方财政收入占全国财政收入比重、地方财政收入增速、地方财政收入弹性、地方财政收支缺口、地方财政收支匹配度及税负弹性系数来表示。总体来说，1994年的分税制改革不仅是对中央与地方财政关系的调整和重塑，而且也对地方财政收入规模产生了决定性和长远性的影响。

3.1.1 地方财政收入相对规模

以1994年为分界线，地方财政收入占GDP比重的变化表现为两个阶段（1978—2018年地方财政收入规模与收支缺口，见表3-1）。第一阶段：1978—1994年逐年下降，从26.24%下降到4.80%。第二阶段：从1995年开始，比重开始上升，但每年提高的幅度较小，从1995年的4.91%提高到2018年的10.52%。

表3-1 1978—2018年地方财政收入规模与收支缺口

项目 年份	地方财政收入占GDP的比重（%）	地方财政收入占全国财政收入比重（%）	地方财政收入增速（%）	地方财政收入弹性	地方财政收支缺口（亿元）
1978	26.24	84.48	—	—	366.52
1979	22.52	79.82	-4.33	-0.38	288.33
1980	19.26	75.48	-4.32	-0.36	313.46
1981	17.68	73.54	-1.23	-0.16	351.96
1982	16.26	71.39	0.09	0.10	287.32
1983	14.71	64.15	1.32	0.11	227.02
1984	13.56	59.49	11.45	0.55	169.7
1985	13.70	61.61	26.38	1.05	26.19
1986	13.08	63.32	8.78	0.63	-24.96
1987	12.13	66.52	8.89	0.51	46.51
1988	10.52	67.13	8.16	0.33	-63.69
1989	10.84	69.14	16.42	1.27	-92.63
1990	10.42	66.21	5.55	0.56	-134.44
1991	10.15	70.22	13.71	0.82	-84.58
1992	9.30	71.88	13.23	0.56	-67.9
1993	9.60	77.98	35.45	1.13	61.2
1994	4.80	44.30	-31.84	-0.87	-1 726.59
1995	4.91	47.83	29.16	1.12	-1 842.75
1996	5.26	50.58	25.50	1.49	-2 039.36

续表

项目 年份	地方财政收入占GDP的比重（%）	地方财政收入占全国财政收入比重（%）	地方财政收入增速（%）	地方财政收入弹性	地方财政收支缺口（亿元）
1997	5.60	51.15	18.08	1.65	−2 276.84
1998	5.91	50.47	12.65	1.84	−2 688.63
1999	6.24	48.89	12.26	1.96	−3 440.47
2000	6.46	47.82	14.50	1.36	−3 960.59
2001	7.12	47.62	21.81	2.07	−5 331.26
2002	7.08	45.04	9.12	0.94	−6 766.45
2003	7.25	45.36	15.68	1.22	−7 379.87
2004	7.44	45.06	20.75	1.17	−8 699.44
2005	8.17	47.71	26.97	1.72	−10 053.6
2006	8.46	47.22	21.21	1.25	−12 127.8
2007	8.87	45.93	28.79	1.26	−14 766.7
2008	9.12	46.71	21.54	1.19	−20 598.7
2009	9.56	47.58	13.80	1.61	−28 441.6
2010	10.12	48.87	24.57	1.38	−33 271.4
2011	11.11	50.59	29.38	1.65	−40 186.6
2012	11.76	52.09	16.24	1.66	−46 110.1
2013	12.13	53.41	12.99	1.37	−50 729.2
2014	11.92	54.05	9.92	1.34	−53 231.9
2015	12.26	54.52	9.37	1.48	−67 236.12
2016	11.78	54.65	5.08	0.76	−73 242.37
2017	11.14	53.00	4.88	0.71	−82 023.6
2018	10.52	53.40	7.06	1.07	−90 293.76

数据来源：根据《2018年中国统计年鉴》、《2018年国民经济和社会发展统计公报》以及关于2018年中央和地方预算执行情况与2019年中央和地方预算草案的报告的相关资料整理得来。

注：地方财政收入指地方公共预算收入，2015年新《中华人民共和国预算法》实施之后为一般公共预算收入。

地方财政收入占全国财政收入比重的变化分为三个阶段：1978—1984年呈现逐渐下降趋势，1985—1993年又逐渐提高，1994年分税制改革造成收入上收效应，这一比重急剧下降，1994—2018年表现出逐年小幅波动式升降变化。如果用这一指标来反映地方分权程度，则说明改革开放以来中央与地方的财政关系发展轨迹呈现出由分权走向集权，再到集权与分权相结合的情况。实际上，这一指标没有一个固定的比较标准，其大小取决于一国政治体制类型、经济税源的丰厚程度、地方事权的范围等因素。

地方财政收入增速的特点表现在四个方面：第一，增长率较高，在41个年份中，保持两位数增长的年份达24个，占59%；第二，1994年以前增长波动性较大；第三，1995—2011年增长率较高且持续时间长；第四，2012—2018年增速呈逐年下降趋势。

在地方财政收入弹性方面，1979—1992年间除了1985年、1989年，弹性系数都小于1，属于低增长弹性类型；1993—2018年间除了1994年、2002年、2016年和2017年，弹性系数都大于1，属于高增长弹性类型，说明地方财政收入的增长都快于GDP的增长。总体来看，41个年份中有24年弹性大于1，占59%。这表明分税制改革以来，地方财政收入总量扩张和增长速度与GDP呈现一定的相关性；从总体发展趋势看，在增长走势上基本趋同，但增长不同步，说明地方财政在经济增长的基础上具有较强的汲取能力。

3.1.2 地方财政收支缺口

从地方财政收支缺口来看，1978—1985年地方本级收入能够满足支出需要，但收入大于支出的差额不断减少，由366.52亿元下降到26.19亿元，从1986年到2018年，除了1987年和1993年外，其他年份都是入不敷出。值得注意的是，1994年和1993年相比收支缺口急剧扩大，由收大于支的61.2亿元变成支大于收的1 726.59亿元，而且以后收支缺口呈现逐年上升态势。

这种变化趋势形成的主要原因是，在历次财政体制改革中中央与地方的财政收入格局变化与财政支出格局变化不同向与不平衡。自1989

年来，我国分级财政体制改革将法定的多级共同事务，如教育、卫生、农业等按属地原则划归市县。属地原则的优点是政府贴近民众，解决实际问题，当然后者取决于执政者的责任性和财力①。由于在对政府间收入进行划分的同时未对事权与支出责任分配做出约束性规定，突出表现在中央财权集中与财力上移并没有伴随事权上移与支出责任上升，从而造成地方收支缺口的持续增加。随着我国民生财政支出规模的扩大，财政支出的刚性不断上升，支出的压缩空间也越来越有限，这进一步凸显了地方财政收支矛盾逐年扩大可能引发财政风险或潜在的财政危机的严峻性。

在地方财政收支匹配度方面（地方财政收入占比与地方财政支出占比的比较见图3-1），1978—1984年，地方财政收入占比明显高于地方财政支出占比，1985—1993年二者的比例大致持平，收入占比略高于支出占比，1994年以后支出占比开始高于收入占比，地方财政支出从1994年69.71%提高到2014年的85.13%，提高了近16个百分点；与此同时，地方财政收入占比从1994年的44.3%增加到2014年的54.05%，而且这两个指标的差异在小幅波动中呈现扩大的态势，从1994年的25.41%逐渐扩大到2014年的31.08%。2015—2018年继续保持在30.95%、30.76%、32.32%、31.80%。这一变化轨迹折射出分税制改革之后地方财政收支的不对称性，地方自有财力与其承担的支出责任严重不匹配的境况，以及逐渐弱化的收入能力对保障地方公共品提供能力的制约。

3.1.3 税负弹性系数

在税负弹性系数方面，鉴于在税收收入增减变化与经济发展周期基本一致的前提下也存在收入增速波动更大、与经济增长节奏不完全一致的特点，特选取宏观税收弹性系数、第二产业和第三产业税收弹性系数与个人所得税税收弹性系数来分别反映宏观税负、中观税负和微观税负的变化情况，宏观、中观和微观税收弹性系数见表3-2。

① 马国贤. 现代国家治理与责任型分级财政体制［J］. 地方财政研究，2017（1）：4-9.

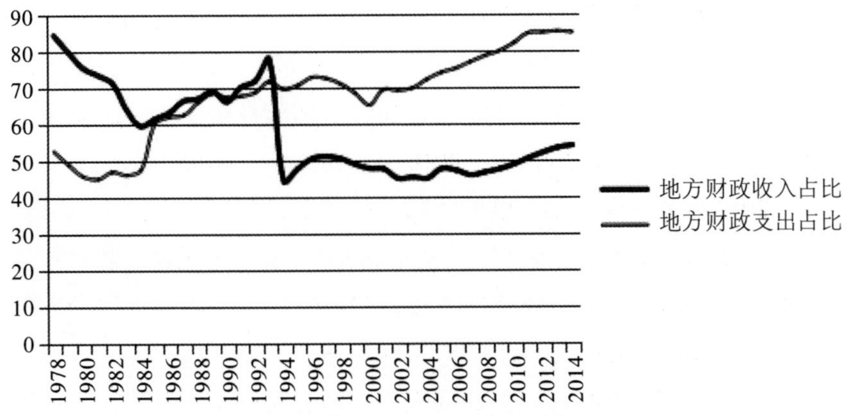

图3-1　地方财政收入占比与地方财政支出占比的比较

数据来源：根据《中国统计年鉴2014》《2014全国财政决算》的相关数据整理得来。

表3-2　　**宏观、中观和微观税收弹性系数**

项目／年份	宏观税收弹性系数	第二产业税收弹性系数	第三产业税收弹性系数	个人所得税税收弹性系数
2002	1.57	1.82	0.45	1.85
2003	1.05	1.27	1.66	1.37
2004	1.17	1.45	1.64	1.51
2005	1.22	1.07	1.32	1.20
2006	1.23	1.01	1.47	0.97
2007	1.36	1.05	1.71	1.39
2008	1.04	0.96	1.13	0.85
2009	1.14	−2.54	−3.13	0.43
2010	1.29	1.10	1.28	1.30
2011	1.27	3.28	7.21	0.94
2012	1.24	1.51	1.67	−0.21
2013	1.04	0.56	1.00	0.39

数据来源：根据《2014年中国统计年鉴》、《国研网统计数据库》以及2012—2013年中国税务年鉴的相关数据整理得来。

注：①宏观税收弹性系数=税收收入增长率÷GDP增长率；②第二产业税收弹性系数=第二产业税收增长率÷第二产业总产值增长率；③第三产业税收弹性系数=第三产业税收增长率÷第三产业总产值增长率；④个人所得税税收弹性系数=个人所得税增长率÷城镇职工工资总额增长率。

从宏观税收弹性系数来看，2002—2013年这一指标的变化轨迹是短期下降后再经历较长时期的上升，从2002年1.57下降到2003年的1.05后，2004年、2005年、2006年、2007年四年持续上升，2008年又下降为1.04，之后再到2009年、2010年、2011年、2012年呈较平稳的提高，2013年又呈现一定幅度的下降。总体上，宏观税收弹性系数变化较小，说明税收收入与经济增长较好地保持了稳定的关联；从税收弹性系数来看，第二产业税收弹性系数2002—2010年基本处于稳中下降的态势，2011年增速较快达到3.28，之后不断下降；第三产业税收弹性系数除了2002年的0.45外，都比同期第二产业税收弹性系数高，且税负稳中上升（除了2009年），2011年高达7.21，之后较大幅度下降，这表明整体而言第三产业税收增长速度与其产值增长速度差距较大；从微观税收弹性系数来看，个人所得税税收弹性系数总体呈下降趋势，由2002年的1.85下降到2013年的0.39。这四个指标2012—2013年都表现出下降态势与经济整体增速放缓有着密切关系。

3.2 地方财政收入自主性程度透视

地方财政自主性反映在政府间收入初次分配和再分配中地方财政收入的合意度，表示地方预算收入的分权程度、收入满足支出的程度和地方财政支出对中央转移支付的依赖程度，可以用财政收入分权度、财政自给率、财政依存度和转移支付再分配系数来表示。

3.2.1 财政收入分权度

地方财政收入分权度反映地方政府集中财力的程度，分为小口径、中口径和大口径。小口径指地方本级一般预算收入占全国一般预算收入的比例；中口径指地方一般预算收入（地方本级一般预算收入+中央转移支付收入）占全国一般预算收入的比例；大口径指地方全部预算收入（地方本级一般公共预算收入+地方本级政府性基金收入+地方本级国有资本经营收入）占全国一般预算收入（全国一般公共预算收入+全国政府性基金收入+全国国有资本经营收入）的比例。

从不同口径下地方财政收入分权度（见表3-3）来看，2010—2018年地方小口径的收入分权度较低，在48%~55%之间，中口径的收入分权度在87%~92%之间，大口径的收入分权度在61%~66%之间。这一方面表明中央转移支付在地方收入结构中起着关键性的作用，另一方面说明地方政府性基金收入在地方政府实际可用财力中规模较大。

表3-3　　不同口径下地方财政收入分权度

年份	2010	2011	2012	2013	2014	2015	2016	2017	2018
小口径	48.87%	50.59%	52.09%	53.41%	54.06%	54.51%	54.65%	52.99%	53.40%
中口径	87.79%	89.02%	90.78%	90.57%	90.81%	90.69%	91.93%	90.79%	91.40%
大口径	61.62%	62.18%	61.31%	64.25%	64.37%	61.96%	62.66%	63.57%	65.30%

数据来源：根据2010—2018年全国财政决算情况的相关资料整理得来。

注：2010—2011年只有中央有国有资本经营预算收入，地方没有国有资本经营预算收入。

3.2.2　财政自给率

地方财政自给率是衡量地方政府自有收入的融资能力，或独立地为本级支出筹措收入能力的指标，也是地方财政能力和财政状况的集中体现，一般用地方本级财政收入与本级财政支出的比值来表示。该指标比值越大，地方政府从自有税基筹集收入的能力越大，依靠自身财力提供公共品的水平越高，自我“造血”功能越完善，相应地，对公民的责任就越大。从地方财政运行效率的角度，地方自主性财政收入对财政支出的支撑能力及地方自主支配的财力越大，地方政府在决策上受中央政府干预的程度相对越低，因而有动力开展良性竞争，积极回应辖区居民公共品需求，降低决策成本。反之，如果财政自给率较低，地方政府就难以依靠自身努力解决所需的财力问题。地方财政越依赖于其他收入来源形式，如转移支付、借债等，地方政府对公民的责任感可能就越不强。

1994年分税制体制改革是地方政府财政自给能力由强变弱的一个重要分界点，地方财政自给率、地方财政依存度和转移支付再分配系数见表3-4。1978—1993年地方财政自给率非常高，反映出地方财权自主性很大。1994年分税制改革中央集中了财权和财力，地方财政自给能力迅速下降，由1993年的101.84%下降到1994年的57.24%，下降了44.6%，之后一直在52%~66%之间。1994年分税制改革前，省级财政和县级财政自给率很低，市级财政和乡级财政自给率较高，平均数为1.43和1.38。分税制改革后，四级地方政府的财政自给能力都不同程度地减弱[①]，由此制约了地方政府根据当地需求配置财政资源的空间。

表3-4 **地方财政自给率、地方财政依存度和转移支付再分配系数**

年份	地方财政自给率（%）	地方财政依存度（%）	转移支付再分配系数
1978	162.13	—	—
1979	146.01	—	—
1980	155.77	—	—
1981	168.64	—	—
1982	149.69	—	—
1983	134.93	—	—
1984	121.01	—	—
1985	102.17	—	—
1986	98.18	—	—
1987	103.28	—	—
1988	96.13	—	—
1989	95.21	—	—
1990	93.53	—	—
1991	96.32	—	—
1992	97.36	—	—
1993	101.84	—	—
1994	57.24	13.62	0.24
1995	61.83	51.17	0.83
1996	64.76	46.94	0.72

① 李俊英．分税制财政体制下我国地方税收入不足问题研究［J］．经济纵横，2014，(7)：81-86.

续表

年份	地方财政自给率（%）	地方财政依存度（%）	转移支付再分配系数
1997	66.02	42.60	0.65
1998	64.96	43.31	0.67
1999	61.92	45.32	0.73
2000	61.79	45.03	0.73
2001	59.41	45.80	0.77
2002	55.72	48.18	0.86
2003	57.17	47.82	0.84
2004	57.76	50.40	0.87
2005	60.03	45.61	0.76
2006	60.15	44.33	0.74
2007	61.48	47.24	0.77
2008	58.17	46.68	0.80
2009	53.41	46.79	0.88
2010	54.97	43.77	0.80
2011	56.66	43.05	0.76
2012	56.98	42.32	0.75
2013	57.63	40.10	0.70
2014	58.76	39.98	0.68
2015	54.52	36.25	0.66
2016	54.35	37.08	0.68
2017	52.72	37.60	0.71
2018	52.02	37.02	0.71

数据来源：根据1995—2018年地方预算执行情况的相关资料整理得来。

由于各省份经济社会发展程度不一，财政实力差异明显，财政自给率差距较大。从我国31个省级行政区的财政自给率的分布情况看（不同财政自给率区间内省份数，见表3-5），1994—2012年，财政自给率小于66.53%的省份占64.52%~80.65%，66.53%≤财政自给率＜78.63%的省份占6.45%~25.81%，78.63≤财政自给率＜84.19的省份有2年为0，其他年份占3.23%~12.90%，财政自给率≥84. 19的有5年为0，其他年份占3.23%~16.13%。可见，处于低财政自给率区间的省份占比一直比较高。2018年财政自给率最高的是上海，约85%；北京约81%紧随其后；广东、浙江、江苏居第三、四、五位，财政自给率位于70%~80%。天津、福建、山东、山西财政自给率超过50%，其他省份则低于50%。分地区来看，东部省份财政自给率高于中西部地区；南方地区财政自给率高于北方。地方财政自给率下降意味着地方对中央转移支付的依赖度在上升①。

表3-5　　不同财政自给率区间内省份数

年份	财政自给率＜66.53%	66.53%≤财政自给率＜78.63%	78.63%≤财政自给率＜84.19%	财政自给率≥84. 19%
1994	23	6	0	2
1995	23	7	0	1
1996	21	7	3	0
1997	22	7	2	0
1998	21	8	2	0
1999	23	6	2	0
2000	23	5	2	1
2001	23	5	1	2
2002	24	4	2	1
2003	24	4	3	0
2004	25	3	2	1
2005	23	3	2	3
2006	23	3	1	4
2007	23	2	1	5
2008	23	3	1	4
2009	24	2	2	3
2010	24	2	3	2
2011	22	3	4	2
2012	20	5	3	3

数据来源：曾明，华磊，刘耀彬. 地方财政自给与转移支付的公共服务均等化效应——基于中国31个省级行政区的面板门槛分析［J］. 财贸研究，2014，(3)：82-91.

① 佚名. 31省财政自给率差异大：上海85%居首　大部分省份不足50%［N］. 第一财经，2019-08-01.

从1994—2013年我国省、市、县三级政府的财政自给能力来看(见图3-2)，市级财政自给率高于省级和县级，1994—2001年，省级和县级水平比较接近，2002年之后省级高于县级，特别在2006—2008年差距较大，这表明分税制改革造成县级财政自给能力明显弱化。

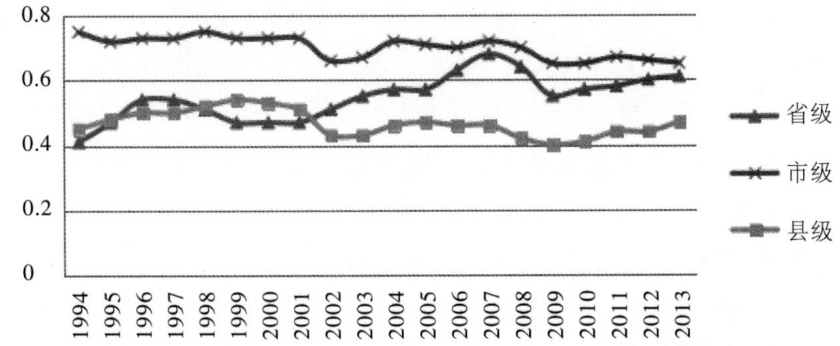

图3-2 1994—2013年我国省、市、县三级政府的财政自给能力

数据来源：根据《地方财政研究》2015年第6期的相关内容整理得来。

3.2.3 财政依存度与转移支付再分配系数

财政依存度是指地方依赖上级政府援助的筹措资金能力，表明地方财政支出多大程度上来自于中央转移支付。转移支付蕴含的是一种权力，转移支付规模越大，上级政府对下级政府的影响力与控制力就越强。一般来说，财政自主性程度与转移支付规模成反比。地方的财政自主性程度越低，就会更多地依赖于中央的转移支付，其值越高表示地方财政对中央财政的依赖程度越高，地方决策的独立性越受到限制，中央纵向控制的能力越强；同时，不规范的转移支付也容易产生信息不对称而导致资源错配和预算软约束问题。转移支付再分配系数是转移支付收入与地方财政收入的比值，这一指标从另一个角度来判断地方财政对转移支付的依赖性，系数越大折射出地方支出在更大程度上依靠中央。

1994年分税制改革后，中央对地方的转移支付规模急剧扩张，转移支付成为地方政府一种常态化的收入来源。由表3-4可知，除了1994年制度建立之初转移支付规模较小之外，从1995年开始中央转移支付力度明显加大。1995—2013年一般性转移支付平均增长率为27.9%，专项转移支付平均增长率为24.2%，这折射出中央转移支付对地方财政收入贡献的地位保持着强劲的态势。从地方财政依存度来看，1995—2013年基本保持在40%~51%，2015—2018年呈稳中有降态势。相应地，转移支付再分配系数除了1994年较低（0.24）外，1995—2018年保持在0.65~0.88之间，这表明地方自身筹集的收入远远不能满足支出的需要，逐渐扩大的地方收支缺口只能在很大程度上依靠中央的转移支付加以解决，这也凸显了我国的财政分权以大规模转移支付为支撑的特征。

1995—2013年中央转移支付占地方预算内财力比重呈现平稳的波动，一直保持在48%~59%之间，中央转移支付占地方预算内财力比重见图3-3，地方预算内财力平均增长率为18.9%，中央转移支付平均增长率为17.8%，二者基本保持同步增长。这表明，在我国政府间财政收入分配中逐渐呈现出大转移支付与小地方税收并存的格局，转移支付制度使中央与地方之间形成了利益共同体的关系，从根本上改变了几十年来中央财政支出依赖地方的被动局面；换言之，分税制财政体制实现了由中央依赖地方向地方依赖中央的转变，转移支付由分税制初期政府间财政分配的补充机制变成了对地方政府财力安排的重要影响机制，在地方财政收入格局中越来越发挥着举足轻重的作用。

图3-3 中央转移支付占地方预算内财力比重（%）

数据来源：根据《地方财政研究》2014年第12期整理得来。

转移支付制度能否达到预定的效果不仅取决于转移支付资金的分配和使用，还受到对受援地方产生的激励结构的影响。能否通过收入转移实现跨区域发展水平收敛的关键在于转移支付在不同国家或地区呈现出的政策效应如何。我国转移支付制度的实施虽然有助于解决不断加剧的地方财政收支不对称的矛盾，但同时也导致地方财政对中央财政转移支付依赖不断固化的问题，其中一个重要的原因就是地方财政的利益制约与影响着转移支付制度的变迁过程。1994年分税制改革造成地方政府正式的预算内收入规模下降，作为对地方收支缺口弥补的工具，转移支付制度的设计以地方既得利益的保护为前提，同时，地方财政追求收入最大化的动机和行为也在很大程度上引致了转移支付制度的失范和转移支付规模的不断增加，并成为体制内财政分权的重要特征。

一是转移支付的时间滞后、年初的不确定性以及使用方向的限制和配套要求使其难以充分满足地方支出需求。作为自身财力以外的筹资方式，转移支付规模过大会引发较为严重的地方财政收入能力与地区经济发展程度相脱节的现象，产生转移支付制度偏离目标的问题。

二是在转移支付制度存在缺陷、分配不规范和监管缺失的前提下，地方对转移支付的过度依赖一定程度上反映了地方财政自主能力方面的脆弱性，同时会给地方财政收入行为造成逆向激励和预算约束软化。大规模的转移支付可能激励接受转移支付的地方政府尽最大努力争取中央资源，降低地方征税的积极性和努力程度，进而降低地方自主筹资的能动性和自主财力水平；另一方面，容易引发寻租行为，可能引致地方政府的道德风险，而且地方政府在中央财政拨款的使用上往往不像对待来自当地的收入那么有责任感，导致地方政府不重视转移支付资金的使用效率，比如随意改变专项转移支付资金的用途。

三是由于中央转移支付的数量和时间很难确定，甚至不可能与各地方财政支出的安排无缝衔接，因此对中央财政依赖度过高会给地方政府财政预算编制和执行带来很大的困难。此外，财政资金被挪用成为较为普遍的现象，执行速度缓慢，结存数量偏大成为常态。为此，在注重财政转移支付承担弥补地方收支缺口的主要职责与发挥中央宏观调控优势的同时，也要关注转移支付对地方政府行为的负向激励与约束的影响。

3.3 地方财政收入结构解析

地方财政收入结构是地方集中收入过程中形成的收入体系，包括在国民收入分配和再分配中以税收和非税收入形式获得的收入。地方财政收入结构一方面体现各种收入形式在质的方面的规定性、结合方式、相互关系，以及在经济活动各领域、各环节的分布；另一方面反映各种收入形式在量的方面的比例关系或在财政收入中的相对地位与重要程度。基于政府预算管理体系的视角，地方财政收入结构包括三个层级：第一层级是地方一般公共预算中的税收收入和非税收入（狭义）的结构，第二层级是地方税种结构，第三层级是非税收入结构，其中既包括一般公共预算中的非税收入结构，也牵涉将政府性基金纳入的广义非税收入结构。

3.3.1 地方税收收入与非税收入结构

税收作为财政收入的主要形式，税收收入规模与结构是衡量地方财政收入合意性的重要标尺之一。地方财政收入中税收收入的占比能充分反映地方公共财政的运行模式与表现特征，这个比重越大，说明财政收入来源结构越趋合理，地方财政收入质量也越高，财政收入的规范性、稳定性和持续性越强；同时，在中央和地方逐步建立了共享税的收入分配体制下，地方税和共享税的比重及其变化趋势也是衡量地方税体系合理性的一个重要维度。地方税收收入按收入归宿划分包括地方税和共享税。理论上地方税的界定标准不一致。现实中各国共享税划分的做法也不尽相同。

税收收入与非税收入都是依据相关法律法规征收的收入，都属于政府收入范畴，这两种收入形式有一定的替代或互补性。非税收入的规模会对税收收入产生一定的影响，同时非税收入结构体现了地方财政收入管理的规范性程度。我国分税制改革之后，基于税收收入不能充分满足地方经济社会各项事业发展的财政支出需求，因而对地方政府通过非税收入来筹集财政资金形成较大的驱动，使得预算外收入一定程度上对预算内收入起到了补充甚至替代的作用，这同时也表明地方财政收入分权边界的扩展。

从2011年起，我国全面取消了预算外资金，相应的预算外收入项目纳入不同的政府预算进行管理。由于非税收入具有非规范性和不可持续性的特征，其比重过大往往引致由虚高的财政收入而产生追加刚性支出的需求，使政府预算陷于被动的局面并加剧了财政运行风险。在这一意义上，地方非税收入占财政收入的比重越高，财政收入的不稳定因素就可能越多，在其他条件不变的情况下就表明财政收入的质量越低，这源于非税收入规模过大不仅会侵蚀税基、增加税负，还可能对经济增长潜力形成抑制。

地方税收收入与狭义非税收入占比（见表3-6）的结构来看，2009—2018年地方税收收入占地方本级财政收入的比重远远高于狭义非税收入[①]占地方本级财政收入比重，说明地方政府财政收入以税收为主导。在分税制改革造成地方预算内税收收入减少的情况下，地方政府将增加预算内非税收入作为地方增加收入的一个重要途径。从内容来看，预算内非税收入主要由原来属于预算外收入的行政性收费、专项收入、罚没收入等构成，相当于OECD意义上的自有非税收入，这部分收入规模的扩大可以真实反映地方预算自主权的扩大。

表3-6　**地方税收收入与狭义非税收入占比**

年份	地方本级税收收入占地方本级财政收入的比重（%）	地方狭义非税收入占地方本级财政收入的比重（%）
2009	80.23	19.77
2010	80.52	19.48
2011	78.23	21.77
2012	77.47	22.53
2013	78.09	21.91
2014	77.94	22.06
2015	75.49	24.51
2016	77.58	22.42
2017	75.08	24.92
2018	77.58	22.42

数据来源：根据2009—2018年地方一般公共预算收入决算表相关的资料整理得来。

① 指地方一般公共预算中的非税收入。

从变化趋势看，地方本级税收收入占地方本级财政收入的比重呈下降趋势，而狭义非税收入占地方本级财政收入比重呈上升趋势，从2009年的19.77%提高到2018年的22.42%。这在一定程度上也反映出非税收入比重的顺周期特征，即当经济增长放缓时，地方政府往往增加非税收入以弥补税收减少造成的财政收支缺口。受经济增速下滑的影响，在税收收入增速下降同时，非税收入增速对于整体财政收入增速的贡献度却在增加。作为增加地方财政收入的相机抉择手段，非税收入规模的过快增长会造成地方财政收入结构的不合理，并折射出非税收入对税收收入的替代倾向、财政收入渠道不规范和财政收入质量下滑的问题。这也说明目前我国地方政府还不能被定义为一个完全意义上的“税收国家”类型，而只能属于混合型的类型。

从我国各个地区非税收入比较来看，无论地方水平还是东部、中部和西部三个地区，一般公共财政预算中非税收入的比重都呈上升的趋势，而且中部和西部的比重远远高于全国和东部水平，这说明越是经济发展水平较低的地区越存在着对非税收入较强的路径依赖。

从预算管理的角度来看，广义的非税收入主要体现在一般公共预算和政府性基金预算中。与一般公共预算的非税收入相似，地方政府掌管着政府性基金收入的征收管理权。从广义的角度来看，一般公共预算的非税收入和政府性基金收入都反映了地方财政收入自主权的程度。但是，与一般公共预算的非税收入的管理方式不同，政府性基金收入的征收管理还没有建立起一套健全的制度，特别在分税制改革造成地方预算内收入减少的压力下，地方财政会加大对预算外融资的依赖和征收需求，而征收规模失控会加重市场主体的负担并造成对经济发展不利的影响。

从规模上来看（广义的非税收入变化趋势，见表3-7），广义的非税收入占广义的财政收入的比重较高，2010—2018年都超过了50%，非税收入的规模较大说明非税收入呈现出成为地方政府支柱性财源的趋势，以及地方财政收入结构出现税收筹资“缺位”、非税筹资“越位”的问题与“费税争宠”的格局。非税收入在地方公共收入中的定位应该是发挥补充性的作用，地方财政收入对非税收入的较强依赖性会与现代市场经济中的“税收国家”取向发生偏离，造成财政分配与政府分配的概念内涵在一定程度上的偏离，并对地方财政收入的稳定带来不利的影响。

表3-7　　　　**广义的非税收入变化趋势**

年份	广义的地方财政收入（亿元）	广义的地方非税收入（亿元）	广义的非税收入占广义财政收入的比重（%）
2010	74 222.31	41 520.82	55.95
2011	90 779.42	49 672.68	54.72
2012	95 295.03	47 975.95	50.35
2013	117 041.50	63 150.59	53.96
2014	125 855.60	66 730.15	53.02
2015	121 222.00	58 560.06	48.31
2016	127 315.19	64 465.19	50.63
2017	149 124.30	80 451.58	53.95
2018	169 275.23	93 320.44	55.13

数据来源：根据2010—2018年地方一般公共预算收入决算表相关的资料整理得来。

注：广义的财政收入=一般公共预算收入+政府性基金收入；广义的非税收入=一般公共预算的非税收入+政府性基金收入。

从地方税收收入和狭义非税收入的增长速度来看（见图3-4），2007—2014年除了2010年和2013年，非税收入的增长速度都超过地方税收收入的增长速度。2015—2018年地方税收收入增速分别为5.96%、3.24%、6.15%和-8.75%，而同期狭义非税收入增长速度为21.53%、10.85%、1.10%和-3.72%。非税收入的不合理增长扭曲了地方财政收入结构和地方政府行为，这说明相当一部分的政府收入来源于税收以外的其他途径，这不仅使非税收入可能对税收收入产生挤出效应，加大地方政府的经济风险，弱化中央宏观调控效果，而且在很大程度上将加重企业和居民的税收负担，并且以非税形式存在的税负增长给调整税负水平和税负结构增加难度。

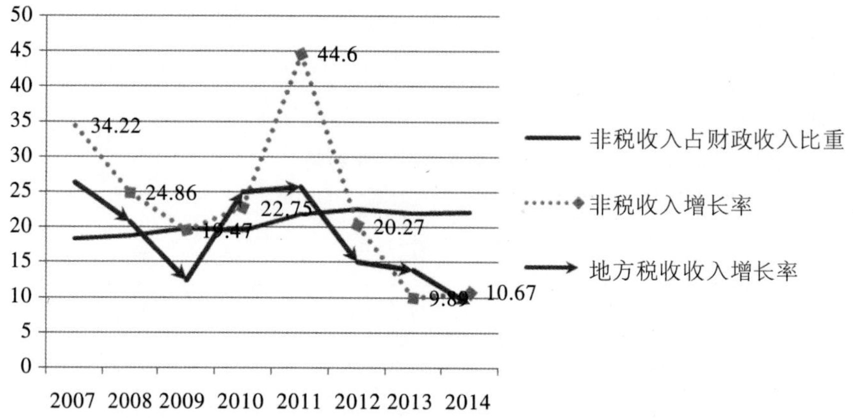

图3-4 地方税收收入和狭义非税收入的增长速度（%）

数据来源：根据《2006—2014年中国统计年鉴》《关于2014年中央和地方预算执行情况报告》整理得来。

近年来随着财政收入增速的下滑，特别当税收收入增速下滑明显时，非税收入往往呈现增长较快的态势。非税收入增速较快说明地方非税收入的实力较强，同时一定程度上也说明地方税收收入对地方财政收入的贡献率降低与拉动力减弱。非税收入的增长除了一些偶然的、正当的因素外，还包括税费空转造成的收入虚增、加大惩处力度造成的罚款收入增加等因素。此外，非税收入的增长还造成地方财政收入增长与地方可用财力增长不同步的问题，这是因为非税收入的管理采用财政上列收列支的办法，并且有专项用途，因此真正体现在地方政府财力可用于正常支出的规模并不大，这样非税收入规模过大可能导致收入使用上的条块分割，资金指向性的公共品与其他公共品无法统筹供给，以及造成地方财政收入增长并未带来地方实际可用财力同步增长的情况。另外，许多地方的收费收入增长快速，甚至出现了收费收入增长速度大大超过税收收入增长速度的不正常现象。这种看起来很可观的地方财政收入规模并没有使地方财政困难状态得到根本性改善，反而在很大程度上恶化了整个财政收入的质量，而且由于非税收入在管理和使用方面的透明度较差，在使用方向和使用效率方面可能出现问题，导致在一定程度上由于非税收入使用偏差而增加了对财政收入的过多需求。

3.3.2 税收收入与转移支付收入占地方收入一般公共预算收入比例

地方税收收入和中央转移支付收入是影响地方一般公共预算总收入的两个主要形式。就中央财力和地方财力分配环节来看，税收收入发生在初始环节，形成地方政府的初始财力，而地方政府的最终财力除了税收收入外，还决定于中央转移收入。地方税收收入与转移支付收入占地方公共预算收入的比重可以反映这两种收入形式在地方财政收入中的贡献程度及变化态势。

表3-8 **地方税收收入和转移支付收入占地方公共预算收入的比重**

年份	税收收入（亿元）	转移支付收入（亿元）	地方一般公共预算收入（亿元）	税收收入占地方一般公共预算收入比重（%）	转移支付收入占地方一般公共预算收入比重（%）
2005	12 726.73	11 484.02	26 584.78	47.87	43.20
2006	15 228.21	13 501.45	31 805.03	47.88	42.45
2007	19 252.12	18 112.45	41 677.49	46.19	43.46
2008	23 255.11	22 990.76	51 640.55	45.03	44.52
2009	26 157.44	28 563.79	61 166.38	42.76	46.70
2010	32 701.49	32 341.09	72 954.13	44.82	44.33
2011	41 106.74	39 921.21	92 468.32	44.45	43.17
2012	47 319.08	45 361.68	106 439.97	44.46	42.62
2013	53 890.88	48 019.92	117 031.08	46.05	41.03
2014	59 139.91	51 591.04	127 467.62	46.40	40.47
2015	62 661.93	55 097.51	138 099.60	45.37	39.90
2016	62 850.00	59 486.35	144 660.00	43.45	41.12
2017	68 672.72	65 051.78	156 521.19	48.36	41.56
2018	75 954.79	69 673.99	167 584.04	45.32	41.58

数据来源：根据2005—2018年地方一般公共预算收入决算表相关的资料整理得来。

从表3-8来看，2005—2018年地方税收收入占地方一般公共预算收入比重呈现阶段性变化特征，2005—2009年逐渐下降，2010—2018年基本稳定，变化幅度较小。转移支付收入占地方一般公共预算收入的比重在2005—2015年间总体呈下降趋势，2016—2018年小幅上升且变化平稳。从各个年份来看，地方税收收入占地方一般公共预算收入比重在42%~48%，基本呈V形变化，而转移支付收入占地方一般公共预算收入比重在39%~47%基本呈倒V形态势变化，二者具有此消彼长的关系。除了2009年以外，地方税收收入占地方一般公共预算收入比重略高于转移支付收入占地方一般公共预算收入比重，这表明地方税收收入对地方公共预算收入的影响基本保持上升态势，转移支付收入对地方公共预算收入的影响趋于弱化，但由于比重相近，因此地方税收收入和转移支付收入对地方最终财力都具有重要的影响。

3.3.3 地方税收收入结构

1994年分税制改革将地方税收收入分成地方专享税和共享税，经过2002年调整后，地方专享税包括房产税、城镇土地使用税、土地增值税、车船税、耕地占用税、契税、烟叶税、环境保护税；共享税则由国内增值税、企业所得税、个人所得税、资源税、城市维护建设税、印花税构成。2018年税收收入75 954.79亿元，共享税收入56 894.5亿元，占比74.9%，专享税收入17 756.44亿元，占比25.1%。这表明地方税收结构以共享税为主、专享税为辅的特征非常明显。究其原因，1994年分税制改革后，共享税的外延不断扩大。2001年进行了个人所得税和企业所得税分享改革，2012年我国启动了“营改增”。共享税在地方税收收入中占绝对主体的地位，凸显了自1994年我国以支出分权与财权集中为特征的分税制改革以来，共享税为主导的地方税收入结构特征。地方税收收入对共享税的高度依赖说明地方税筹资功能不足，以及各级地方政府税源结构趋同，在中央与地方地位不平等的语境下会造成地方政府对税收收入不稳定的预期。

从2013年我国各省（自治区、直辖市）地方税收收入占该地税收收入的比重来看（见表3-9），比例低于40%的占16.67%，在40%~45%

的占13.89%，在45%~50%的占36.11%，在50%~55%的占19.44%，在55%以上的占13.89%，这一分布状况说明省（自治区、直辖市）与省（自治区、直辖市）之间存在一定的差异，一半以上的地区在45%~55%，低于40%和高于55%的地区占比较均衡。

表3-9　2013年我国各省（自治区、直辖市）地方税收收入占该地税收收入的比重

各省（自治区、直辖市）地方税收收入占该地税收收入的比重（%）	各省（自治区、直辖市）的地方占比（%）
低于40	16.67
40-45	13.89
45-50	36.11
50-55	19.44
高于55	13.89

数据来源：根据《中国税务年鉴2014》整理得来。

注：省（自治区、直辖市）包括31个省和5个计划单列市。

3.3.4　地方税种收入结构

地方税种收入结构能够反映各个税种的收入贡献度。地方财政收入结构一般和税种结构相衔接。由于各个税种的税基空间分布不均匀，因而税种划分及分享比例都会影响到地方税收收入结构。鉴于我国省以下税收收入划分的稳定性和规范性还存在一定的问题，因而税种划分采用中央地方兼顾型模式。从税收收入支配权的角度，目前收入全部归地方政府的税种包括土地增值税、房产税、耕地占用税、城镇土地使用税、契税、车船税和烟叶税。由地方政府征管、税收部分归属于地方政府的税种有营业税（2016年5月1日后取消）、资源税、城市维护建设税、印花税。由国税局征管，税收部分归宿地方的税种有增值税、企业所得税、个人所得税。

从地方税种收入结构看（地方税种收入比重变化的趋势见表3-10），2007—2015年尽管增值税比重较高，但占比总体下降，随着2016年“营改增”的全面实施，增值税占比大幅度提高；营业税的占比以前最

高，除了2011年外，都稳定在30%以上，但随着“营改增”的实施，2016年营业税占比明显下降；企业所得税和个人所得税波动较小；地方税中房产税、城镇土地使用税、土地增值税、契税虽然占比较低，但都表现出稳步提高的态势，特别是土地增值税从2007年的2.09%上升到2018年的7.43%。

表3-10 **地方税种收入比重变化的趋势** 单位：%

年份	2007	2008	2009	2010	2011	2012	2013	2014	2015	2016	2017	2018
国内增值税	20.09	19.35	17.45	15.89	19.25	14.24	15.36	16.49	16.14	29.0	41.08	40.52
营业税	33.14	31.80	33.82	33.65	11.27	32.84	31.83	29.95	30.58	15.72	—	—
企业所得税	16.27	17.21	14.98	15.44	21.69	16.00	14.81	14.93	15.15	15.7	17.03	17.22
个人所得税	6.62	6.40	6.05	5.92	7.78	4.92	4.85	4.99	5.50	6.24	6.97	7.30
资源税	1.36	1.30	1.29	1.28	1.92	1.81	1.78	1.76	1.59	1.42	1.91	2.09
城市维护建设税	5.97	5.75	5.43	5.31	8.39	6.20	6.02	5.85	5.92	5.60	6.12	6.16
房产税	2.99	2.93	3.07	2.73	3.54	2.90	2.93	3.13	3.27	3.43	3.79	3.80
印花税	1.64	1.56	1.54	1.57	1.98	1.46	1.46	1.51	1.54	1.48	1.65	1.61
城镇土地使用税	2.00	3.51	3.52	3.07	3.93	3.26	3.19	3.37	3.42	3.49	3.44	3.14
土地增值税	2.09	2.31	2.75	3.91	6.63	5.75	6.11	6.62	6.12	6.51	7.15	7.43
车船税	0.35	0.62	0.71	0.74	0.97	0.83	0.88	0.91	0.98	1.05	1.13	1.09
耕地占用税	0.96	1.35	2.42	2.72	3.46	3.43	3.36	0.91	3.35	3.14	2.40	1.74
契税	6.27	5.62	6.63	7.54	8.89	6.07	7.13	3.48	6.22	6.64	7.15	7.54
烟叶税	0.25	0.29	0.31	0.24	0.29	0.28	0.28	6.76	0.23	0.20	0.17	0.15
环境保护税												0.20

数据来源：根据2007—2018年中国统计年鉴和2018年地方一般公共预算收入决算表相关资料整理得来。

注：2007年前后地方税种结构不同，故从2007年开始分析。

从主要税种来源结构看，2007—2016年国内增值税、营业税和企业所得税合计占地方税收收入比重较高，这说明地方税收收入对共享税倚重较多的现象非常突出。虽然共享税种类和规模不断扩大是财政体制过渡中不得已的安排，但由于政府间财政关系法制化的缺失和不够硬化，且分享不稳定与变动频繁，共享税比重过高会因地方政府培养税源的努力得不到全部回报而不具有充分激励性，而且也使分税制具有较强的分成合约性质与收入分成制的色彩；另外也反映出流转税占比过高，而这种格局会通过价格分配通道改变居民与企业的税负水平，对居民来说可能会因承担过重税负而影响消费，从而给经济活动带来不利的影响。

3.3.5 地方非税收入结构

在狭义的非税收入结构方面（见表3-11），2013年之前其他收入占比最高，占非税收入1/3以上，其次为行政事业性收费，占比都在30%左右，第三位是包括排污费、水资源费收入等的专项收入，最后是罚没收入。2014—2018年专项收入、行政事业性收费和国有资源（资产）有偿使用收入占比较高。需指出的是，随着简政放权、减税清费改革的不断推进，以及收费管理公开透明的常态化，行政事业性收费项目将越来越少，乱收费、乱罚款行为也将得到切实的抑制。

表3-11　**狭义的非税收入结构**　单位：%

分类	2009	2010	2011	2012	2013	2014	2015	2016	2017	2018
专项收入	21.93	22.03	23.56	20.50	20.65	19.75	31.52	27.44	28.60	32.79
行政事业性收费	30.37	32.87	31.78	30.54	29.74	28.92	21.69	19.59	18.89	16.04
罚没收入	14.56	13.18	11.03	11.04	10.67	9.76	8.67	8.21	9.48	11.35
其他收入	33.14	31.92	33.63	37.92	38.94	9.71	9.06	7.57	10.17	9.54
国有资本经营收入						6.85	3.40	3.80	2.49	16.23
国有资源（资产）有偿使用收入						25.01	25.67	29.50	30.37	28.64
捐赠收入								0.56		
政府住房基金收入								3.32		

数据来源：根据2009—2018年地方一般公共预算收入决算表相关资料整理得来。

注：2009—2013年一般公共预算的非税收入包括4类，2014年、2015年、2017年、2018年包括6类，2016年包括8类。

从广义的非税收入结构来看（见表3-12），以2009年为转折点，2010年以后一般公共预算非税收入占广义的非税收入比重虽然小幅上升，但占比较低，一直处于20%~35%，而政府性基金收入占广义的非税收入比重却保持在65%~81%，其中主要是土地出让收入带动的。一般公共预算非税收入在项目数量、预算管理方面透明度较高和相对规范，但占比较低。相对而言，政府性基金主体多元化、种类繁多、筹资行为缺乏硬约束，预算管理规范性弱。依此而论，政府性基金收入规模过大虽然可在很大程度上弥补地方财力的不足，但占比过高会对财政收入质量形成负面的影响，这也同时意味着地方财政收入还有进一步规范的空间。

表3-12　**广义的非税收入结构**

年份	一般公共预算非税收入占广义的非税收入比重（%）	政府性基金收入占广义非税收入比重（%）
2009	64.74	35.26
2010	19.05	80.95
2011	23.03	76.97
2012	28.68	71.32
2013	23.94	76.06
2014	25.08	74.92
2015	34.73	65.27
2016	34.69	65.31
2017	24.21	75.79
2018	23.52	76.48

数据来源：根据2009—2018年地方一般公共预算收入决算表以及2009—2018年地方政府性基金预算收入决算表相关资料整理得来。

3.4　地方财政收入的空间均衡性阐释

地方间财政收入的空间均衡程度受多种主客观因素的影响。在客观因素方面，各个地区自然禀赋的差异、所处发展阶段与经济发展模式不同、经济发展水平的差距、产业结构及价格水平的不同会直接、间接地影响财源分布的非均匀性。在主观因素方面，税收努力程度不同以及国家的分配政策、分配制度、非均衡区域发展战略导向会导致地区间财政收入的空间非均衡和财力水平的差异。地方经济发展水平与地方财政收入之间存在着正向关联性，地方财政收入的实际规模是地方经济发展的最终体现和结果，越是经济发达程度高的地区，财政收入的规模相应就越大，第二、三产业越发达，来自增值税、企业所得税和营业税的收入就越多。投资、居民个人收入对地方财政收入差异也有重要影响，投资可以拉动经济增长，进而为扩展税源、增加税收收入提供条件；居民在消费商品的过程中会产生各种税费，居民消费越多，对财政收入的贡献就越大。

财政体制作为矫正横向不均衡的政策手段对地方间财力分布和格局的形成发挥着关键性的影响作用。分税制财政体制“保存量，调增量”的改革思路使存量部分的地方既得利益得以延续，固化了地区间人均财力水平的起点差异，增量返还制度的刚性则进一步加剧了过程与结果的不公平，削弱了地区间财力差异缩小的功效。转移支付手段尽管可以对困难地区财力加以调整，但地区间人均财力差距较大的局面未被实质性地扭转，进而造成地区间基本公共服务供给的不均等。

衡量地区间财政收入均衡性程度可采用两个指标：一是地区人均财政收入，即用一定时期内地区财政收入总额与地区年末人口（或供养人口）的总数比值来表示。这个指标考虑了各地区的人口因素，体现了一定时期地区人均财政收入规模，在很大程度上反映了地区财政实力的强弱程度和财政收入质量的高低状态，可以较好地反映地区之间财政收入的差异，可比性更强，也符合公共服务均等化的最终目标。二是地方人均财政收入增速，这一指标能从速度变化角度反映地方财政收入增长的后劲。

我国东部、中部和西部的人均财政收入规模都呈现逐年扩大的态势（31个省、自治区、直辖市的人均财政收入比较，见表3-13）。2013年之前这三个地区之间人均财政收入的差距没有大幅度地缩小，2005—

2013年东部人均财政收入一直是中部的2倍以上，西部人均财政收入也始终在中部的1.5倍左右。2014—2017年东部与中部差距仍没有很大变化，而中部与西部的差距有缩小的态势。

表3-13　　东部、中部和西部人均财政收入比较

年份	东部地区		中部地区		西部地区	
	人均收入（元）	对中部的倍数	人均收入（元）	中部为1	人均收入（元）	对中部的倍数
2005	1 782.69	2.57	694.71	1	1 062.78	1.53
2006	2 127.43	2.4	887.89	1	1 359.11	1.53
2007	2 718.06	2.48	1 094.03	1	1 676.63	1.53
2008	3 208.45	2.36	1 361.73	1	2 089.54	1.53
2009	3 574.57	2.27	1 572.86	1	2 414.51	1.54
2010	4 322.25	2.2	1 966.43	1	3 035.63	1.54
2011	5 380.50	2.06	2 608.45	1	4 021.47	1.54
2012	6 839.94	2.22	3 083.90	1	4 743.60	1.54
2013	6 797.31	2.57	3 584.50	1	5 503.34	1.54
2014	7 409.29	1.88	3 933.28	1	4 262.09	1.08
2015	8 540.03	2.14	3 993.74	1	4 635.72	1.16
2016	9 116.39	2.22	4 104.17	1	4 614.63	1.12
2017	9 507.22	2.2	4 329.84	1	4 718.74	1.09

数据来源：根据2006—2018年中国统计年鉴相关资料整理得来。

注：东部地区包括北京、天津、河北、辽宁、上海、江苏、浙江、福建、山东、广东和海南11个省（直辖市）；中部地区包括山西、吉林、黑龙江、安徽、江西、河南、湖北、湖南8个省；西部地区包括四川、重庆、贵州、云南、西藏、陕西、甘肃、青海、宁夏、新疆、广西、内蒙古12个省（自治区、直辖市）。

从全国31个省、自治区、直辖市的人均财政收入比较来看（见表3-14），2010年人均财政收入最高的上海为12 479.41元，最低的西藏为1 220.68元，相差9倍；2011年最高的北京为14 892.90元，最低的甘肃

为1 755.41元，相差8倍；2012年最高北京为16 019.59元，最低的甘肃为2 018.97元，相差7.9倍；2013年最高的北京为17 310.21元，最低的河南为2 157.53元，相差8倍；2014年最高的上海为18 901.69元，最低的河南为2 902.99元，相差6.5倍；2015年最高的北京为24 086.78元，最低的甘肃为2 908.67元，相差8.3倍；2016年最高的上海为26 523.33元，最低的黑龙江为2 996.09元，相差8.6倍；2017年最高的上海为27 470.06元，最低的甘肃为3 106.36元，相差8.8倍。

表3-14　**31个省、自治区、直辖市的人均财政收入比较**　单位：元

地区＼年	2010	2011	2012	2013	2014	2015	2016	2017
北京	11 998.22	14 892.90	16 019.59	17 310.21	18 713.57	24 086.78	23 410.73	25 015.15
天津	8 226.10	10 738.97	12 454.59	14 124.12	15 215.47	20 613.38	17 605.61	14 838.54
河北	1 851.44	2 400.07	2 860.08	3 130.53	3 313.41	3 685.94	3 839.50	4 300.31
山西	2 713.02	3 377.21	4 199.53	4 687.66	4 990.79	4 598.44	4 249.45	5 043.22
内蒙古	4 328.08	5 466.67	6 236.30	6 889.43	7 365.84	7 947.37	8 030.54	6 734.72
辽宁	4 582.59	6 030.46	7 075.37	7 616.88	7 127.72	4 858.93	5 018.48	5 476.70
吉林	2 193.29	3 091.94	3 785.82	4 205.60	4 372.75	4 476.34	4 590.13	4 456.80
黑龙江	1 971.04	2 601.85	3 033.83	3 330.90	3 395.02	3 041.33	2 996.09	3 281.37
上海	12 479.41	14 610.81	15 727.01	17 016.60	18 901.69	23 983.32	26 523.33	27 470.06
江苏	5 184.50	6 518.60	7 399.88	8 273.66	9 086.86	10 206.73	10 258.14	10 177.52
浙江	4 789.24	5 767.53	6 283.05	6 906.00	7 483.70	8 837.74	9 571.76	10 260.53
安徽	1 929.58	2 452.35	2 993.85	3 441.26	3 646.95	4 124.64	4 350.54	4 496.32
福建	3 118.04	4 036.32	4 738.99	5 615.93	6 206.54	7 162.44	6 915.34	7 182.38
江西	1 743.72	2 346.99	3 046.21	3 585.23	4 143.18	4 858.93	4 712.17	4 861.66
山东	2 867.57	3 586.11	4 191.47	4 685.04	5 135.18	5 772.13	5 951.16	6 094.97
河南	1 468.63	1 834.00	2 169.18	2 157.53	2 902.99	3 201.01	3 326.48	7 798.63
湖北	1 765.44	2 652.04	3 154.62	3 778.62	4 405.94	5 250.74	5 301.21	5 503.76
湖南	1 646.38	2 300.12	2 684.40	3 035.24	3 358.75	3 830.17	3 977.44	4 020.15

续表

年 地区	2010	2011	2012	2013	2014	2015	2016	2017
广 东	4 326.27	5 249.81	5 879.92	6 653.02	7 520.59	8 978.69	9 537.01	10 135.51
广 西	1 674.60	2 040.30	2 490.52	2 792.12	2 991.75	3 291.79	3 244.79	3 306.31
海 南	3 120.04	3 876.72	4 618.32	5 374.41	6 149.61	7 238.66	6 999.19	7 279.81
重 庆	3 300.52	5 098.77	5 784.34	5 701.15	6 426.01	7 472.61	7 385.59	7 324.81
四 川	1 941.19	2 540.11	2 998.03	3 434.19	3 760.53	4 164.73	4 131.40	4 309.79
贵 州	1 534.18	2 228.72	2 910.55	3 444.92	3 895.87	4 324.28	4 423.57	4 507.93
云 南	1 893.23	2 399.50	2 872.19	3 437.81	3 602.16	3 933.56	3 821.97	3 928.70
西 藏	1 220.68	1 805.47	2 814.60	3 045.51	3 907.86	4 566.80	4 803.95	5 514.24
陕 西	2 565.32	4 008.39	4 264.98	4 644.87	5 007.68	5 518.47	4 835.13	5 232.57
甘 肃	1 381.20	1 755.41	2 018.97	2 351.94	2 596.18	2 908.67	3 026.68	3 106.36
青 海	1 956.01	2 671.91	3 252.38	3 873.01	4 316.98	4 747.01	4 051.46	4 117.06
宁 夏	2 425.92	3 440.14	4 078.51	4 714.68	5 133.84	5 930.43	5 719.30	6 123.02
新 疆	2 290.85	3 261.77	4 071.00	4 984.50	5 580.24	6 101.78	5 504.24	5 998.04

数据来源：根据2011—2018中国统计年鉴相关资料整理得来。

从东部、中部和西部人均财政收入增速比较来看（见图3–5），2006—2014年中部和西部的增速基本持平，且除了2007年和2012年之外都快于东部，这表明实施西部大开发和中部崛起经济发展战略以来，中西部的发展势头比较强劲。

从省级财政收入增速的横向比较来看，2014年15个省份财政收入增速未达到年初预算目标，这种状况主要发生在东北和中西部地区，其中变化最明显的是东北三省，这三个省的财政收入增速排在全国末位。辽宁省2014年财政收入同比下降4.6%，黑龙江省同比增长1.8%，吉林省同比增长4%。出现这一状况的主要原因是东北三省作为我国的老工业基地，多年来产业结构以传统重工业为主，民营经济在整体经济中占比较低，服务业发展相对不活跃，石油等重要工业品价格下跌明显，地方房地产业不景气，这些因素都使得东北三省主体税种收入增长乏力，甚至出现负增长的现象[①]。

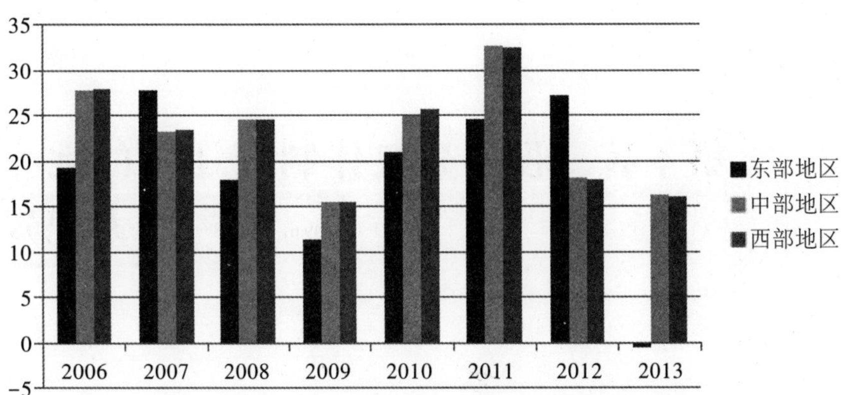

图3-5　东部、中部和西部人均财政收入增速比较

数据来源：根据2007—2014年中国统计年鉴有关资料整理得来。

在中西部，安徽、广西、四川、云南、湖南等省份的财政收入表现出个位数增长的态势。究其原因，这些省份原来大多依靠投资拉动经济增长，这种模式在产能过剩、需求不足的背景下必然导致产业投资增速下降，同时房地产市场调控力度的加大也使得这些省份的财政收入增速进一步下滑。在东部，广东、上海、浙江、北京、江苏等发达省份仍能保持较平稳的增长，因为东部发达省份的金融业等现代服务业在经济结构中占主导，这些产业的发展对税收增长的贡献明显；另外，产业转型升级取得部分成效，常住人口基数大与消费稳定这些因素都对财政收入稳定增长带来了积极的影响。2019年1—6月份，地方一般公共预算收入同比增长3.3%，山西、河北、浙江、四川、广西、河南等15省份收入增速高于全国平均增速。

---

① 周潇枭. 2014地方财政质量分析：15个省未完成预算目标［N］. 21世纪经济报道，2015-02-10.

第4章　收入分权体制变迁中的地方财力配置

地方财力配置的合意性一般是通过激励效应来体现的，旨在更加恰当地选择提高地方财政收入能力的政策和手段，形成财政收入的激励与约束相容机制。对不同收入板块的路径依赖会产生不同的政策激励与约束效应，在我国的垂直型管理体制下，地方政府既是中央政策的执行者，同时作为政府管理体系的基础部分又是地方经济增长和社会发展的主体。不同发展阶段的财政体制选择决定了地方政府有着不同的目标函数和行为特征，特别是地方政府随着财政体制改革被赋予了相对独立的财政自主权之后逐渐形成了追求财政收入最大化的行为模式，而且在政治激励和经济激励双重因素制约下得到正向反馈并形成了一种强化路径依赖。

4.1 地方财力的路径依赖

4.1.1 路径依赖理论要义与适应性

根据新制度经济学理论，制度会随着时间、技术、偏好等因素的变化而发生变化，这就是制度变迁的基本内涵。制度变迁以利益的变化为基础，制度变迁是新制度产生、替代或改变旧制度的动态过程，是从一个制度均衡向另外一个制度均衡转移的过程。不同阶段的制度变迁会产生不同的利益调整方式，最终结果可能是帕累托改进，也可能是卡尔多改进。当制度变迁是帕累托改进时社会主体之间的利益比较一致，制度变迁就更加容易，而卡尔多改进由于部分利益受损使得博弈可能更加激烈，制度变迁更加困难，这在转轨国家表现得非常明显。制度变迁沿袭的一般规律是，在制度转轨初期往往是帕累托改进，随着改革进程的加快，在中后期表现为一个卡尔多改进过程，并且推进得相对缓慢。制度演进的方向与一个社会中利益集团之间的博弈规则过程和结果相关，制度演进的方向是由社会中处于强制地位的利益集团决定的。

新制度主义者对制度变迁现象的解释是，由于报酬递增和自我强化机制的存在使得制度变迁具有路径依赖特征。路径依赖（path-dependence）是指人类社会中的技术演进或制度变迁都具有类似于物理学中的惯性特点，一旦进入某一种“好”或“坏”的路径，就可能对这种路径产生依赖性，而且惯性的力量会使这一选择不断自我强化，轻易走不出去。

路径依赖理论的发展大致经历了四个阶段。第一阶段是20世纪80年代，研究主题是路径依赖的概念和内涵；第二阶段是将路径依赖率先引入技术变迁领域；第三阶段是20世纪90年代，路径依赖理论扩展到制度变迁领域；第四阶段是运用复杂的最新科学研究成果和演化博弈理论，系统分析包括技术与制度综合变迁过程中的路径依赖问题。国内外学者大多从跨学科、多层次的视角对路径依赖问题进行研究，从技术创新、制度演化、社会历史沿革、区域发展等不同方面对路径依赖的相关问题进行探讨。经济学领域最早关注有关路径依赖的研究，之后在制度经济学、社会学、经济地理学、政治学以及组织管理学等诸多学科领域中也得到了研究者的广泛关注[①]。

1975年美国经济学家保罗·戴维（Paul A.David）在他的著作《技术选择、创新和经济增长》中首次将"路径依赖"的概念纳入经济学的研究范畴之中，并揭示了技术变迁中的路径依赖问题。即由于某种偶然因素选定了一种技术之后，该技术便被锁定在一定的发展路径上，而这种路径未必是最佳选择。随后，美国圣达菲研究所的阿瑟（Arthur，1989）进一步发展了路径依赖理论，描述了报酬递增对路径依赖的影响及报酬递增的自我强化机制。从认知的角度，青木昌彦强调只要参与人一旦获得某种优势地位，就可以通过维持信念来确保旧制度的存在，因此路径依赖可能是对某些历史的遵从或人为的结果。诺斯将新古典经济学中作为外生变量的制度看作内生变量，将路径依赖界定为人们过去的选择决定了他们现在可能的选择，解释了制度在经济增长中的重要作用，认为制度变迁是渐进的，制度演变的方式是经济发展的至关重要因素，制度变迁中存在着路径依赖，路径依赖又对制度变迁起着制约作用。即文化传承使现在和未来都同过去有关联，如果人们最初选择了正确的制度变迁路径，那么，经济和政治制度的变迁沿着这一路径就可能进入良性循环的轨道。反之，如果最初选择了错误路径，则有可能顺着该路径一直走下去，并由此造成制度陷入无效率的状态。换言之，可能使制度变迁沿着错误的路径滑入低效率的状态被锁定，而现实中的制度变迁往往是二者的混合。

基于历史的作用及历史演变规律的视角，路径依赖理论为路径依赖的形成、影响因素和破解途径提供了一个有力的解释。现实中不同国家和社会在不同的历史条件下会做出不同的选择，这种连续的、不同的选择便构成了某个国家和社会不同于其他国家和社会的特殊的制度变迁轨迹和社会发展道路[②]。尽管每个国家和一个国家的不同时期受基本的环

① 曹瑄玮，席酉民，陈雪莲. 路径依赖研究综述［J］. 经济社会体制比较，2008（3）：185-191.

② 青木昌彦，等. 政府在东亚经济发展中的作用——比较制度分析［M］. 北京：中国经济出版社，1998.

境和基本的经济条件影响很大，影响制度供给和制度需求的因素存在着差异和动态变化，制度变迁过程中的层次、规模、速度和机制也具有多样化特征，但经济系统运行的初始制度选择往往会决定以后的发展演变方向，并且会在一定时期内持续存在。制度初创时的性质或称结构性价值偏向决定于不同行动者之间的博弈，制度的性质取决于不同行动者之间的实力对比。不同行动者在制度架构中既得利益格局的形成也由制度初创时的结构性价值偏向所决定，并且影响着将来可能的制度变迁[①]。

4.1.2 地方财力配置行为的路径依赖约束

我国政府间财力分配体制内生于特定的经济社会治理结构。地方财力配置制度的演进充分反映了财政体制、非正式财政预算管理制度的变迁过程，既揭示了政府间利益分配关系变化的动因，也反映了地方财力的运行轨迹及其效应。分税制改革后，地方财力来自三个源头：一是在主阵地的税收领域，加大征税力度，提高税收增长率；二是在辅阵地的非税领域，利用非税收入的灵活性和自由裁量权获得收入；三是在自留地的非预算收入领域，利用城镇化做大土地财政。这种依赖一方面决定着地方财政收入制度变迁的指向，另一方面制度惯性与内含的自我强化机制也为收入制度的改革带来了压力和挑战，地方财政收入制度的失范会使地方政府的治理能力陷入路径依赖困境。因此，探讨我国地方政府的固有收入行为必须从经济激励驱动和政治激励相容相互交织的两条路径展开。

路径依赖理论很好地回应了分税制财政体制改革的收入倾向性问题，而分税制财政体制改革也是路径依赖理论的一种具体表现方式。理论上，分税制财政体制改革与路径依赖理论有着天然的耦合性，路径依赖理论的引入使得分税制财政体制改革问题更加清晰化[②]。应对和解决地方财力的现实问题必须从其制度依赖路径入手。按照路径依赖原理，当路径锁定和制约性因素不利于制度进入良性发展轨道时，就需要根据

① 史成虎，张晓红. 当代中国政治体制改革的困境与进路——以路径依赖为视角［J］. 西南大学学报：社会科学版，2013，39（2）：24-31.

② 李金龙，武俊伟. 我国中央与地方分税制财政体制改革路径依赖的困境及其消解［J］. 求是，2016（9）：38-45.

客观条件和制度环境的变化实施路径创造，为未来发展提出可能的优化路径。

根据诺斯的制度变迁理论，人类历史中的社会演化方式是由制度变迁决定的，制度给人们的活动选择提供激励。我国地方财政收入制度的变化无疑是由财政体制变迁导致的，财政体制的变迁决定着地方财政收入汲取的规模、结构与形式，而体制改变的动力源主要来自财政收入体制矩阵中的激励因素。财政体制作为制度的本质在于稳定人们的行为预期，规范各类主体的行为，在一种科学的激励约束机制中实现社会福利最大化。而其效应的发挥在很大程度上有赖于制度设计的合理性及其实施过程的规范性，以及中央政策意向置于地方政府目标函数的程度。我国收入分权体制演变的过程实质上是中央与地方财力结构调整的过程，并直接决定着对地方政府的激励方向和激励程度。

地方政府的特殊地位决定了地方政府在制度变迁中并不是被动的角色，相反是新制度的主动创造者或推动者。中央施行一种新的财税制度时，地方政府从中获得的收益是它支持这一新制度施行的主要驱动力，否则，地方政府将通过不同策略推行一种利己制度。地方财政收入制度是财政体制、税收制度、非税收入制度的联结点。现存财政收入制度是前期变化积累过程的结果，即地方财政收入制度的变革和选择受到一些历史与现实的根本性因素影响，作为财政支出的供给端，财政收入制度会受到由客观环境变化产生的新需求影响，同时其发展演化往往受制于制度运行成本、法律约束、既得利益约束、适应性预期、行为主体的有限理性等这些相互关联的因素的综合作用，这些都为地方财政收入的运行带来了不同的制度环境，推动着地方财政收入制度的不断改革与再塑，并引致政府间财政关系的重组，从而使地方财政收入系统走向多重路径依赖并形成固有惯性。

诺斯指出，制度变迁是制度主体以一种更高效的制度替代另一种制度的过程。在我国，财政体制的变迁是用分税制替代财政包干制，中央政府在发起推动中起着主导作用，后续面临的问题是采取何种制度逻辑策略来保障地方财力。具体来说，目前地方政府收入行为是地方政府受制于财力不足现状、面临行政主导的财政分权制度环境以及“唯 GDP

主义”的政绩观等制度安排的必然选择。因此，需要依据特定时点上制度环境和制约因素来分析我国地方财政收入系统的变化特征和运行绩效，探求地方财政收入制度更为有效的演进路径。

4.2 收入分权体制变迁与地方财力配置

在地方财政收入形式中，税收收入、非税收入和转移支付收入具有不同的特质和不可互相替代的必然性，不同形式收入的制度设计及其运行环境会对地方财政收入规模、结构、持续性产生不同的激励效应，这意味着研究地方财政收入合意性不能脱离对收入激励结构的分析。

4.2.1 收入分权体制：演变特征

财政体制一直是我国改革关注的重点领域。在我国，财政体制安排的演化与体制转型和经济放权相伴而行。财政体制一贯沿袭的策略和进路是从收入如何在政府间划分入手，历次财政体制改革，特别是1994年以来的分税制改革，更多的是在调整中央与地方政府财政收入所占的比例关系，唯“占有比例”式的财政体制改革模式似乎被“锁定”，带有制度变迁路径依赖的某些鲜明特征，且主要体现在财政体制改革的目标价值选择层面[①]，即调整税收分成关系是我国调整政府间财政关系的核心。

相应地，地方财政收入行为的变迁基本上反映了财政体制演变的基本趋势，尤其是收入分权体制是构成这一变迁的中轴逻辑。我国学界通常按照中央与地方之间的“集权/分权”状态将当代中国财政体制变迁划分为三个阶段：集权型财政阶段（1949—1978年）；分级财政承包阶段（1978—1993年）；分税制财政阶段（1994年至今）。或将第三个阶段再次划分为两个阶段：分税制改革阶段（1994—2002年）；所得税收入分享改革阶段（2002年至今）[②]，在这个过程中如何进行合理分权一

---

① 李金龙，武俊伟．我国中央与地方分税制财政体制改革路径依赖的困境及其消解［J］．求是，2016（9）：38-45.

② 谢国财，王少泉．中央与地方财政收入比重变迁曲线研究——基于1953—2014年数据［J］．中共福建省委党校学报，2016（10）：78-85.

直是理论界和实践部门关注的重点。国内的相关研究文献主要聚焦在1994年分税制改革之后，研究成果侧重于从规范的角度来对比分析改革前后存在的问题，并探讨健全和完善财政体制的思路、方向及措施等。

地方财政收入与财政体制之间存在着内在的联动关系，财政体制变革的实质是围绕着事权、财权、财力而对中央与地方之间的财政权力束重新组合和配置的过程，财政体制改革必然会改变政府间财政资源的运行方式。自20世纪80年代以来推行的财政分权是中央政府和地方政府之间政治权力的划分在财政领域的集中体现，并成为调动地方政府积极性与推动地方经济增长的重要激励方式。在财政分权体制变革过程中，地方政府的自主性行为受中央总体性目标和政治风险的影响，有限理性的地方政府往往会结合自身的利益与偏好去理解和安排制度，并力求在激励和约束的框架内满足自身的利益需求，进而不同的历史阶段会有不同的适用领域和表现形态。

从制度主义视角看，制度变迁具有时间上的继起性，路径依赖并非是一种最终的状态结果，而是一个处于演化的过程，而且制度的演变具有自我增强的特征。在我国，地方财政收入带有明显的制度变迁特征。伴随着计划经济向市场经济的制度变迁过程，我国收入分权体制改革始终是财政体制改革的基石。作为处理中央与地方收入分配关系的制度安排和制度结构，收入分权体制本质上规定了中央政府和地方政府的契约关系，对中央和地方的利益关系具有重要的调节作用。

虽然中央政府和地方政府的利益及目标函数不可能完全一致，对收入分权体制的类型、内容的需求也存在着差异，但在各自财政约束条件下力求实现自身利益最大化方面却具有一致性。在政治集权和经济分权的框架下，财政体制改革必然采取中央主导的决策模型，地方政府在与中央政府的税收利益博弈中往往处于被动或弱势的地位，收入分权改革的不彻底性造成地方政府获取权力的不完备，但出于财政压力的起因和驱动，地方政府也会在与中央政府的策略互动中利用分权体制对地方的内在激励与非税收入分权的优势而对地方财政收入形式做出适应性选择，而且地方政府对于某种收入来源的依赖程度越高，其行为模式越倾向于增加那种收入，这种收入对于政府行为的激励作用就越强烈。

4.2.2 政府间收入划分：地方财力配置的核心命题

政府间收入划分是政府间关系中的一个必要环节，事关收入体制改革和地方财力保障两个财政改革的关键性问题，因而一直是学界研究的议题，特别是随着现代财政制度改革的逐步深入，更成为学者广泛关注的重点。政府间收入划分研究的是中央和地方各自的收入边界问题，这必然涉及地方财政收入规模与结构，并构成决定地方财政收入规模和结构的一个重要因素。合理划分中央与地方间收入是多级财政分权治理的必然要求，也是我国新一轮财政体制改革与构建现代财政制度的重要环节，更是提振地方财政运行预期的根本性要素。收入划分是一个协调平衡过程，旨在解决中央收入集权与地方收入分权的适度性问题。收入划分的结果直接决定着各级政府的收入能力，而收入能力是影响政府治理能力的一个关键性的供给因素，收入划分的错配与结构不合理在很大程度上表征了各级财政供给能力的不充分性与不平衡性，因而规范的收入划分与合理的财力结构是政府治理体系构建的重要支撑。

政府间收入划分的驱动力来自中央调控和地方利益的共同作用。中央政府和地方政府之间兼具独立性与融合性、同质性与多样性特点，由此决定了政府间收入划分的客观必然性。政府间的收入划分是在既定的收入总体资源前提与财政体制制约下，基于增进纵向政府间财力与支出责任匹配，调动中央与地方两个积极性，对财政收入在政府间进行安排、配置和调整，同时也是一个在财政领域中财政权力和利益关系分配的博弈过程。在收入规模既定的约束下，收入划分体制决定着中央与地方间的收入配置结构。不同财政体制模式下收入划分的制度导向、驱动力和财力分配格局存在着较大的差异。探求收入集中与收入分散的适度平衡是我国中央与地方间收入划分关系变革和完善的主要动因与基本走向，在这一过程中收入划分带有明显的渐进主义和相机抉择政策倾向，并且一直处于不稳定的变动状态，这不仅使得收入划分中的协调关系更加复杂化，而且体制运行成本也随之上升。

（1）政府间收入划分：我国财政体制演变的主线。

一国中央与地方间收入划分格局是多种因素相互作用与选择的结果。改革开放以来我国财政体制的发展脉络与收入划分体制的纵向演变具有一致性，并且对分成体制有着较强的路径依赖。随着财政体制改革由中央统一平衡转变为地方自求平衡的推进，收入划分的主导和收入规模也相应地表现为从先中央后地方到先地方后中央的转变。收入的集中与分散和财权的集权与分权之间不具有完全的对应性，收入划分广义上是财权的划分，狭义上是收入形式与收入规模的划分。

从财政体制模式发展的阶段性演变脉络来看，政府间收入划分在财权集中主导的模式下，大致沿着收入从集中到分散，再到适度集中与适度分散相结合的主线推进。就以收入划分为标志的国家形态而言，计划经济体制下的国家形态是国家财政，实行集权下的集中收入体制，地方政府不是真正意义上的独立行为主体，自主性程度很低，独立的利益诉求得不到充分的重视；1953—1978年实行集权下的收入适度分散的“总额分成”体制，地方政府的独立利益与主体地位开始显现；随着市场经济体制改革的推动，1980—1993年实行适度分权下的以“分灶吃饭”为典型特征的收入分散的财政包干体制，将财政收入划分为中央固定收入、地方固定收入、中央地方共享收入和其他调剂收入形式，财政形态由中央主导向发挥中央和地方两个积极性转变。

1994年以提高两个比重与加强中央宏观调控为目标的分税制改革使得财政体制转向适度集权下的适度集中模式，在确保财政收入快速增长的同时，进一步提高了中央财政收入集中度。分税制规范了中央与地方间的收入划分依据与范围，从按隶属关系转变为按税种划分为中央税、地方税和共享税，并在2002年以后已经逐渐形成共享税为主，专享税为辅的税种分成与收入分成相结合、具有明显的收入分成回归性质的收入划分格局。在财政包干制下，收入分配向地方倾斜，而分税制改革造成初次收入分配向中央倾斜，在支出责任未作相应调整的情况下引发了地方财政的收支紧张问题。

（2）划分逻辑：中央主导与兼顾地方利益交替。

政府间收入划分体制变迁和调整的驱动因素是财政压力下的中央宏

观调控与地方激励的权衡，其中实现财政收入的充分性是各级政府财政行为的重要目标[①]。改革开放后，地方政府独立利益的诉求趋于增强，在经济发展水平和财政收入规模既定的约束，以及中央和地方目标函数不尽一致的语境下，中央力求收入最大化以发挥宏观调控职能与地方追求收入最大化以扩张财政支出之间存在着一定程度的冲突和掣肘。由于在以收入分成为主的体制下分成比例的确定与调整直接影响中央与地方的收入规模、结构的形成、收入集权度和收入分权度的变化，以及收入增量的边际调整，因此不同时期调整收入分成比例这种自上而下的强制性体制安排就成为收入划分改革的基本逻辑。

基于收入划分采取顶层设计模式，中央政府在其中占据主导，因而收入划分体制的设计与实施表现为一种强制性制度变迁，在以中央为主或偏向中央的同时适当兼顾地方利益，寻求二者的最大公约数或平衡状态。一方面，不同阶段分成比例的调整主要向中央收入倾斜，是中央政府在分成比例调整中的主导性及加强宏观调控的政策导向使然。在1982年、1985年、1988年对“财政承包制”进行过三次调整，每次的结果都是增加地方向中央的固定上缴额度，并通过重新划分税种的办法来提高中央收入，如1982年将利高税大的烟酒行业的工商税由调剂收入改为基数归地方，增量由中央和地方分成。

分税制改革后中央与地方收入划分的博弈安排与调整重点放在扩大共享税范围和提高中央分享比例方面，2003年将企业所得税和个人所得税的中央和地方分享比例由50：50提高到60：40。证券交易印花税的中央与地方分成比例调整更为频繁，1994年、1997年、2000年、2001年、2002年分别为50：50、80：20、91：9、94：6、97：3，2016年全部改为中央税收收入。另一方面，伴随着“营改增”的全面实施和为了保证改革的平稳推进，增值税收入中央和地方的比例分成从75：25调整为50：50。在目前我国共享税为主导的税收划分模式的语境下，共享税划分比例是中央和地方收入博弈的重要筹码，直接影响收入划分格局的形成与变化，而随着增值税作为第一大税种的地位更加突出与地

① 张成松. 共享税标准的反思与体系化建构［J］. 江西财经大学学报，2017，113（5）：112－123.

方财政收入对增值税依赖性的迅速增强，增值税收入分享成为中央和地方收入划分最关键的部分与重要财力基础，这就需要将兼顾税收法定与各级财政的收支平衡作为共享税划分比例调适的基本依据，从而更有效地发挥共享税制的功能优势。

鉴于旨在提高两个比重的分税制改革引致政府间收入划分格局的重大变化，为了矫正地方税收收入与支出责任均衡状态的偏离与缓释地方政府财政压力，解决由于地方较低的边际分成比例而引发的税收收入激励不足带来的经济发展动力不足的问题，中央在加大转移支付的同时，增强了对地方非税收入的激励，赋予地方政府非税收入制度的制定权和收入征管的较大自由裁量权，特别是收入支配权完全赋予地方而中央不参与分配，进而促成地方政府追求预算外收入和制度外收入最大化的强激励，为地方筹资创造了广泛的收入空间。由于这些收入的征管具有较大的随意性、不可控制性及地方具有较强的控制能力，因此进一步造成中央与地方间税费分享规则的不合理性。

4.2.3 税收收入体制的演变

地方政府的财力配置与税收分权、税收划分模式、税制结构密切相关。收入分权体制作为处理政府间财政关系的一项根本制度，无论在中央与地方之间还是在省以下层面都始终是财政体制演进的核心内容。收入分权体制的变迁中蕴含着税收分权模式与税收划分形式的变化，税收收入分权体制归根到底是税收收入在中央与地方政府间的分配，总的原则是调动中央与地方两个积极性。它是影响各级政府财政利益的关键因素，也是地方财政收入规模和结构变动的重要推动力和内在原因。

中华人民共和国成立以来，我国中央政府和地方政府财政收入的发展脉络是遵循着不同时期的税收收入分配体制模式来展开的（我国收入分权体制的演变见表4-1）。改革开放后，我国财政体制大致经历了包干制财政和分税制财政两种基本形态，而且几次重大财政体制调整几乎都与税收划分有关。为了调动地方的积极性，中央政府一方面通过放权让利来赋予地方政府发展经济的自主决策权，另一方面，在税收收入的划分上先后实行了“划分收支，分级包干”（1980—1984年）、“划分税种，核定收支，分级包干”（1985—1987年）、多种形式包干（1988—1993年）、分税制（1994年）的收入划分模式，这些都是经济分权和赋予地方政府一定财权的一系列表现。虽然不同的体制模式下地方财政收入的构成存在明显差异，但都与税收分成比例存在密切的关系，中央和地方之间不同的收入契约形式都为地方发展经济以扩大税基与获得更多的地方财政收入提供了不同程度的激励作用。

表4-1 **我国收入分权体制的演变**

时期	体制类型	内容属性
1950—1979年	统收统支	中央政府独占税收收入所有权
	划分收支、分级管理	税收收入分成
1980—1984年	划分收支、分级包干	上交固定税收收入和税收收入分成相结合
1985—1987年	划分税种、核定收支、分级包干	
1988—1993年	收入递增包干	
1994年	分税制	中央和地方分占税收收入所有权和收入分成（小部分共享税）
2002年	所得税分享	税收收入分成

4.2.4 税收收入分权体制变迁与地方财政收入比重变化的逻辑

不同时期不同类型收入分权体制对地方财政收入占比的作用效果存在着差异，并在很大程度上取决于财政体制对地方财政收入努力的激励。从1978—2013年地方财政收入占财政收入的比重（见图4-1）来看，1978年到2013年地方财政收入占比的变化特征可分为五个阶段：第一阶段（1978—1984年），地方财政收入比重不断下降；第二阶段（1985—1993年），地方财政收入比重不断上升；第三阶段（1993—

1994年），地方财政收入比重急剧下降，由77.98%下降到44.30%；第四阶段（1994—2009年），地方财政收入比重总体下降，变化幅度相对较小，个别年份小幅上升；第五阶段（2010年以后），地方财政收入比重在小幅波动中趋于提高。值得注意的是，2011—2018年地方财政收入占全国财政收入的比重超过中央财政收入占全国财政收入的比重，分别为50.59%、52.09%、53.41%、54.05%、54.51%、54.66%、53.0%、53.40%。

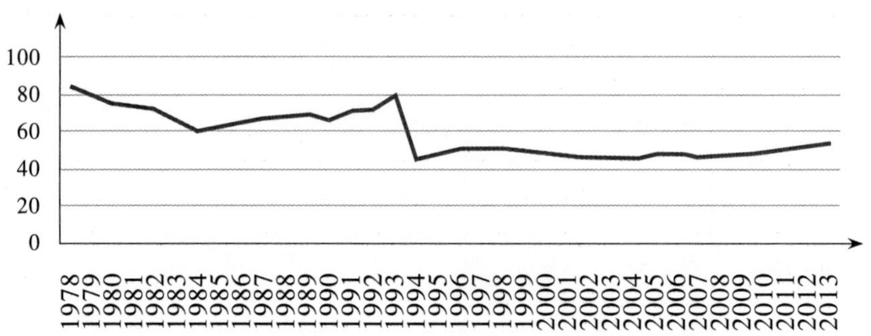

图4-1 1978—2013年地方财政收入占财政收入的比重

数据来源：根据《2018年中国统计年鉴》和《2018年全国财政决算》整理得来。

从变化的动因来看，一是1980年后中央向地方借款，减少了地方财政收入；二是开征能源交通重点建设基金和预算调节基金增加了中央财政收入；三是1985年后的财政包干体制形成地方政府创办、拥有和支持地方国有企业和乡镇企业的强烈诱因，从动态角度利于地方从固定收入中得到越来越多的份额，从而较好地满足了地方政府不断增长的支出责任需求；四是1994年的分税制改革使得中央政府和地方政府各自拥有部分税种的征收和支配权，并造成二者的收入占比基本稳定；五是2002年所得税分享制度改革使地方政府一部分收入转为中央政府收入；六是2009年积极的财政政策实施后，地方房地产投资的增长带动了相关税收收入的较快增长。总之，收入分权体制的改革直接牵系着地方财力结构的变化，换言之，地方财力对收入分权体制有着内在的路径依赖。

4.3 收入分权体制的激励效应

收入分权体制对地方财政收入的激励程度有直接的影响作用，同时制度激励环境也为地方政府提供了趋同的行为选择空间。改革开放前，地方政府充当着中央政府决策代理人的角色，改革开放后推行的财政分权使得拥有一定自治权的地方政府的独立利益偏好得到了强化，特有的体制模式对激励结构、方向、强度与持续性形成了直接的影响。收入分权体制框架下的收入形式激励效应主要是通过税收收入来传递，在财政包干到分税制的一系列变迁过程中，不完全的收入分权环境塑造了特定的地方财政收入运行机制。收入分权实质是以契约形式对地方财政收入归宿的分配，契约的变化所表现出来的收入剩余控制权和剩余索取权对地方财政收入的不同形式会产生不同程度的影响，也会对地方财政收入的汲取产生激励不足或激励过度的问题。

4.3.1 收入包干财政体制的收入激励

一般来说，中央政府与地方政府之间的财政分成体制有两种类型。一种是地方政府拥有固定收入，收入多少与努力成效无关。这种类型意味着地方政府不拥有剩余收益权，会对地方政府发展经济的积极性带来负面的影响。二是地方政府可以从财政收入中得到部分分成，这种类型表明地方政府拥有发展本地经济的剩余收益权，收入与发展经济的努力程度呈正相关，地方政府税收收入分成比例越高，对地方政府的税收激励就越强。

我国在20世纪80年代初至90年代初实行了财政包干体制。在这一体制下，中央和地方通过谈判的方式来确立财政包干合同，通过这种方式地方政府可以与中央政府进行收入分享。财政包干体制（或抽成方式）下的地方政府拥有一定的税收自主权，地方按照一定比例上缴后，其余归地方自主安排使用。税收额外增长的大部分归地方政府支配，财政收入规模越大，地方政府留存的收入就越多，这种体制改变了地方政府行为，为其提供了利用“援助之手”来促进地方经济发展的激励。具体来说，1980—1993年以财政分灶吃饭为特征的包干制属于固定租金契约和分成契约相结合。中央政府和省级政府商定各自的固定收入、分成收入和其他调剂收入，地方政府在上缴了规定的财政收入后，地方财政在划分的收支范围内多收多支、少收少支，自求平衡。这种体制通过让地方政府拥有很高的边际财政收入留成比例，或保留绝大部分新增财政收入的方式，使地方政府获得了经济增长的大部分成果。

在具体操作中，中央政府与省级政府签订财政合同。虽然财政合同的内容在不同时期有所区别，但总体而言都明确规定了省级政府向中央上缴收入的数量或比例，及地方从中央获得补贴的数量或比重，最后剩余的收入归省级政府所有。由于包干体制限定了收入增量与地方向中央上缴的收入，以及允许地方提留大部分新增收入，所以地方政府可以从固定的财政收入中获取越来越多的收入份额，这会促使地方为了自己收入最大化而努力，并对不断提高地方财政收入占比起到了积极的激励作用。

财政包干体制主要分为六种形式。"上解额递增包干""定额上解"属于定额分成合同，"定额补助"属于一种特殊的定额分成合同，"收入递增包干""总额分成""总额分成加增长分成"属于比例分成合同。对地方政府而言，较之于比例分成合同，定额分成合同具有更强的激励作用，即地方政府在上交中央政府固定租金后，可以完全拥有税收的"剩余索取权"[①]。但财政包干制在对地方政府激励方面也产生了一些负面影响，如为了保住地方税收收入，地方政府有较强的隐匿税基的主观动机，这在一定程度上导致中央税收得不到充分保障的问题。此外，财政包干中谈判预期的不稳定性也造成地方政府严重的短期行为。总的来看，这种收入分权体制对地方财政收入存在着激励过度的现象。

① 郭庆旺，吕冰洋．分税制改革与税收快速增长：基于分权契约框架的分析［J］．税务研究，2006，255（8）：10-14.

4.3.2 分税制财政体制的收入激励

1994年分税制改革以“经济性分权”替代了之前的“分类分成”、“总额分成”和“财政包干”的行政性分权，主要体现在政府间税收收入从按照企业隶属关系划分转变到按照税种来划分。分税制确定了政府间税收划分制度的总体框架，重塑了中央和地方的利益分配关系，改变了地方收支挂钩体制，也从根本上纠正了承包制下政府间的讨价还价问题。在财力分配顺序上，体现了先中央后地方的改革目的，扭转了过去先地方后中央的局面。分税制的典型特征是以分成为主的分税，在分税制改革中，按照中央政府的意愿重新构建了一个更有利于中央财政集权的制度环境，预算内收入及其分成比例明显向中央政府集中。这种中央财权集中和财力提高的形式，以及地方获得税收独享和共享的方式极大地影响着地方政府在经济发展中的角色、行为特征与激励方向。但这种收入分权不是完全意义上的财政联邦制，在多层次的收入分权中，地方在税收立法权、税收征管权和税收收入支配权方面的相对独立性存在着很大程度的差异，特别是在以后的改革演变中地方税收收入对共享税的依存度逐渐提高，造成地方税收收入的不稳定预期增加。

旨在增强中央财政能力的1994年分税制改革赋予地方部分税种的征管权和支配权，这在一定程度上通过制度保障将地方政府的利益固定下来。分税制后地方的税收收入由地方税和共享税中归地方的部分共同构成。虽然地方税在地方自主筹资能力、地方财权运用程度、地方财政管理效率、地方发展经济积极性、地方财政收入预期、地方财政约束和地方财政收入持续性6个方面都比共享税占据相对优势，但分税制后的地方税大多是税源分散、征收成本高、收入不稳定、征管难度大的小税种，导致地方政府缺乏主体税种和必要的财力支撑。

共享税分成比例调整引致地方收入行为的调整。相比于转移支付收入，政府间的分享收入对地方财政收入行为决策发挥着更大的影响作用。在收入分成体制下，共享税的比例分成以及正向激励机制的建设是制约政府间收入划分规模大小的重要变量。不同财政体制下税收征管权和支配权的配置模式使得中央政府与地方政府呈现出不同的信息优势和劣势，从而对收入划分结构的形成及财政收入总规模变化产生直接的影响。

在财政包干体制下，虽然中央政府多次利用自由裁量权单方面多次调整财政承包合同，但地方在征管努力程度、税基与税源方面掌握完全信息。为了避免向中央多缴纳收入，地方往往采取隐藏企业利润或故意减税的策略来藏富于企业，抑或干脆将本该收缴的预算内收入转为预算外收入，从而在上缴比例和上缴定额既定的条件下能够借助在与中央讨价还价中的优势获得更多的税收收入，继而导致20世纪80年代末和90年代初中央收入占比持续下降，以及1981年、1982年、1987年中央财政能力小于地方财政能力而向地方借款的情形。在共享税模式下，中央在共享税比例调整权与征管权上处于优势地位，可以根据中央宏观调控与区域统筹发展的需要适时扩大共享税范围与提高分享比例。中央分享比例的提高将在很大程度上降低地方的税收努力程度与发展经济的积极性，从而长远性地减少共享税税源与中央财政收入。

2002年以后随着共享税主导地位的逐步确立，分税制成为分税分成混合型的以比例分成为主的体制。地方政府依赖的主要税种都在中央和地方之间按比例分成，分成比例由中央统一设定，并且中央拿大头。这种分税制模式一方面基于主体税种的共享性使得地方税收增幅基本可以保持与中央同步，另一方面在很大程度上弱化了企业和地方财政收入之间的联系。除了营业税外，企业所得税和个人所得税都被纳入共享税范围，并且在随后共享税比例调整的博弈中地方处于不利的地位，这一方面使收入分权体制整体带有明显的回归分成契约的特征，另一方面对地方财政收入的激励造成不确定性，使地方收入预期的稳定性弱化。同时，共享税构成了地方政府为增长而竞争的主要财政激励手段，并诱发了地区间恶性税收竞争的问题。

作为1994年分税制改革的重要内容的转移支付制度也对地方财政收入形成了正向激励。根据《国务院关于实行分税制财政管理体制的决定》，中央对地方的税收返还以照顾既得利益为出发点和着眼点，其数额的确定依据是1993年的收入基数并逐年递增，递增率的设定标准是全国增值税收入和消费税收入平均增长率的1：0.3。这种以“保基数”和“保增长”为特征的制度安排使得地方的税收返还与其增值税、消费税的增长紧密挂钩，一方面有助于使那些超额完成征税任务的地方政府获得更多的收入，在很大程度上增强地方政府发展经济和努力增收的积极性；另一方面，也由于相对发达地区获得更高的税收返还比例而拉大地区间的财政收入差距。

第5章　财权激励下的地方财力配置

分税制改革以来，地方财力配置逐渐形成了体制内寻求税收最大化和体制外寻求非税收入最大化，以及对房地产行业高度依赖的格局。换言之，分税制改革在地方政府预算内设立了财政资金约束框架，而对于预算外的资金收入运作却缺乏合理的规范化标准[①]。地方财力除了税收收入还有许多非税收入，在这个意义上，政府间税收分成只是衡量政府间财政分成和财权分配的一个侧面。地方财力不仅仅限于税收权，还包括了各项预算外收入（非税收入）的处置权和收益权。如果把税收分权称为内涵式分权，那么非税收入分配则是外延式分权。地方政府税权的硬约束和预算外收入（非税收入）权的软约束为地方政府突破收入预算提供了制度空间，也使得预算外收入（非税收入）的规模膨胀具有了"路径依赖"的特征。同时，地方政府缺乏正规收入的自主权及过大的非正规收入自主权也导致中央政府和省级政府之间收入分配规范化程度的减弱。

① 吴非. 中国土地财政依赖的区域差异之谜［J］. 云南财经大学学报，2016，182（6）：16-32.

5.1 税权划分约束下的地方财力配置

1994年分税制改革以来，学界一直关注如何规范地方政府财力与事权匹配，以及分税制改革对地方财政收入的影响，研究主要集中体现在以下三个方面：

一是分税制对地方税权的紧约束及其地方收入汲取形式的变化。由于我国的税收立法权几乎全部都由中央集中控制，因而地方政府难以自主决定自身税收收入的规模与构成（匡小平、刘颖，2013）；分税制限制了地方政府为主要税种制定税收政策和增加自有收入能力的权力，使得中央的转移支付成为很多地方收入的重要来源（张平，2013）；分税制改革后省以下地方政府能独立做主的收入机制始终没有建立起来，这直接导致了省以下地方政府大量既无效率又不公平的预算外收支行为（周小林，2013）。

二是政府间共享税的配置特征。省以下财政体制实际上还在按照分成制和包干制来运行（贾康，2013）；分税制下的共享税蕴含着分成合约的性质（何琪，2013）；地方政府以共享税为主要收入来源的分配格局无法对税收收入形成稳定、合理的预期（匡小平、刘颖，2013）；在分税制财政体制改革下，中央与地方政府建立了收入分权契约后，地方政府财权逐渐缩小（胡洪曙、郭传义，2013）。

三是地方非税收入膨胀的根源。行政体制改革滞后、财权分割、部门利益人格化、政府过度分散理财共同推动了非税收入规模的不合理增长（刘新民，2008）；财政体制设计存在先天不足导致地方政府普遍存在对非规范、非正式财政制度的路径依赖（尹超，2012）。

综观国内的研究成果，对地方税收立法权研究较多，对地方税收收入的支配使用权的探讨则有待深入；对地方税与共享税的划分及比例调整的关注比较充分，而对非税收入在各级地方政府间的合理划分有待细化；从单一层面考察地方财政收入比较全面，从地方财政收入结构视角进行的系统性分析还比较欠缺。

5.1.1 税权划分的层次性

政府间的财权配置是影响地方政府收入行为的重要因素，也在一定程度上约定了政府融资方式。在政府间财政关系方面，分税制是世界范围内规范的财政体制模式，其本质是一个兼顾激励与约束的体制。它的意义在于各级政府都具有自主财权，能够自行决定财力的大小，从而和本级支出匹配以实现最大限度满足地方公众需求的组合。由此，纳税人对政府提供公共服务的成本信息将更加掌握和了解，对地方官员的行为也可以进行更加严密的监督。

税权划分是中央与地方之间财政体制的轴心问题之一，也是深刻影响地方财政收入的基础因素。税权划分是一个多层次的既有联系又有差异的系统，第一个层次是税收立法权的划分。税收立法权是关于税种开征停征、税率税基确定与调整方面的政府能够自主决定的权力，是税权的主导和根本。第二个层次是税收征管权的划分，就是确定现有税种归哪一级政府所有及征管。虽然理论上税种的划分遵循一定的原则体系，但实践中各国将某个具体税种明确或唯一地划分给哪一级政府的具体做法却有所不同。一般来说，其划分的价值理念是公平和效率，主要依据是特定税种的特征属性、税种设立及其运行的制度条件，税收对企业、个人和政府等主体的激励效应，税种在政府间的不同划分方式所产生的经济、社会和政治影响，[①]以及税种的属性与财政职能的划分。第三个层次是税收收入支配权和收入格局的划分，就是确定税收收入由哪一级政府支配使用。各级政府在一定时期内真正可支配的收入及拥有的财政资源，是财政收入能力的重要表征，也是保障履行财政支出责任的决定性因素。

税收立法权、征管权和支配权在具体实施中可以表现为四种组合。一是集权型——立法权、征管权和支配权都归中央政府；二是集权型的收入分享——立法权与征管权归中央，支配权共享；三是集权分权结合型——立法权归中央，征管权和支配权共享；四是分权型——中央与地

① 李建军，张伟，蒋海英．我国所得税收入划分研究［J］．税务研究，2017，393（1）：75-83.

方都享有立法权、征管权和支配权。从各国政府间税收分权实践看，立法权集中，征管权和支配权相对分散是财政联邦制和财政单一制国家的共性，即中央在税收立法权方面一般处于主导地位，可以制定和调整收入划分的游戏规则，地方在收入支配权方面相对更具有优势。

虽然这三种权力都是衡量财政自主性大小不可或缺的标准，但收入支配权使财政收入分权程度的度量具有更强的可操作性。赋予地方一定的税权是财政收入分权理论的基本要义和逻辑基础，关键是如何确定税收立法权和收入支配权的程度大小及其如何处理这两个方面的关系。税收立法权和收入支配权之间并没有必然的连带关系或不要求完全一致与匹配。在税收立法权集中的模式下，可能存在收入支配权集中和收入支配权分散两种模式。

对于一级政府而言，拥有收入支配权与拥有税收立法权不是完全对等的，立法权是获得一定收入的必要条件，但拥有的收入及其规模大小并不一定与拥有的立法权完全相关，即收入的获得并不一定是立法权运用的结果。对地方政府而言，赋予地方税收立法权的目的是让地方政府根据自身的实际情况对税收进行调整，从而更好地促进地方财政收入的增加。被赋予了一定的税收立法权并不一定就能获得预期的税收收入，其中的关键在于某一级政府掌握的税收立法权大小和地区经济发展水平的高低，因为经济发达程度不同的地区组织税收收入的基础和能力存在着较大的差异。

鉴于中央和地方享受的税权不具有同构性，税收划分的合意性就决定于税权三个构成部分之间的适度协调，尤其是平衡税收立法权和收入支配权的集权与分权的关系以有效解决收入配置优先性、收入划分范围适当性与地方自主性的问题。一是合理确定地方税收立法权的适宜范围和程度。在税收立法权相对集中的基础上，要权衡需要和可能来确保地方相对独立的经济利益和一定的税收自主地位，例如，赋予区域性特征明显的地方税一定程度的开征、停征以及税目税率调整权，切实发挥地方自主性在提升经济发展质量与规范地方收入行为中的正向激励作用。二是合理确定中央与地方收入集中与分散的适度水平。由于不同阶段影响收入划分的主因、中央和地方的税种构成及影响不同税种收入的因素不同，因而需要通过税种划分和税制调整保障中央和地方收入的稳健性和动态性。就税收划分的协调而言，一方面要求中央与地方都有稳定的税源、可持续的收入规模和增长机制；另一方面，在既定的税制框架下以及在税制改革中适时调整中央与地方共享税比例，进而形成合理的税收划分格局和优化中央和地方税收收入结构。

5.1.2 地方税权的不完全性

税收分权的程度可从三个角度来看：一是各级政府都拥有不同税种、税基和税率的确定权力；二是各级政府都拥有不同税种的管理权限；三是各级政府都拥有不同税种的全部收入或部分收入。在这三种税收分权模式中，地方税收自主权程度依次由强到弱。我国的分税制体制基本上兼具第二种模式和第三种模式的特征。

从域外经验来看，既有美国的高度分权模式、德国的相对分权模式，也有日本的相对集权、法国的高度集权模式。所谓的集权与分权都是一个相对的概念，既没有绝对的集权，也没有完全意义上的分权，不同模式之间的差别仅在于分权程度高低不同[①]。财政单一制国家的特点是以集权为主导的有限分权，中央立法机构行使财政立法权力，在财政政策制定、预算收支调整、预算资金划拨等方面都体现中央政府立法权的宽泛性和权威性。这主要表现为中央政府对地方政府的管制程度较高，中央政府设定地方财政管理范围，地方政府权限基本上都通过中央政府来授予。财政收入以中央财政收入为主体，地方财政支出中很大一部分要依靠中央补助，地方政府在财力上对中央有着较多的依赖关系。这种模式在一定程度上降低了地方政府的独立性与灵活性，但也有助于统一管理，抑制地方权力的过度滥用。

实行财政单一制国家的地方政府并非没有自主权力。由于行政区划与行政管理采取多级政府的方式，因而每级政府都会被赋予一定的自主管理权力，只是这些权力相比联邦制国家中的地方政府的权力要小得多。如法国，税收立法权、征税权和税额分配权都由中央统一行使，地

① 彭艳芳. 行政抑或法治：中央与地方税权配置的路径选择——基于扩展性成本方法模型的讨论［J］. 地方财政研究，2016（7）：81-86.

方政府在法律规定的权限内可以对本级政府的税种享有征收权及适当的税率调整权、税收减免权。在中央授权范围内，地方政府享有开征某些税种的税收权力。

我国属于单一制财政体制模式。长期以来，税收立法权、政策制定权、分配权等高度集中于中央，地方仅具有一定权限内的政策选择权、征收管理权与税收收入分享权。在中央与地方税权配置方面，由中央单方面主导的行政化的分权方式一以贯之，使得税权纵向配置长期缺乏一个稳定的规则，这种长期由中央政府单方面主导的税权划分方式，使得中央与地方间的收入划分具有很大的不确定性。具体而言，税收法律体系由中央统一立法，政府间权力划分上实行中央统一集权，地方政府权力由中央授予。地方财政缺乏相对独立性，更多表现为中央的代理人，地方对中央有较强的依附关系，地方政府享有的分权水平低，自主性较小。

纵观我国税权纵向配置的历程，税收立法权强调集权，税收征管权突出分权，税收收益权的配置变化频繁。一是地方政府经过授权享有非常有限的税收立法权。首先，授权限度较大的主要有制定城市维护建设税和房产税的实施细则，报财政部备案；其次，省级政府可以制定城镇土地使用税和耕地占用税的实施办法；除此之外的其他税种大都体现在制定税法执行环节的一些具体规则方面，如税率（一定幅度内）、征税（一定范围内）、税收减免（一定范围内）、纳税期限和纳税地点（个别特殊情况）的决定权。地方较小的税收自主权在很大程度上会扭曲地方政府的行为，这也是地方政府过度依赖非税收入和土地财政收入的主要缘由。二是税种设立基本上由中央统一立法。1993年国务院发布的《关于实行分税制财政管理体制的决定》中明确规定了中央税、共享税以及地方税都由中央行使立法权，目的是保证中央政令统一、维护全国统一市场和企业平等竞争。1994年分税制改革只赋予了地方政府是否开征筵席税和屠宰税的选择权。之后，屠宰税在农村税费改革的方案中被取消，筵席税在绝大多数地区也没有进行征收。其余的税种采用了分税种式分税制，即以税种作为划分各级财政收入的依据，其特征是全部税种划分为三个部分——中央税、地方税和中央与地方共享税，这三类税的划分依据是：将具有维护国家利益、实施宏观调控功能的税种划归为中央税，将与经济发展直接相关的主要税种划归为中央与地方共享税，将地方征管效率高的税种划归为地方税。

这种模式的分税制实际是一种收入分成体制。其形成的基本逻辑是：在我国，地方税的标准是按照收入归谁所有，而不是税权归哪一级政府来确定的。由于地方税收体系不健全和主体税种不明确，为了给予地方政府相应的财源，不得不将大部分税种实行分享，从而使得各级政府间的收入分成制度成为必然。这种收入分配体制将中央与地方的税收收入捆绑在一起，在一定程度上保证了中央与地方财政收入的联动性。

这种以划分税种为特征的收入分成制度虽然使中央和地方有了各自的税收收入，但税收立法权完全上收中央，没有赋予地方政府更多的税收自主权，地方政府在博弈中处于被动地位，在财力分配格局上重新趋向集权，因而这种收入分权不是完全意义上的财政联邦制。改革的结果是提高了中央在初次财力配置中集中的程度，极大地增强了中央政府对财政收入的控制。而地方政府却面临着地方事权与财力不匹配、基本没有正式税权、收入分享体制的不稳定性和地方税收体系建设明显缺位和滞后这些因素叠加而带来的自主筹集税收收入能力不足的困境。

在多层次的收入分权中，地方在税收立法权、税收征管权和税收收入支配权方面的相对独立性存在着很大程度的差异。在省级政府层面，根据 OECD 对税收自主权的界定，地方政府虽然拥有了一定的征管权和收入支配权，但法律上赋予地方政府的预算自主权方面的权限较小，地方政府没有自主开征税收的权力，不能因地制宜地开征或停止一些税种，也不拥有部分或全部的税基或税率的决定权。地方税暂行条例和实施细则基本上都由中央统一制定，地方政府只有制定一些税收征收办法与补充措施的权力。虽然地方政府税种较多，但缺乏有决定影响且长期稳定的地方税税种和可预期的主要税源，自主筹集税收收入的能力较弱与财力缺乏的现象普遍存在，同时面临着严重的事权与财力不对称的问题和提供基本公共服务的紧预算约束，这些都不利于地方政府充分发挥地方税制调节和配置本地资源的职能。

在税收立法权高度集中、政府间税收垂直竞争受到限制的体制框架下，地方政府通过在税法允许的浮动范围内拥有一定的地方税税率选择权和税收减免权实施税收横向竞争。虽然我国地方政府没有税收立法权，但地方政府在税收征管权方面拥有控制权和政策执行的自由裁量权，由此驱使地方政府有动力充分运用手中的税收减免权，通过改变税收努力与变相税收优惠对实际税率发挥着影响作用。如通过各种减免税形式制造“税收洼地”，在招商引资中为了抢夺经济资源随意出台减税免税的税收优惠政策，这类道德风险表明地方政府通过这些税收努力措施能够在很大程度上调整税负水平，进而改变实际税率水平和控制有效税基。只要地方政府拥有税收的征收管理权，那么它就可以通过改变征税的努力程度来变相地拥有近似于调整税率的权力。同时，地方在税收征管和非税收入中拥有较大的自由裁量权，在经济形势下滑和税收收入任务硬约束的压力下，往往通过征收“过头税”的方式来增加税收收入，这种征税过程的顺周期性会在很大程度上冲减财政政策的宏观调控效果。此外，土地出让收入等非税收入的所有权、管理权和支配使用权高度集中于地方政府手中，其征收使用过程中的不规范性也对地方居民收入分配、经济稳定和地方之间的收入分配带来了很多负面效应。

5.2 分税制改革与地方税收体系建设

分税制改革的成效在于一定程度上理顺了中央财政与地方财政的分配关系，但这种关系尚未上升到宪法和法律的层面，规范性和稳定性依然不足。地方缺乏一定的财权自主性直接导致地方政府地方税收体系建设的滞后性。理论上良好的地方税应具有七个特征——税基固定、税收充分、税收稳定可预期、税收不易输出、税基可见、税负公平、征纳高效①。按照这些标准目前完全具备地方税属性的地方税税种较少，同时集地方税特征与主体税种条件于一身的地方税税种又处于缺失状态。从实践来看，“营改增”后地方财力基本上是通过调整增值税收入分成比

① 李建军，张伟，蒋海英．我国所得税收入划分研究［J］．税务研究，2017，393（1）：75-83.

例来予以保障，地方税体系迟迟未能建立，成为地方政府财政收入分配中亟待解决的问题。

5.2.1 地方税收体系中主体税种与辅助税种搭配不健全

我国地方税种类虽然涵盖了流转税、所得税、财产税等税种，但地方税收体系存在的突出问题是缺乏成长性良好的主体税种。广义上，地方税收体系的主体税种是指在地方税收体系中征管简便、税基较宽、税源较广，且税额达到一定比例的一个或几个税种的统称。1994年分税制改革后，我国地方税体系的特征表现为以营业税为主、其他税种辅助，营业税逐渐成为地方税体系中的主体税种。"营改增"的纵深推进，对地方税收收入将带来税基不断缩小、收入地位不断下降的影响。而其他的地方税种大都税源分散，征收成本高、难度大、收入弹性低，难以成为支撑地方财力建设的主体税种。地方税收入规模过小必然会带来三个问题，一是难以满足地方财政支出的需要，二是增强地方对中央补助的依赖程度，三是加大地方财政平衡的难度。此外，现有地方税收体系中的许多税种在征收范围、税率水平、征管办法等方面已不适应新的经济形势与经济发展的需要。

5.2.2 缺乏省以下政府之间正式的收入分配制度

我国1994年分税制所确定的分税原则只适用于中央与省级之间，对省以下财政体制没有进行规范和约束，省以下税收收入如何分配也不尽明确。1994年分税制的改革方案规定，各省、自治区、直辖市以及计划单列市人民政府根据《国务院关于实行分税制财政管理体制的决定》制定所属市县的财政体制。由于分税制改革未能深入到省以下，或没有触及省以下地方政府，因而省以下分税无原则可循，省级政府是省以下财政体制设计、调整的主导者，省以下各级政府的收入划分由省政府自行决定，结果造成两个方面的问题：一是各省自行确定分税办法，使得各省之间省以下收入分配体制存在着差异；二是由于在制度上留下了一个缺口，分税制造成的收入上收效应在地方各级政府间层层传递。至今省以下分税制改革仍没有取得实质性的推进，这虽然与地方政府层级过多有关，但也与地方收税体系缺乏整体与顶层设计有着非常大的关联性。

地方政府根据1994年分税制改革确立的中央与地方收入划分的基本框架以及顺应中央政府的纵向政策导向，在省本级和下级政府之间也进行了收入划分。由于在这方面没有做出统一的规定，因而形成了各级地方政府的主体税种基本趋同以及划分多样化的分配模式，主要表现为：一是省级与市县级政府对收入稳定、规模较大的税种实行分享；二是市县级政府拥有税源零星分散、收入不稳定的税收收入；三是一些省市政府在采用上述两种方法划分税收收入的基础上，还把主要行业、支柱产业贡献的税收收入分配给省级政府。

从纵向来看，各级地方政府财政收入能力存在着差异，省级政府财政收入能力较强，在很大程度上可以实现自收自支；市县级政府财政收入能力较弱，实现自收自支的程度较小。

从全国来看，不同地方之间的税收收入划分模式既具有共性也存在着区别。从共性来看，共享税是地方政府间税收收入划分普遍采用的方式，具体体现在大部分地区对增值税、企业所得税、个人所得税、资源税等都实行了共享，且共享税收入占地方税收总收入的比重较大。区别主要体现在各个地区对于财产和行为税的税种归属与共享比例等方面。

在实践中，省以下地方政府广泛采用分成制的形式（省以下分税制形式见表5-1）。一种形式是按税种分成。参与分成的税种包括增值税、营业税（营改增之前）、企业所得税、个人所得税、资源税、城镇土地使用税、房产税、土地增值税、耕地占用税、契税、印花税。换言之，地方税和共享税都被纳入到了分成范围，特别是收入来源稳定、收入增长迅速的增值税、营业税（营改增之前）、企业所得税与个人所得税都成为省对下分税的主要税种。共享税在各级地方政府实际执行中出现偏差，各层级地方政府间衍生出很多复杂易变的共享式模式。在省级分税比例方面，不同的省份对不同的税种的划分比例也存在着差异。另一种形式是基数加增量分成，江苏、浙江和福建三个省份采用这种方式，但具体做法也各不相同。

表 5-1 **省以下分税制形式**

<table>
<tr><th colspan="3">按税种分成</th><th colspan="2">基数加增量分成</th></tr>
<tr><th>省份数目</th><th>省级分税比例幅度</th><th>税种</th><th>省份</th><th>规定</th></tr>
<tr><td>14</td><td>5%~17.5%</td><td>增值税</td><td rowspan="2">江苏</td><td rowspan="2">以 2000 年为基期核定地方财政收入的基数和税收返还基数，从 2001 年起，省统一集中超过基数增长部分的 20%</td></tr>
<tr><td>15</td><td>10%~50%</td><td>营业税（营改增之前）</td></tr>
<tr><td>17</td><td>8%~24%</td><td>企业所得税</td><td rowspan="5">浙江</td><td rowspan="5">从 2003 年起，杭州及其他市、县（市）的地方财政收入超过 2002 年收入基数的增量部分，由省与市、县（市）实行“二八”分成，即省占 20%，市、县（市）占 80%。同时对少数贫困县和海岛县进行适当照顾</td></tr>
<tr><td>19</td><td>10%~24%</td><td>个人所得税</td></tr>
<tr><td>8</td><td>25%~75%</td><td>资源税</td></tr>
<tr><td>6</td><td>30%~50%</td><td>城镇土地使用税</td></tr>
<tr><td>4</td><td>30%~50%</td><td>房产税</td></tr>
<tr><td>2</td><td>20%~50%</td><td>土地增值税</td><td rowspan="4">福建</td><td rowspan="4">除了将金融保险业、高速公路企业的营业税（营改增之前）等作为省级固定收入外，将区市级地方一般预算收入的 20%（不含海域场地矿区使用费收入、专项收入）作为省级分成收入</td></tr>
<tr><td>1</td><td>30%</td><td>耕地占用税</td></tr>
<tr><td>1</td><td>35%</td><td>契税</td></tr>
<tr><td>1</td><td>35%</td><td>印花税</td></tr>
</table>

资料来源：徐绿敏. 我国省以下财政体制比较分析［J］. 江西社会科学，2014（5）：84-89.

绝大多数省对所辖市的财政体制是一视同仁的，也有个别省份对不同的市采取了不同的政策。如海南省与市、县的共享收入，省与海口市分享比例为：省分享 85%，海口市分享 25%，省与其他市县分享比例为：省分享25%，市县分享75%。另外，有些省还建立了增收激励机制，如辽宁省对市（不含大连）在实行5个税种共享体制的基础上，实行增长分成的激励机制。对各市征收的省本级共享收入当年增长幅度超过市一般预算收入增长幅度的部分，由省给予30%的返还，对当年一般预算收入增幅高于全省平均增幅的市，按增量部分的5%由省对市通过转移支付给予奖励。

这种形式多样的省以下分税制体制虽然比较符合各省省情，具有因地制宜的灵活性，但存在着法制化程度低、随意性大和不稳定的问题。以“基数”形式进行分配固化了市以下地方财政收入，不利于省以下各层级政府相对独立的地方税收体系的形成。同时，省以下转移支付制度不尽完善，各省建立的转移支付制度大多按照中央对省的体制模式设定，省对县乡的转移支付规模较小，形式上大多以税收返还、专项拨款为主，一般性转移支付较少，特别是专项拨款的配套要求加剧了贫困基层政府的筹资难度。这种非正式的省以下税收制度和转移支付制度安排使得地方财政难以匹配事权与财力，无法保证基层财政收入的充裕性和有效缓解基层财政困难，以及发挥转移支付制度均衡省辖地区间财政能力差异的作用。同时，缺乏正式的分配机制导致基层政府的收入预测准确性下降，也降低了基层政府安排收支预算的能力。

省以下政府间税种划分基本都参照中央与省级政府之间的做法。因为地方各级政府缺乏明确的主体税种，以及在地方各级政府之间划分税种归属的问题无法有效解决，所以在省级以下层面都对收入较高的税种收入在各级政府间进行共享。以L省D市为例，2003年D市对区（县）、乡财政管理体制进一步完善，建立了以“属地征税、分税、分享”为核心内容的新的财政体制，根据不同区（县）、乡类型将全部税收划分为市本级固定收入、市区（县）两级共享收入和区（县）固定收入。基于行政管理体制的约束，市与区（县）两级政府的收入划分权力通常都由上一级政府决定，而上一级政府一般对数额大、来源较稳定、有较大增收潜力的税种都采用上收或共享的方式，依此来达到增强其宏观调控能力的目的。表5-2反映了D市J区的税收分成比例情况。

表5-2　　D市J区的税收分成比例情况　　单位：%

税种	中央财政	D市财政	县级财政	乡级财政
增值税	75	5	4	16
企业所得税和个人所得税	60	8	6.4	25.6
营业税		20	16	64
房产税		20	16	64

数据来源：根据某市、区（县）、乡三级财政体制分成情况的有关资料整理得来。

概括而言，地方政府间税收收入划分主要存在三个问题。第一，省以下政府间的收入划分形式多种多样，在税收收入划分中省级政府处于主导地位，地市级政府权力相对有限，特别是基层政府在共享税税种的选择、调整及比例的确定方面通常处于被动的地位。第二，各级地方政府主体税种一致与税收结构趋同。第三，地方各级政府间收入与支出的不匹配程度差异较大。省级政府的收入占比一般高于支出占比，地市级政府的收入与支出不匹配度较高。总之，地方税收体系构建中存在的问题仍然非常明显，特别是地方收支矛盾日益突出，这表明地方税收机制体制亟待根据新的经济形势变化和社会发展情况加以改革和完善。特别是"营改增"的全面推进，进一步凸显了倒逼全面、深化分税制改革的必要性。

5.3　非正式财权的选择性激励

财政收入分权水平需从多个维度来衡量。税收分权仅仅反映了体制内的名义分权，不能全面刻画事实分权程度。我国历次财政体制改革中虽然地方政府税收立法权没有实质性变化，但地方政府在税权形式上有限与削弱的同时却享有实质上的非税收入自由裁量权，并且在与中央博弈中占据较大优势。换言之，在税权高度集中于中央的情况下，地方政府实际上拥有对纳税人税收之外的"负担决定权"，导致名义税权中央高度集中而实质“税权”地方高度分散的局面。在这一意义上，将分税制笼统定义为集权是不妥的，实际上分税制改革遵循着分权的制度变迁路径。中央是改革主导者，地方是受动者，虽然在分权的结构下提高了中央集中财力的程度，但由于非税收入构成微观经济主体的真实税负，所以实际上地方政府拥有了较大程度的财政自主权。

5.3.1 地方非正式财权选择的动因

地方政府相对于中央政府而言已成为独立的利益主体，具有从自身利益出发不断扩大自身利益边界、寻求自身权益和权力空间最大化的动力指向。地方政府汲取收入的不同方式会形成不同的财政激励与自律效果。根据委托代理理论，解决代理人问题的关键是设计适当的激励约束机制，依此来引导代理人的行为与委托人的目标保持一致。由于正式收入的税收机制具有刚性，因而地方政府有动力和意愿通过非正式的非税收入机制来寻求拓展地方财政收入增加的渠道。

税收自主权的不完全性是地方选择非正式财权的主要的影响因子。自1994年以来的分税制改革背离了权责对称的基本要求，地方的收入规模下降，而所要承担的事务却并没有因此减少，这种“财权上移一事权留置”现象使得地方收支缺口增加①，导致地方财政收支不平衡。在缺乏正式税收自主权与自我利益驱动的条件下，地方政府具有倾向于非正式财权偏好、采取非规范性策略增加自己财政资源的强烈动机，并通过运用非正式的收入自主权来获取管辖范围内的体制外收入。非税收入权反映了地方政府面对财源约束时的自主程度，这种自主权过大也会增加一定成本，如一定程度上减弱中央的宏观调控能力，增加政府间财政关系协调的复杂性和难度，造成地方政府名义自主权和实际自主权的偏离。一方面，地方政府名义上因缺乏正式预算自主权而造成可运用的税收权很小；另一方面，预算外融资扩张反映出地方政府拥有广泛和扩大的自由裁量权，这一点可以从非税收入②、制度外收入规模的不断膨胀中得到印证。

① 吴非．中国土地财政依赖的区域差异之谜［J］．云南财经大学学报，2016，182（6）：16-32.

② 2007年以后称为非税收入，2007年之前的非税收入项目称为预算外收入。

当地方政府被赋予较大的预算外、制度外资金征收和使用权限时，出于自身利益的考虑和财政竞争的需要，地方政府就会极力运用这一权力促使收入规模不断扩大。同时，预算外收入、体制外收入弹性较大的特性又为收入能力增强提供了保障，而且二者之间存在着内生关系与形成“自我强化”的机制。这就使得在预算内博弈和税收博弈中处于弱势的地方政府必然把注意力转移到预算外、制度外收入。特别在税权高度集中的体制下，地方政府为了突破预算限制总是尽力地扩大规模性预算外收入、制度外收入的制度空间，而这也必然成为地方政府的相机抉择行为。

分税制改革给地方政府的利益机制和行为方式都带来了很大的变化。在收入分权制度不够规范、法制不尽健全的情况下，地方政府寻求非预算融资扩张来释放财政压力成为一种必然选择，即不规范的财政收入成为调节政府间不对称财政关系的重要手段。换言之，地方税收制度的不完善对地方政府收入结构有着重要影响，降低了财产税与其他税收收入，增加了各种杂项收入，使地方收入结构由税收转向非税收入①。一些中东欧等转轨国家在进行财政分权和公共财政管理改革时公共财政制度缺乏相对性，使得地方政府通过一些独立的收入来源（其中主要是地方使用者收费）来进行成本补偿，并使其而成为地方预算的重要补充②。由于这些收入没有全面纳入财政预算管理，以及在财政决策方面缺乏民主性、公共性、计划性，在缺乏硬预算约束的情况下很大程度上带有激励不相容、资金公共财政体外循环的特征，因而导致对地方财政收入激励和地方政府行为约束的有效性不断下降。

在不同的历史时期，地方政府主要依赖的非税收入类型也不同。在不同的财政体制下，地方政府面临的财政压力状况、可选择的收入汲取渠道和潜在的约束条件各有不同，因而导致地方政府不同的非税收入汲取行为和结果。按照我国收入体制改革的进展，可将地方政府对非税收入的汲取分为三个阶段加以考察：1978—1994 年分税制改革

---

① SHADBEGIAN，RONALD J.Effect of Tax and Expenditure Limitations on the Revenue Structure of Local Government [J]. National Tax Journal，1999 (6)：221-237.

② BRYSON，PHILLIP J.User Fees in Local Finance：Performance and Potential in the Czech Republic and Slovakia [J]. Eastern European Economics，2008 (3-4)：5-27.

前，国有企业及其主管部门收入是地方非税收入的主要部分；1994—2004年的分税制时期，地方政府主要依赖行政事业性收费收入；2004年以后的综合改革时期，土地出让收入构成了地方政府非税收入的主要组成部分[①]。

5.3.2 财政分权引发预算外收入规模膨胀

从1996年开始预算外收入的内涵逐渐明确。对此可以从四个层次来理解：第一，预算外收入的主体是政府、事业单位、社会团体等；第二，预算外收入获得的依据是相关法律、法规、规章；第三，各主体收取、使用的预算外收入属于财政资金性质；第四，管理方式表现为未纳入国家预算管理。我国预算外收入的形成伴随着经济体制转轨和经济放权。地方预算外资金的规模随财政体制调整而变化，并且伴随着经济体制转轨中的财政分权推进而不断膨胀（不同时期预算外收入规模变化情况见表5-3）。

表5-3 **不同时期预算外收入规模变化情况**

时期	财政体制改革内容	收入规模
建国初期	解决统得过多、管得过死等问题	地方政府将少量收入置于预算外管理
20世纪50年代中期和70年代初期	中央政府两次向地方政府放权	地方预算外资金有了一定的增长
20世纪80年代至1993年	推行以“放权让利”为主要特征的财政分权改革	除个别年份因政策调整而短暂回落外，预算外资金的规模逐步扩大
1994年	（1）以分税制为基础的分级财政体制初步建立； （2）改革并未涉及预算外资金	为地方政府追求预算外资金（寻求体制外利益）提高了制度环境

① 武玉坤. 中国地方政府非税收入汲取研究：一个财政社会学分析框架［J］. 贵州社会科学，2015，310（10）：136-142.

从根源上说，预算外收入规模及其变化受我国中央和地方之间财政分配模式的影响。在政府间税收竞争中，地方政府由于处于劣势，因而往往会通过将税收收入转换为预算外收入或企业上缴利润的方式，或者寻求制度外收入应付与缓解其在竞争中的被动局面。20世纪80年代，在财政包干体制下，中央财政与地方财政的博弈不仅限于预算收入方面，而且也表现在非正式收入来源方面。地方政府为获得更大的、不受中央控制的财政自主权，将一些正式的收入转为非正式的收入就是其经常采用的一个策略，从而造成预算外收入、各种附加与收费的总额不断增加，其规模与正式财政预算收入不相上下[①]。

根据《新中国55年统计资料汇编》的数据，1982—1992年地方预算外收入年均增长速度达到30.36%，超过了地方预算内收入平均增长速度（18.93%）和中央预算内收入平均增长速度（18.24%），1992年预算外收入达到预算内收入的86%左右[②]。从结构来看，1956—1983年政府财政收入来自国有企业上缴利润的比例较高。

由于预算外收入具有一定的自发性质，同时与集团内每个官员的个体利益都有关，因而预算外收入在集体利益与个体官员自我利益之间带有很强的兼容性，在实践中地方把本应上缴到中央的财政收入通过隐瞒、人为降低财政增长速度等手段留存在企业，成为地方独享的可自由支配的收入。预算外收入规模的快速扩张表明，一方面地方政府实际上获得了较大的资源配置的“剩余索取权”及“剩余控制权”，并具有了十分明确、独立的经济利益，这为地方政府积极推动地方经济发展并与其他地方展开竞争提供了动力机制；另一方面，预算外收入权还不是正式的、制度化的税权，地方预算外收入和预算内收入之间存在着明显的负相关性，预算外收入规模的扩大在一定程度上抑制了地方政府预算内的财政努力。另外，地区间的差异比较明显，东部地区预算外收入对地方政府财政努力的抑制效应更为显著，西部地区预算外收入对地方政府

① 陶然，杨大利．财政收入需要与地方政府在中国转轨和增长中的作用［J］．公共行政评论，2008（5）：6-40.

② 李学文，卢新海，张蔚文．地方政府与预算外收入：中国经济增长模式问题［J］．世界经济，2012（8）：134-160.

财政努力的抑制效应却不显著[①]。预算外资金规模过大不仅对地方预算内资金产生“挤出”效应，使得地方财政收入远远小于地方政府可支配的收入，而且也造成中央可支配收入在政府可支配收入中的比重偏低从而削弱了中央的宏观调控能力。

软预算约束是在特定体制中衍生出来的一种激励表现。1994年分税制财政体制改革不到位、政府职能转变迟缓、法规和监管机制不完善、资金管理机制不健全，以及部门单位的利益驱动，这些因素驱使地方政府运用更加灵活的非税收入方式来筹集资金，以此缓解所面临的日益突出的资金供求矛盾。为此，地方政府先后出台了一些关于行政事业性收费和政府性基金的相关政策，结果造成基金规模膨胀，加剧了地方收入分配机制的不合理性和不规范性，并进一步加重了社会负担。1997年之后，随着部门预算改革与小金库治理的推进，我国对预算外资金的调整和管理逐步强化，制度外财力也得到了很大规范，逐渐形成了公共财政预算、政府性基金预算与预算外收入预算管理并存的格局。从2011年开始又将所有预算外收入全部纳入预算管理。

5.3.3 非税收入规模扩张的软预算约束

非税收入与预算外资金既有区别又有联系。非税收入的内涵可以从三个层次来理解：第一，主体，是指各级政府、国家机关、事业单位、代行政府职能的社会团体及其他组织；第二，收入获取的依据，是凭借政府公共产权、政府信誉或为社会提供特定公共服务、准公共服务；第三，性质，属于财政性资金。可见，非税收入是按照收入形式对政府收入进行的分类，预算外资金则是对政府收入按照资金管理方式进行的分类。从分类标准来看，非税收入是按照收入形式来划分，预算外收入是按照资金管理方式来划分。

非税收入规模的快速膨胀是多种因素综合作用和相互叠加放大的结果。分税制改革后财权上收的税权配置体制激励了地方政府通过非税收入进行预算外筹资的意愿。在税权有限的情况下，地方税收收入主体地

③ 王峥，周全林．地方政府预算外收入与财政努力研究［J］．当代财经，2014（12）：28-35.

位不突出的境况必然导致地方努力寻找新的筹资渠道——各种名目的非税收入来缓解财政体制变迁带来的财政压力与财政约束，因而非税收入规模的扩大是地方财政职能与财力资源搭配失调的结果，也是地方政府为了确保履行职责的财力需要而凭借公共权力通过非税收入来筹集资金的一种平衡术。

中央集中税权与各地经济社会发展水平差异较大造成地方税权与税源的局限性。如果各地的税种和税率都相同，不可避免会出现政策与实际不相符的情况。中央允许地方开征的税种在地方不一定有预期的税源，或因税源规模较小而征收成本较高造成经济不可行。此外，各地都不同程度地拥有一些属于区域范围内的零星税源，或随经济发展而产生的新税源，但由于不拥有税种开征权而无法获得收入。在正式体制约束下，地方政府自然会做出最有利于地方利益的行为反应，在税收收入增长有限的情形下只能借助非税收入来保证地方财政平衡，因而倾向于实施地方资源配置控制权和收入剩余索取权更大的行为，对“税不够费来补”的偏向性选择就构成地方政府这一行为的逻辑体现和地方政府集体行动的激励基础。

地方政府对非正式财政资金的严重依赖不完全是出于预算内财政的压力，更主要的原因是这些非正式财政资金缺乏严格的监管和使用机制，地方政府由此形成了掌控这部分财力的自我驱动。换言之，非税收入管理的非规范性为地方政府追逐非税收入创造了前提条件。与税收收入的立法权相比，非税收入的征收标准、方式、程序相对不确定，从而使地方政府在运用非税收入上拥有一定的自主权，特别是非税收入的征收管理权和收入支配权对地方财政收入的激励效应更大。基于地方政府在现行的财政分权体制下集非税收入制度的设计者与执行者于一身，对非税收入拥有充分的自治权，即完全的、不受制约的政策制定权、征收权和收入使用权，因而地方政府可以根据当年财政收支情况对非税收入的规模进行一定的调整和控制，如新增收费项目、调整收费标准、出让国有土地等，通过这些途径可以直接决定非税收入的规模、结构及制度运行的状况。特别是将国有土地有偿使用收入划为地方固定收入的制度设计使得地方政府拥有了对辖区内国有资源的支配权，助长了地方政府在体制外寻求非正规财政渠道获取资金的动机。

与税收的显性负担相比，隐性的非税收入负担对驱逐资本等流动性要素与抑制经济增长的影响较小，进而成为税收筹资的一个替代手段。非税收入项目构成复杂、价格调整频繁且存续时间不定，投资者很难对一个地区未来的非税收入走势形成准确的预期和判断，这在一定程度上助推了非税收入规模的膨胀。这种源自非税收入方面的财政自主权的强势也凸显了分税制改革后地方财政分权化程度非但没有降低，反而呈现提高的态势。此外，地方体制外收入的存在使得政府收入与财政收入呈现逐渐扩大的偏离态势，其数据的可及性较差与不透明也给体制外收入规模的度量带来很大的难度，从这个意义上也低估了宏观税负水平。

我国在财政分权方面主要表现为预算内的税收分权，而对以租、费、利形式表现的非税收入的划分没有给予足够的重视，因而造成财政收入划分的不完整性。地方政府在非税收入方面反映出的高度分权特征主要表现在地方政府对收费和土地财政有非常大的支配力和影响力。如分税制改革后明确了土地出让收入全部归地方政府所有，无须与中央共享，并将其列为地方政府的预算外收入。此外，分税制改革后地方政府预算外收入（非税收入）的规模基于多种压力和激励而不断膨胀。当经济增速下降时，地方政府会尽可能地增加非税收入来弥补因税收收入减少而造成的财政缺口。近年来在税收收入增速放缓情况下，非税收入的高速增长就是一个例证。这种非税收入快速增长的态势尽管对地方财政收入增长有促进的一面，但也不可避免地伴生了部门利益偏向、政府职能角色错位等问题，并表现为一种政府行政权力无序扩张行为的“路径依赖”。

从L省和D市的范围看（L省、D市、市本级税收收入和非税收入增长速度的比较见表5-4），税收收入和非税收入的增长具有较强的协调性，在同一年份增长速度差异不大。从D市本级来看，同一年份增长速度差异较大，而且不同年份非税收入的波动较大，特别是在经济增速下滑明显的2013年和2014年非税收入增长速度过快。

表5-4 **L省、D市、市本级税收收入和非税收入增长速度的比较** 单位：%

年份	全省		全市		市本级	
	税收收入增长	非税收入增长	税收收入增长	非税收入增长	税收收入增长	非税收入增长
2009	—	—	17.9	18.4	7.1	-6.9
2010	28.1	19.9	25.2	24.9	20.2	3.6
2011	30.2	36.4	29.2	33.2	25.6	55.7
2012	17.3	17.9	16.1	11.6	6.0	-11.3
2013	8.7	4.3	13.3	13.3	11.8	24.3
2014	—	—	-9.2	-4.0	0.1	26.9

数据来源：根据关于D市2009—2014年预算执行情况报告和关于L省2010—2013年预算执行情况报告的相关资料整理得来。

预算约束机制软化进一步强化了地方政府对体制外资源的倾向性和非正式财政收入的偏好。在非税收入的管理方面，相关法律体系建设不够完善，收入来源渠道分散，地方政府从收入取得到支出都具有“自由裁量”权与体现“利益部门化”，以及预算管理与监督约束弱化，这些都为地方政府转向非税收入渠道来控制非正式收入来源与扩展财政自主权边界进一步提供了动力，也使非税收入具有了更强的选择性激励功能和更大的吸引力。

非税收入对地方政府的激励进一步加剧了非税收入的“预算软约束”现象。特别是在2015年之前，地方财政收入增速普遍被设定为指令性而非预期性，由此导致一些地方政府在税收收入受经济走势及实体经济影响低位增长时运用虚列、空转的手段来人为抬高非税收入规模。由于地方政府对非税收入缺乏规范性的管理与自我约束机制，所以造成地方财政收入增长偏离地方经济发展状况的问题，结果进一步削弱了地方经济增长的后劲，并对未来地方税源造成不利的影响。实践中将不同类型的非税收入分别纳入一般公共财政预算、政府性基金预算和国有资本经营预算，人为割裂了非税收入的整体性，也不利于对其财力进行整合和规模控制。

地方政府对非正式财权运作模式的高度依赖与偏好也带来一些不良影响。在现行体制下，地方政府把通过非正式财权获取的土地出让收入和债务收入看作自有资金，并拥有比较完整的自主支配权，因而对其依赖程度不断提高。近年来，地方政府制度外筹资模式的特征表现为：以土地财政为引擎，以政府融资平台为枢纽，凭借政府背景进行贷款，这三个方面互为依托和支撑，由此逐渐形成了特定的融资结构体系。自"十一五"以来，以土地出让收入和债务收入为代表的地方政府非正式财力的年均增幅达到25.47%，地方政府体制外非正式财力远超过其体制内正式财力，两者之比平均为1.68，2010年最大时甚至突破1.9。这种筹资运作模式不具有可持续性，还会带来财政风险、金融风险、投资过热风险、社会风险、行政腐败风险等一系列经济社会问题[①]。

5.3.4 分税制下的财政需求引致非税收入增长

地方非税收入的形成主要根源于地方财政支出需求的变动与税收制度性供给的约束。一般来说，税收收入分权程度高低与非税收入的规模负相关，两者存在着此消彼长的关系。在税收收入规模相对稳定或不足的情形下，地方政府要扩张财政收入规模就会更多地借助非税收入。地方政府非税收入的规模在分税制体制、地方税收能力、地方支出需求、非税收入特性等多种因素的影响下存在着不断膨胀的路径依赖。分税制改革扭转了中央和地方的财力分配格局，最终形成了中央拿大头、地方拿小头的局面。然而，中央在汲取了大部分税收收入同时并没有同步调整支出责任，因而呈现出财权和财力的"向上集中"、事权和支出责任的"逐层下移"特征。具体来说，随着1994年以后我国地方财政收入占国家财政总收入的比重由1993年的接近80%迅速降至1994年的45%左右，财政收入分权值也相应由1993年的0.8下降至1994年的0.4左右，这说明财权和财政收入在分税制后上收非常明显；而财政支出分权值则在1994年改革前后变化不大，保持在0.7左右，甚至在2001年之后

① 郑谊英. 地方政府非正式财权偏好成因分析及法律治理［J］. 财政研究，2015（1）：75-79.

还呈现出上升的趋势，说明事权和支出责任仍然延续了财政包干制下的下移格局[①]。地方财政支出压力造成了地方财政持续性的紧运行状态，同样也是非税收入规模扩张的缘由之一。

1994年的分税制改革虽然初步确定了中央与地方的事权和支出责任，但没有建立起科学的事权与支出责任相适应的制度。随着经济社会的不断发展以及政府职能的逐步调整，中央和地方事权划分方面存在的问题也渐渐显露，给国家治理带来了一定的潜在风险，主要表现在：其一，事权划分的法律体系缺失。中央政府与地方政府之间没有切实按照各级政府治理事务的外部性、信息处理的复杂性和激励相容的原则来划分事权。其二，诸多事权划分不清晰。部分事权划分不合理，一些事权执行不规范，中央事权明显不足。其三，地方政府承担过多事权，缺乏可用财力。此外，地方还承担了一些中央委派的社会性事务，这不仅造成地方权责脱节、动力不足，而且还导致政府机构重叠、效率低下、职能异化与秩序紊乱。其四，一些适宜地方管理的事务没有完全下放到地方。这既不利于地方因地制宜发挥主动性，也导致中央部门不适当地干预了大量的微观事务。

事权划分的不明晰与我国财政分权领域的法治理念缺失有着密切的关联性。我国有关政府间事权与支出责任划分的具体规定散见于国务院有关文件或部门规章中。从法律渊源来看，宪法、法律均未对此做出明确具体的规定，法律效力明显偏低。这就造成中央政府在实际执行过程中采取不合理的政策性方式向地方政府转移事权和下沉支出责任，以及政府间互相推诿的现象。政府间职责同构、职责错配，支出责任不明确，缺乏合理、规范和可操作的具体规定和细致划分，这些问题不仅是实践中纵向政府间出现责任推诿现象的根源，而且造成财政体制运行效率偏低和加剧了地方财政困难。

这从另一个角度说明分税制改革与地方非税收入规模膨胀之间并不是单一的因果关系。无论是地方政府整体性财力不足还是结构性配置失衡，抑或财权自主性问题都与现有财政体制下事权分割、支出责任与财

② 郑谊英．地方政府非正式财权偏好成因分析及法律治理［J］．财政研究，2015（1）：75-79.

力配置不一致相关。实际上，地方政府特别是基层政府承担着大量职责是导致地方政府财力与事权不匹配的主要缘由。地方财政收支矛盾的日益突出是两个叠加因素影响的结果，一是地方财政收入不能满足财政支出的需要，二是地方税权难以满足税收收入调整的需要。而在中央政府对税权高度统一控制与地方政府操控空间很小的体制语境下，为了应对地方税权受限及出现的日益增长的压力，即财政需求与财政供给（相对不足的收入）之间的紧张状态，地方政府作为理性行为者会追求特定目标并形成一定的行为模式，并在权衡税收收入和非税收入的成本收益的过程中进行选择。

地方政府对非税收入的依赖程度较高，也是在中央与地方之间财政安排博弈规则不断变化的条件下的理性选项。根据人们不希望提高税收却又要求政府提供更多公共服务这一财政悖论的逻辑，地方政府寻求额外收入来满足支出需求就变得更加迫切，依赖由其直接控制的非税收入体系来扩大收入规模、弥补财政缺口和缓解财政收支矛盾就成为一种必然的途径。现实中通过非税收入来加强地方财力已成为地方政府的共同选择，从未来的发展趋势看，“营改增”后如果不能切实优化地方财政收入结构，地方对非税收入的依存度还可能会提高。例如，在经济增速下滑导致税收收入下降和财政收支矛盾加剧的背景下，地方政府将增强对非税收入征管的动力。自2015年三季度以来，很多地方确实强化了对非税收入的征管，这一行为虽然能暂时弥补财政收支的缺口，但却在很大程度上对国家的逆周期宏观调控造成了干扰，因为经济下滑时管理供应侧的主要手段就是降费减轻企业负担，加强非税收入征管恰恰相反，是一种顺周期的调控方式。

转移支付是广义分税的组成部分。作为一个再分配手段，转移支付在改变地方财力初始分配差异中具有一定的作用。1994年分税制改革后转移支付制度已经成为影响我国地方政府行为和地方财政收入的重要因素。现实中转移支付对地方非税收入的激励效应因制度设计而有所不同。如果转移支付制度能有效地减缓支出压力，则在收支缺口较大的情况下地方就没有动力扩大非税收入规模，反之，如果转移支付制度不能切实激发地方政府税收努力的积极性，以及有效改变地方政府的激励结构，则地方政府会有更大的动力扩大非税收入规模。由于财政政策性投融资机制的不完善，在专项转移支付分配中上级政府往往要求地方政府自行解决相关配套资金（2015年新《中华人民共和国预算法》规定不再要求地方配套），地方政府为了筹措建设配套资金必定会开辟新的财源渠道，这无形中产生了一种倒逼机制，督促地方政府设立新非税收入项目和加强非税收入征收。

从中央与地方一般公共预算中税收收入、非税收入结构（见表5-5）来看，2009—2018年地方税收收入占税收收入比例呈现稳中上升的趋势，2016—2018年略微下降；除了2015年以外，中央税收收入占比都超过地方税收收入占比。地方非税收入占非税收入的比例呈波动中上升，而且这一比例远远高于中央非税收入占非税收入的比例。这表明在政府间财政关系中，地方非税收入分权水平高于税收分权水平，非税收入的分权程度更高。

表5-5　**中央与地方一般公共预算中税收收入、非税收入结构**　单位：%

年份	地方税收收入占税收收入比例	中央税收收入占税收收入比例	地方非税收入占非税收入比例	中央非税收入占非税收入比例
2009	43.95	56.05	71.64	28.36
2010	44.67	55.33	79.99	20.01
2011	45.81	54.19	80.93	19.07
2012	47.03	52.97	82.69	17.31
2013	48.76	51.24	80.95	19.05
2014	49.62	50.38	78.97	21.03
2015	50.16	49.84	74.38	25.62
2016	49.63	50.37	77.10	22.90
2017	47.57	52.43	80.77	19.23
2018	48.56	51.44	81.42	18.58

数据来源：根据2009—2017年全国财政决算和《关于2018年中央决算的报告》相关资料整理得来。

第6章 地方财力对土地财政依赖的机理与制度逻辑

“土地财政”是我国经济转轨和城镇化进程中受相关体制、制度等系统性因素综合影响而形成的一种财政模式，也是地方政府以土地为载体的财政收支行为，其实质是地方政府利用土地资源的资本化来扩展财政空间与增加可支配财源的一种融资方式。我国的土地财政依赖具有明显的“地方特色”，地方财力配置的格局与对土地财政收益的依赖程度、地方政府的有限理性、现行的土地制度安排、财政分权体制的变迁、土地收益的分配制度、政府政绩的考核机制、城镇化的进程都密切相关。这些因素相互作用既激发了地方政府获取土地收入的主观意愿，也提供了获取土地收入的客观保证条件，并在土地收益增长的驱动下带有很强的适应性预期与行为惯性，具有不断自我强化的利益激励和自我正反馈性路径的依赖。在收入规模方面，土地在充盈我国地方财政中扮演了十分重要的角色，土地出让收入成为地方财政收入的有力支撑，因而被冠以“土地财政”的称谓。

6.1 国内研究评析

学术界对土地财政依赖问题的研究已持续多年，目前国内外的研究多集中在土地财政收入机理的形成、土地财政收入的稳定性、地方财政对于土地财政依赖的可持续性、土地财政对经济发展带来的效应、土地财政依赖度地区差异五个维度。地方财政对土地财政依赖性产生的根源来自平衡预算的压力（Heran Zheng等，2014），在中国特有的地方分权体系下，地方政府独享土地财政收入的制度为地方政府开发土地提供了财政激励；同时，地方政府政绩考核机制使利用土地开发来发展地方经济成为地方政府间竞争的一种策略（Wu Qun等，2015）。

现行财政体制下“土地财政”产生的直接原因主要有地方政府财权、财力与事权不匹配；地方税缺乏主体税种；税收渠道狭窄。分税制财政体制在设计方面存在先天不足，这些因素造成了地方政府普遍存在对非规范、非正式财政收入的路径依赖（尹超，2012）；土地财政依赖是多个因素作用的结果——官员晋升（追求GDP）是动力，财政制度变迁是通道（机会），经济和产业禀赋是外部条件，土地市场是对内部规制的约束，工业化和第三产业的发展是土地财政依赖的催化剂（吴非，2016）。

现有的财税制度下与土地相关的收入具有显著的不稳定性和不可持续性特征（陈志勇、陈莉莉，2009）；在地方辖区土地受到自然限制的情况下，土地出让收入占比过高的“土地财政”格局必然无法长久持续（贾康、刘微，2012）；在政府制度性因素的嵌入下中国的土地财政具有一定的阶段性特征。一方面，土地资源的不可再生和高度稀缺性决定了地方政府对土地财政依赖的阶段性；另一方面，随着经济社会的发展，政府其他税收收入的增加亦可以使地方政府减轻乃至摆脱对土地财政的依赖。当中国的工业化、城镇化步入稳定的饱和阶段时，地方政府的土地出让收入亦有可能趋于平缓甚至下降（吴非，2016）。

通过构造一般均衡模型发现土地财政必然推动房价持续上涨（周彬、杜两省，2010）；土地财政成为当前房地产投机泡沫的重要原因

（吕伟、刘晨晖，2012）；基于土地权利的不对等，土地的收益分配机制存在两个方面的不公平：一是政府主导、参与土地收益分配并获得巨额土地收益，二是农民在土地收益分配中处于弱势地位（冯兴元，2013）；地方政府过度依赖土地财政会通过地价的不断上涨及城市化成本的传递效应而抑制长期经济增长（解洪涛、陈志勇、陈利伟，2015）。

土地财政在地方政府之间存在较大的时空差异，地方财政对于土地财政的依赖度也存在区域差异（杨圆圆，2010；丘海雄等，2012；王玉波等，2013），一旦区域经济体步入较为成熟的发展阶段，地方政府的土地财政依赖行为会契合“土地财政库兹涅兹曲线”的特征。随着经济的发展，东部、西部地区终将面临对土地财政依赖下降的拐点，中部地区的土地财政行为却有着积淀风险的端倪，其对土地财政的依赖随着经济发展的加快而继续强化（吴非，2016）。

纵观现有的研究文献，以下三个方面还有待深入探析。一是由于我国现行土地制度的特殊性，对于地方政府主导土地收益分配这一主题不能仅从土地出让收入这一狭义层面来解读，还应从广义的土地财政（包括与土地相关的直接与间接的租、税、费、抵押收入及相应的财政支出行为）方面来度量地方财政收入的依赖性及风险性。二是关于土地财政与房价的关系。虽然土地财政收入中的土地出让收入及相关税费是房价的构成部分，但房价背后还有更深层的问题，涉及房产供求关系、土地供应松紧程度、货币政策类型、建设成本与开发商利润水平以及输入型通货膨胀、流动性过剩等多种因素。三是应以地方财政汲取土地收益的学理依据为切入点，全方位分析土地财政收入规模及其变化趋势，并从制度环境的角度深入探讨土地财政的可持续性问题。

6.2 土地财政的形成逻辑与生发机制

虽然1994年的分税制改革导致地方政府事权与财力的不匹配，但地方政府缺乏财权、转移支付制度非均等化分配，以及地方政府投资导向的增长模式共同加剧了地方财政预算的紧约束，加之土地财政收入的征管权、使用权和支配权高度集中于地方，从土地中“增收挖潜”就成为地方财政收入的有效增长点和最主要选项。

6.2.1 地方政府汲取土地收益的学理依据

地方政府通过土地获得直接与间接的资源型财政收入来满足财政支出需要具有学理上的正当性。就经济理论和我国的法律规章而言，政府借助土地资源优化配置的方式，将土地作为调控经济的手段和形成政府收入的“生财”手段具有一定的正当性，而且在我国现阶段此方式存在一定的合理性和必然性。根据马克思的国家权力理论，国家权力一般包括政治权力和财产权力。前者在经济上的表现形式是税收，后者在经济上的表现形式是利润、利息、地租、工资。体现在地方财政收入方面，地方财政收入汲取的依据是以政治权力和公共产权体现的公权力，不同的权力依据决定了不同形式的财政收入经济性质。政治权力的实现形式主要是税收和收费，公共产权则体现为资源性国有资产收益和经营性国有资本收益，而土地收益是地方政府依据双重权力、利用手中所控制的土地资源汲取财政收入的集合，它是一个与土地和土地使用权相联系的财政范畴。

土地资源是国有资源的重要组成部分，也是国家财政收入的重要来源。土地集自然属性、经济属性、社会属性和政策属性于一身。从公共产权的角度来看，土地财政收入是依据公共产权获得的收入，是国家行使土地所有权的经济体现。土地属于资源性国有资产，具有资源、生产要素和资产的多种含义。土地作为自然资源是人类生产和生活的根本源泉，作为生产要素按其贡献取得相应的回报，作为资产具有经济价值。依据马克思的产权理论，土地产权体现了由所有制决定的经济关系，并在历史的发展中不断变化与更新。产权包括所有权、使用权、转让权和收益权，而所有权是最根本的权限，它决定了收益权和其他权限。我国的土地公有制决定了只有政府对土地的收益具有分配权[①]。因此，从学理的角度来看，土地作为人类生存最基本的、稀缺的生产资料，土地所有权或使用权的占有者通过利用土地参与社会经济活动并获得相应的收

① 王道树．中国税收可持续增长问题研究［J］．财贸经济，2012（5）：18-26.

益是一种合理的经济行为[①]。

从国外的实践来看，各国在现代化过程中基本上都经历了一个利用土地资源获得财政收入的发展阶段[②]。例如，美国在独立初期，受到没有开征税收权力的制约和面临偿还沉重债务的压力，出售公共土地筹集政府收入成为土地政策四个目标中的首要目标。以美国为例，美国土地财政的产生以大规模公共土地的存在为物质载体和基础，这也是美国土地财政现象出现的直接动因。

现实中，我国国有土地的地方所有体制使得地方政府集土地所有权和管理权于一体。换言之，作为一个地区最大的“地主”，土地是地方政府辖区内配置的最重要的生产要素并且合约自由，这为地方政府通过国有土地融资形成中国式土地财政模式创造了机会和条件，强化了土地收益的地方性特征。从土地运营的环节来看，土地经过转让、开发、使用和经营必定会带来各种增值收益，土地的稀缺性和公共属性，决定了土地的增值收益应归全民所有，以相应的形式从中获得一部分理应是地方财政收入来源的重要途径。从土地出让收入的使用安排视角来看，只要土地出让收入的规模适度、空间布局合理、用于造福人民的长远利益，那么政府将土地这种公共资源转化成公众的现实公共福利就具有正当的合理性。

土地制度是土地财政产生的一个制度性背景。在现行土地制度下，国有土地的市场化配置方式是土地出让收入形成的前提。土地出让收入是土地所有者凭借所有权的权能让渡土地使用权所获得的资本性收入，属于一项非税收入性质的政府收入。根据国务院办公厅《关于规范国有土地使用权出让收支管理的通知》的规定，土地出让收入可界定为政府以出让等方式配置国有土地使用权取得的全部土地价款。我国土地管理制度的核心内容是土地国有（城市）和集体所有（农村），政府作为国家的代理人行使实际土地所有权的权能，特别是土地所有权实际控制在地方政府手中，而城市土地使用权的获得则主要采取“招、拍、挂”的

---

① 贾康，刘微．土地财政：分析及出路——在深化财税改革中构建合理、规范、可持续的地方“土地生财”机制［J］．财政研究，2012（1）：2-9.

② 邓子基，唐文倩．“土地财政”与我国地方财政收入的平稳转型［J］．福建论坛：人文社会科学版，2012（4）：4-9.

手段。集体土地被限制直接交易，须经政府征用变为国有土地后才能转让，政府由此取得土地出让收入。换言之，土地出让收入就是土地的所有权和使用权相分离，以出让土地使用权实现国家所有权的经济形式，是在一定产权基础上地方政府从社会汲取资源的行为，同时也是国家依法实行国有土地有偿使用制度的产物[①]，这具有公有土地地租的性质。从地方实践来看，深圳土地市场化出让在全国开启了土地财政的先河，并逐步推广至全国。

土地有多种潜在用途，不同用途的转换或不同产业的运用都会带来不同的要素回报或不同程度的比较利益。依据现代经济增长理论，土地级差的地租收益源自土地用途改变下的全要素生产率（TFP）的提高；同时，土地增值除了由稀缺性造成的自然增值外，更主要的原因是政府对基础设施和公共设施投资、公共服务提供的质量要求，以及土地使用者对土地进行投资引起的投资增值。由于一个地区的土地升值与地方政府的努力程度与治理水平高度相关，因此土地升值所带来的收益由地方政府获得具有经济上的合理性，并且最大化挖掘土地的经济价值与充分发挥土地收益的杠杆融资作用，这就构成了地方政府的非正式财权偏好。

6.2.2 土地收益收支特点符合地方政府增强财政能力利益指向

完整地阐释土地财政的成因需要从土地出让收入的获取能力和动机两个维度展开。地方政府财政的失衡是追求土地财政以充盈自身财力的主要动机与必要条件，能力是充分条件，如果仅有动机而无能力，则无法获得充分的收入规模。分税制改革后面临的财政压力是地方政府不断拓宽其他财源的动因，与此同时分税制改革也改变了地方政府获得预算外收入的主要路径，地方政府无法再通过企业留利和专项基金来获取预算外收入，地方政府行为由经营企业转变为经营土地。因为经营土地获取的收入无论在规模与便利性方面都超越经营企业获取的税收收入，土地出让收入为地方投资需求提供了重要的资金来源，以对土地收益分配的高度依赖来保证地方财政收入的稳定增长和财政支出的需求就成为地

① 1990年国务院颁布的《中华人民共和国城镇国有土地使用权出让和转让暂行条例》规定了土地使用权有偿出让制度。

方政府实现既定发展目标的合意性手段，因而土地财政收入成为地方政府纾解财政压力的理性选择。

在土地收入的分配方面，中央政府控制土地出让收入的能力非常有限，无法对土地出让收入按税收的控制方式加以管理，而对地方政府行为的监督成本又很高。为了减少改革的阻力，在中央与地方的收入划分上，国家将土地出让收入逐渐作为地方财政的固定收入而划归地方所有。这实际上也是中央推动分税制改革在土地问题上对地方的一种让步，由此地方政府也将重心从扶持企业发展转向扩展以“土地出让金”为主的预算外收入。表6-1列示了中央与地方之间土地出让收入分成比例的变化轨迹，从不同时期的规定来看，地方获得土地收益分成的比例越来越高，从而极大地激发了地方政府获得土地出让收入的积极性。

表6-1　**中央与地方之间土地出让收入分成比例的变化轨迹**

时间	文件	规定
1989年9月	《国有土地使用权有偿出让收入管理暂行实施办法》	土地出让收入的20%先留给取得收入的城市财政部门作为城市土地开发建设费用，其余部分的40%上缴中央财政、60%留给取得收入的城市财政部门
1992年9月	《关于国有土地使用权有偿使用收入征收管理的暂行办法》	中央对土地出让收益的分成比例缩小为5%
1994年	分税制的有关文件	中央不参与土地出让收益分配，土地出让金全部归地方

按照现行财政统计口径，国有土地使用权出让收入（广义）由四项收入构成，其中除了新增建设用地土地有偿使用费收入由中央与地方分成外，其他三项收入——国有土地使用权出让金收入、国有土地收益基金收入、农业土地开发资金收入都归地方所有，特别是市本级和县本级政府都是国有土地使用权出让收入的主要受益者，其中国有土地使用权出让金收入（狭义的土地出让收入）占绝对高的比重，根据2010—2017年地方政府性基金收入决算表，2010—2017年国有土地使用权出让金收入占国有土地使用权出让收入的比重分别为93.65%、93.87%、

93.46%、94.69%、94.92%、94.62%、95.09%、96.01%，这充分说明土地使用权出让金收入在决定地方财政收入规模中发挥着非常重要的作用。

从激励相容的角度来看，土地及相关产业的财政收入为增强地方财政能力提供了正向激励。土地财政收益可以确保地方财政收入的充分性和弹性，这极大地提高了地方政府征收的积极性，地方政府必然将工作重心置于对土地收入的获取上。由于地方政府对土地收益的所有权、管理权和支配权可控性强、自由裁量权大，加上作为主要形式的土地出让收入筹集资金的能力强、收益分配的灵活性较大，因此地方政府越来越依靠土地财政来解决其面临的财政紧张的问题，掌控土地资源的地方政府便自然成为土地红利的最大索取者和控制者。

在土地财政预算管理方面，土地出让收入没有完全纳入综合财政预算管理的正常运行轨道[①]，由于其使用情况的透明度较低、预算管理制度的约束弱化及收入缺乏规范管理进而推动了土地财政的扩展演变，依赖土地收益就成为地方政府扩张收入的具有操作性的选择项。在实践中，大多数城市依据《中华人民共和国土地管理法》，采取公开拍卖方式出售商用土地的使用权，使地方财政和土地收入紧紧地捆绑在一起。尤其是2004年土地的“招、拍、挂”政策加速了土地出让的进程，这进一步加剧了土地出让收入不断增长的势头，使土地财政逐渐演变成地方政府的第二财政。

这种筹资路径既能解决地方财权配置自由度较低的问题，使地方财权真正得以体现，又可以增强本级政府对可支配收入的自由度。这种收入征收和使用所具有的内循环特性对激励地方政府将土地升值收益用于改善投资环境、发展民生、提高基本公共服务水平有着强烈的助推效应。就管理权而言，以税收手段对土地增值及其相关利益主体进行调节不仅符合受益公平原则，而且有利于发挥土地的潜在职能与提高土地资源的配置效率。从大多数国家的普遍做法来看，一方面，在土地收益分配的发展过程中，土地相关税收在地方财政收入中均占主导地位，也是

① 土地出让收入在2007年以前既不列入预算内又不列入预算外管理。从2007年起，土地出让收入全额纳入地方政府性基金预算管理。

地方政府财政收入的主要来源；另一方面，在土地出让收入方面地方政府所有权和收入使用权的高度统一或重叠会导致自由裁量权过大及诱发机会主义，并由此产生负向激励效应，因为在科学激励机制中激励和约束是内在的、不可分割的有机组成部分，如果激励手段没有约束，就会导致激励机制无效或低效。

6.2.3 地方政府行为模式助推依赖土地收益的动力机制形成

我国土地收益分配主体是地方政府，因而应从地方政府的行为模式入手分析问题的内因。以经济增长为目标的地方政府行为模式是政府投资偏向型财政支出结构形成的动因，也是中国经济发展模式的缩影。在以GDP增长为导向的发展目标驱动下，集土地所有者、供给者、垄断者于一体的地方政府在城镇化建设中会通过对土地成本和土地收益的权衡，最终选择充分发挥土地财政的收入功能。从需求方来看，地方基础设施建设的资金主要来自财政投资、土地出让金收入和土地融资收入，土地出让金收入是地方财政资金的有效补充，为地方进行持续性的基础设施建设提供了资金支持。在我国城镇化加速发展的趋势下，土地需求的增长、土地供求缺口的增大，以及土地要素资源价格的快速上升都为土地出让金收入的增长提供了前提，同时也使土地出让金收入成为地方财政收入的有效增长点。从供给方来看，由于与土地开发相关的房地产业和建筑业能够提供较高的预期收益，因此地方政府必然会大力发展房地产业和建筑业。

共赢经济学理论认为，每一种财政收入都应该与政府承担的责任相对应。一方面，以外延式扩张为显著特征的城镇化→政府主导的城市建设和基础设施投资需求→财政超收惯性→地方经济增长互为支撑和螺旋式增长；另一方面，财政分权提高了地方自我发展的认同度。经过行政管辖权下放，地方政府被赋予辖区内社会经济事务的决策权和管理权。在这个过程中，从经济发展中获得财政收入和从辖区经济表现挂钩中获得政治利益被认为是诱使地方政府合理行使行政权力的两大动因。根据政府预算规模扩张理论，政府本身有扩大事权的冲动，在缺乏严格规范的财政监督条件下，地方政府就可能以事权扩张为理由寻求扩大财权。

由于土地收益分配是地方财权的完整体现[①]，将地方经济增长路径锁定在土地收益分配上就成为可行性策略的选择。此外，地方政府由于掌握土地资源而衍生出自身利益的同时，也获得了与中央政府博弈的实力与条件。

6.3 土地财政收入的预算管理方式

从财政收入形式的角度，土地财政收入由租、税、费三部分组成，相应的，从财政形态上分别构成租金土地财政、税收土地财政、收费土地财政。土地租金是指土地出让收入，是地方政府代理行使土地所有者权利，依法出让国有土地使用权所取得的权益性收入，主要包括招、拍、挂和协议出让土地收入、划拨土地收入、土地年租金等，土地出让收入是土地财政收入的主要构成部分；土地税包括土地直接税和土地间接税，土地直接税由房产税、城镇土地使用税、土地增值税、耕地占用税和契税五个税种构成，土地间接税一般主要是指房地产业和建筑业的营业税（2016年5月1日后改为增值税）及这两个行业的税收收入；土地费是指对土地及相关行业征收的收费收入，按照部门划分包括土地部门的收费、行政部门的收费和其他部门的收费，从收费性质上分析，主要包括行政事业性收费、服务性收费、资源性收费和其他代征性收费。

2007年以前，土地费收入的预算管理采用三种方式。第一种是统一上缴国库，纳入政府预算管理。收入项目主要包括部分政府性基金、教育费附加和其他与土地相关的行政性收费等。第二种是上缴财政专户，纳入部门预算统筹管理。收入项目主要包括土地行政事业性收费、土地部门集中的管理费、工本费、手续费等收入。第三种是各级政府部门自行管理。收入项目主要包括相关职能部门管理的城市住房基金、游离于财政之外的各部门收费、集资和摊派等。在这三种管理方式中，后两种存在的问题较多，上缴财政专户的方式名义上实行“收支两条线、财政专户管理”，但实际上资金拨付依然实行全额或差额返还给收费单

① 从1994年1月1日起，土地收入全部划入地方。

位的做法，从而实际支配权仍归征收单位所有。而第三种形式的收入由各地国土等部门征收和使用，在管理方面完全游离于财政监督之外，因而是一种极不规范的管理模式，在很大程度上形成地方政府土地收支的混乱现象。

我国从2007年1月1日起实行彻底的“收支两条线”的预算管理。一是土地出让收支全额纳入地方基金预算管理，不得用于平衡公共财政预算；二是收入全部缴入地方国库；三是支出一律通过地方基金预算安排。随着土地出让收入全额纳入基金预算管理，土地费收入项目也逐渐被纳入到土地出让收入中加以管理。

6.4 土地财政收入规模变化趋势与“后土地财政”研判

作为土地资产化的一种资源型财政收入，土地财政收入随着土地有偿使用制度的实施与推广呈现出从无到有、规模从小到大的阶段性的变化特征，并逐渐成为地方财政收入的增长点和地方非税收入的主要来源。同时土地财政也影响和决定着地方财力配置模式的选择。

6.4.1 土地财政收入规模变化趋势

1.土地出让收入

地方获得土地增值收益的方式主要有两种：一是通过出卖土地直接获得；二是征收相关的税收。土地的增值最终会表现在房地产等不动产的增值上，通过征税可以获得比较稳定的收入流。不同的收入形式在获得的环节和时间节点上是独立的，同时，经济系统的关联性也导致各种形式之间存在依存关系。

土地出让收入规模可以用相对量、绝对量和增速变化的指标来反映。由表6-2可知，2010—2017年土地出让收入占地方政府性基金本级收入的比重一直保持高位，处于83%~91%之间；土地依赖度呈现阶段性变化，2010—2012年逐渐下降，2013年开始升高，2014—2016年又开始下降，2017年之后开始升高。这表明土地收入对地方政府财力仍具有很强的支撑作用。

表6-2　　2010—2017年土地出让收入规模

年份	土地出让收入占地方政府性基金本级收入的比重（%）	土地依赖度（%）	土地出让收入增长速度（%）
2010	89.59	74.14	114.44
2011	86.77	63.13	10.18
2012	83.34	46.69	-14.03
2013	85.92	59.80	44.70
2014	85.20	56.15	3.25
2015	85.15	39.21	-23.61
2016	88.26	42.96	15.16
2017	90.32	56.93	38.94

数据来源：根据《2009年全国土地出让收支基本情况》和2010—2017年全国财政决算资料整理得来。

注：土地依赖度是指土地出让收入占地方本级一般公共预算收入的比例。

从土地出让收入总量来看，自2010—2017年，全国土地出让收入分别为33 166亿元、28 422亿元、41 250亿元、42 940亿元、32 547亿元、37 457亿元、52 059亿元和65 096亿元。从增速来看（见表6-2），不同时期的增速幅度差别较大，2010年增速较快，之后增速下降，2013年又快速增长，达到44.70%，2014年则大幅度下降为3.25%。2015年，我国供给侧结构性改革加快推进，固定资产投资特别是房地产投资增速大幅回落，经济增速放缓，土地市场需求不足，土地出让收入负增长23.61%，2017年增速又上升到38.94%。

以L省为例，2000年土地出让收入为21.2亿元，2013年跃升至1 971.04亿元，14年间增长了约93倍，年均增长率高达40.54%，远远高于同期全国土地出让收入的增长速度。2000—2013年，土地出让收入累计为122 295.8亿元，同期的地方一般预算收入累计为18 366.94亿元，土地财政依赖程度高达67%，高于52.1%的全国水平，仅低于江苏、浙江、安徽和重庆4个省市[①]。

从土地财政依赖度的地区结构来看，处于土地财政不同发展阶段的地区有着不同的目标和定位。一个地方获取土地出让收入的能力大小一般与当地土地资源禀赋、工业化和城镇化水平等因素有关。一方面，土地资源的多寡是实现土地出让收入的基础；另一方面，工业化和城镇化水平越高，住房需求越旺盛，土地价格就越高，地方政府获得土地出让收入的规模就越大。鉴于不同地区工业化和城镇化进程的差异，经济欠发达地区和经济发达地区的土地出让行为存在着差异，同时在土地市场需求、房地产市场发展程度方面也会出现分化局面。

受地方经济发展差距以及房地产市场分化的影响，2014年土地市场需求出现分化的局面，地区间土地出让收入增速呈现明显的差异（2014—2015年地区间土地出让收入规模比较，见表6-3）。2014年东部地区土地出让收入为24 605.86亿元，增长7.0%，占全国土地出让收入的57.3%；中部地区土地出让收入为10 483.35亿元，下降0.8%，占全国土地出让收入的24.4%；西部地区土地出让收入为7 851.09亿元，下降2.6%，占全国土地出让收入的18.3%。2015年东部地区土地出让收入为8 797.99亿元，下降23.6%，占全国土地出让收入的55.8%；中部地区土地出让收入为8 672.40亿元，下降17.3%，占全国土地出让收入的25.8%；西部地区土地出让收入为6 187.34亿元，下降21.2%，占全国土地出让收入的18.4%。

表6-3　**2014—2015年地区间土地出让收入规模比较**

地区		绝对规模（亿元）	增长速度（%）	占全国土地出让收入的比重（%）
东部	2014	24 605.86	7.0	57.3
	2015	8 797.99	−23.6	55.8
中部	2014	10 483.35	−0.8	24.4
	2015	8 672.40	−17.3	25.8
西部	2014	7 851.09	−2.6	18.3
	2015	6 187.34	−21.2	18.4

数据来源：根据2014—2015年全国土地出让收支情况整理得来。

① 李慧. 土地财政演进、影响及转型——以L省为例［J］. 地方财政研究，2015（8）：51-58.

土地出让收入地区间的这种分布格局表明，地方对土地财政收入的依赖固然与分税制改革导致的事权与财力不匹配有一定的关联性，但这并不构成直接原因，因为土地出让收入主要用于基础设施投资和经济建设项目，而公共财政预算收入主要用于保运转与提供基本公共服务，这就为收入能力较强的地区比收入能力较弱的地区更加倚重土地财政收入提供了一个很好的解释。

从分省情况来看，2014年北京、天津、湖南、陕西、青海、西藏等16个省（自治区、直辖市）土地出让收入呈现正增长，辽宁、黑龙江、海南、云南等15个省（自治区、直辖市）呈现负增长。北京、上海等地土地出让收入增长速度明显。2015年除深圳（36.9%）、西藏（1.8%）、厦门（1.2%）、甘肃（0.2%）4个地区同比增长外，其他32个地区均出现不同程度下降。其中，大连（-56.4%）、宁波（-54.1%）、内蒙古（-51.8%）3个地区降幅超过50%。

土地出让收入规模带有一定的市场特征，受房地产市场调整、商品房销售额下降等因素的影响。2014年我国经济发展进入新常态，固定资产投资增速放缓，土地市场呈现低迷状态，土地出让收入增幅回落。其主要原因是，投资增速放缓导致用地需求不足，房地产市场低迷导致土地出让面积萎缩，土地资源稀缺导致地价上涨但涨幅回落。全年房地产开发投资增速由2013年的19.8%回落至10.5%，同期房地产开发企业土地购置面积增速由8.8%降至-14%。

2014年全国土地出让收入为42 940.30亿元，同比增长3.1%。从季度情况来看，第1季度增长40%，第2季度增长14.2%，第3季度增长0.5%，第4季度下降21.6%[①]，呈现逐季回落态势。第1季度增幅较高的原因主要是：2013年下半年签订的土地出让合同价款延续分期缴库。从第2季度开始，随着房地产投资增速回落以及商品房交易量下降，各地呈现购地意愿不足倾向，并逐渐在土地市场上传导和蔓延。

2014年和2015年，一部分二线城市和绝大部分三四线城市的房

① 数据来源于财政部网站。

地产市场已经出现供给过剩。2015年第1季度国有土地出让收入下降36.4%[①]，连续第2个季度出现负增长，且降幅进一步扩大。截至2015年4月，房地产开发投资、土地购置面积、房地产企业本轮到位资金均没有出现明显的改善趋势，土地出让收入下降趋势没有明显的好转。2015年1—4月土地出让收入相当于地方公共财政收入的比重降至32%[②]。2015年1—7月，土地销售收入下降了38%。2015年1—10月，国有土地使用权出让收入累计同比下降32.2%，10月单月同比下降3.1%，较9月回落3.5%[③]。2016年前8个月土地出让收入达到20 057亿元，与地方政府性基金本级收入占比高达87.89%。从增速来看，土地出让收入前8月同比增长14%，较前7个月、上半年分别增长1.9%、4.3%。

土地出让收入规模与中央集中度之间不存在直接的逻辑关系。事实上，分税制后尤其是1998年新《土地管理法》颁布后，土地出让收入的增速规模快速扩张。2008—2014年，中央一般公共预算收入年均增长11.5%，占全国一般公共预算收入的比重从53.3%降至45.9%，地方一般公共预算收入所占比重不降反升，而同期土地出让收入规模反而年均增长26.3%。这表明地方财政收支缺口只是地方依赖土地财政的外部条件，而土地出让收入的特质才构成地方追逐土地收入的内在动因。

2.土地直接税收入

土地直接税收入由房产税、城镇土地使用税、土地增值税、耕地占用税和契税构成。从上述5个税种的税收收入增长速度（见表6-4）来看，不同时期的增速幅度差别较大，总的来说，增速呈现波动下降。房产税由2008年的18.22%下降到2018年的10.91%，城镇土地使用税由2008年的111.91%下降到2018年的1.15%，土地增值税由2008年的33.32%下降到2018年的14.87%，耕地占用税由2008年的69.91%下降到2018年的-20.16%，契税由2008年的8.40%下降到2018的6.92%。

① 数据来源于财政部网站。
② 数据来源于财政部网站。
③ 数据来源于财政部网站。

表6-4　　5个税种的税收收入增长速度　　单位：%

年份	房产税	城镇土地使用税	土地增值税	耕地占用税	契税	土地直接税收入占地方本级一般公共预算收入的比重
2008	18.22	111.91	33.32	69.91	8.40	12.76
2009	18.12	12.74	33.89	101.35	32.70	14.76
2010	11.25	9.02	77.65	40.37	42.06	16.08
2011	23.30	21.74	61.36	21.02	12.21	15.66
2012	24.50	26.14	31.83	50.70	3.92	16.58
2013	15.23	11.48	21.14	11.57	33.75	17.75
2014	17.08	15.96	18.85	13.87	4.08	18.21
2015	10.76	7.50	-2.11	1.85	-2.55	16.89
2016	8.29	5.31	9.92	-3.26	10.30	17.21
2017	17.26	4.65	16.60	-18.58	14.20	17.97
2018	10.91	1.15	14.87	-20.16	6.92	17.86

数据来源：根据2008—2018年中国统计年鉴和2018年地方一般公共预算收入决算表整理得来。

注：2006年之前地方税收收入中没有单列房产税和土地增值税，故从2008年开始。

从L省来看，5个税种的税收收入合计占当年地方一般公共预算收入和地方税收收入的比重分别从2000年的9.76%、12.68%上升到2013年的29.44%和39.03%，除了2010年，其他3年土地直接税收入的增长速度都超过了税收收入总额的增长速度（2010—2013年L省地方税收收入与土地直接税收入增长率比较，见表6-5）。

表6-5　2010—2013年L省地方税收收入与土地直接税收入增长率比较　　单位：%

年份	地方税收收入增长率	土地直接税收入增长率
2010	28.1	25
2011	30.2	41.5
2012	17.33	35
2013	6.58	7.09

数据来源：李慧．土地财政演进、影响及转型——以L省为例［J］．地方财政研究，2015（8）：51-58.

6.4.2 “后土地财政”态势研判

土地财政作为特定阶段地方政府公共服务设施的融资主通道必然经历发生、发展和转型的过程。换言之，在不同的经济发展阶段，地方政府由于履行建设职能对投资需求程度的差异会影响对其土地财政依赖性的差异。如在经济发展的早期阶段基于基础设施建设处于起步阶段，固定资产投资需求较大，投资规模增长较快，地方政府对土地的依赖性就较强。当经济发展进入中期阶段，随着基础设施的逐渐完善，对土地财政的依赖性将会减弱。同理，当地方政府采用土地城镇化模式时，对土地财政的依存度就会较高，当地方政府采用人口城镇化模式时，对土地财政的依存度就会下降。

1.国内研究文献述评

2011年以来，随着国家房地产宏观调控政策力度的加大，土地财政的持续性问题成为社会和学术界关注的热点，而且也基本达成了土地财政迎来“拐点”或土地财政的全盛时期已经结束和进入“后土地财政”时代的共识。学者们对该问题的解释角度各有所异，主要集中在“后土地财政”的基本含义、潜在风险和治理对策方面。

将土地出让收入占地方财政决算收入的比重作为土地财政发展进入退出阶段的衡量标准，认为随着土地资源的枯竭，以土地融资手段获得的资金将大幅减少，土地出让收入大幅下滑，当地价、房价下调时，将引起土地财政收入下降，从而可以预判中国即将进入“后土地财政”时期（吕炜、许宏伟，2012）。从长期来看，土地财政的主要风险在于土地出让收入的不可持续性和政府土地抵押融资规模的失控，以及与此相关联的房地产泡沫和收入分配不公（唐在富，2012）。王玉波（2013）从土地财政模式的可持续角度来界定“后土地财政”，指出其含义是指受房地产市场调控政策的影响、耕地资源和后备土地资源总量有限的瓶颈约束，现行的可以继续转为城市建设的土地出让收入是有限和不可持续的。当土地收入不再成为地方政府的主体财源时，就意味着土地财政进入“后土地财政”时代。因拆迁成本的上升、土地出让收入的减少，地方土地出让净收入正逐步下降，一些大中城市进入了后“土地财政”时代（张景华，2013）。从可持续性方面研究，认为受资源禀赋的内在约束，城市建设用地不可能无限供应，地方政府通过“经营土地”保财政促发展的模式必然存在较大的不确定性（郭贯成、汪勋杰，2013）。

从土地财政的形态出发，认为土地财政是一种过渡形态，我国还是要建立类似发达国家不动产税的房地产税制度（王雍君，2015）。吴非（2016）从东北、中部和西部土地财政依赖性差异的视角，提出土地资源禀赋的不可再生和高度稀缺性决定了地方政府对土地财政依赖的阶段性；当中国的工业化、城镇化步入稳定的饱和阶段时，地方政府的土地出让收入亦有可能趋于平缓甚至下降。特别是东部地区将率先迎来土地财政依赖的拐点，且为了达到该拐点，东部地区所要支付的代价相对较小，即土地财政依赖的极大值相对西部而言较小，这与东部地区的经济发展程度较好、地方政府财政能力较强有着直接的关系。高波（2017）基于经济新常态和城市化后半程，以及房地产开发投资增速放缓、存量房地产交易占比上升态势的分析，认为以地方政府大规模出让土地为特征的土地财政已经不可持续，土地财政对中国经济增长的支撑作用日渐式微。

总体来看，这些研究都是从耕地资源约束、土地供给限制、房地产宏观调控政策导致利用土地财政获得大量土地出让收入的地方政府融资措施越来越难以维持，以及土地出让收入减少的逻辑的角度来进行阐释，缺乏从形成环境的视角进行深入的探讨，尚未形成从土地财政到“后土地财政”转变中对动力机制、制度基础、体制环境、约束条件进行完整分析的框架。事实上，“土地财政”与“后土地财政”时代的区别不仅体现在基本内涵和参照系的选择方面，更反映在制度需求和制度供给均衡状态改变的多个维度。因此，无论是满足理论层面的探索需要还是实践层面的改革诉求，都要求全面、系统地研究“后土地财政”时代的参照系和形成机制。

2.“土地财政”的参照系选择

在参照系的选择方面，构成土地财政主要部分的土地出让收入占地方财政收入的比例多高才表明进入“后土地财政”时代是没有统一标准的。一方面，用一定时期土地出让收入增速下降来理解“后土地财政”的含义和成因也略显单一，说服力不足。因为在土地出让收入增加的同时，地方财政收入也在增加，因而导致二者比例关系呈现出不同的变化。另一方面，土地出让收入不能只增加不减少，或者减少就表明不可持续。土地出让收入分配的合意性还取决于一定时期内国民收入分配的价值导向和理念定位，以及宏观经济调控所需运用的财政政策类型，等等。例如，在扩大内需和结构性减税的大背景下，土地出让收入增速适度放缓是可取的。

土地出让收入增速一般受经济发展状况、房地产市场供求、城镇化速度及征地制度设计等多重因素的制约，其波动趋势受这些因素的综合影响也带有不确定性。经济增速趋缓、市场需求减弱往往会导致土地出让收入在短期内快速下降。例如，在2013年地方对土地财政的依赖出现了上扬之势后，2014年受房地产市场调整、投资增速放缓的影响，工业仓储用地和房地产用地需求不足，房地产市场低迷，进而导致土地出让面积萎缩，以及地价上涨但涨幅回落的问题，国有土地出让收入相当于地方公共财政收入的比重也从2013年的59.77%下降到2014年的56.6%。同时，随着房地产难以维持原有的增长态势，这也给土地税收收入带来严峻的下行压力。

对“后土地财政”时代的判断关键取决于参照系的选择。合理选择参照系不能仅局限在当前的土地出让收入规模和增速上，而应着眼于长期的土地财政收入结构。不仅要关注土地出让收入的变化情况，而且要关注土地派生税收入的潜在财源。从短期来看，囿于我国地方税收体系建设的滞后性、土地使用管理制度改革难以到位，以及财政体制改革有待完善，加之路径依赖对土地财政经营模式的惯性依赖，“后土地财政”时代地方政府利用土地财政获取收入的行为策略很难有实质性和根本性的改变。换言之，地方政府还会选择发展房地产市场以保持土地财政收入规模，即对土地财政收入的倚重程度仍会趋于加强。从长期来看，在土地总量一定、增量不足的约束下，地方政府总会面临无地可卖的境地，如果地方政府一味地依赖土地出让收入必然使土地成本不断攀高和土地利用率下降。

理论上，在土地财政收入规模既定的条件下，每种收入形式在一定的经济社会发展阶段存在最优比重。如果实际比重低于最优比重，提高该项收入比重则会提高整体收入质量；反之，如果某项收入比重已经高于最优比重，那么继续提高则会恶化整体收入质量。在“后土地财政”时代，不同收入形式的依赖结构将会发生变换。按照党的十八届三中全会有关决议的精神要求，开展土地制度改革试点，缩小征地范围，农村集体经营性建设用地在符合规划和用途管制的前提下可以出让、租赁、入股，与国有土地同等入市和同权同价。随着土地制度改革的全面推行，国有土地的增量减少，其出让收入也会随之变化，相应地，集体土地的出让扩大，集体土地出让收入就会增加。

土地出让收入除了用于地方征地和拆迁补偿支出、土地开发支出、支农支出外，主要用于城镇化建设支出、廉租住房保障支出等方面。作为土地出让收入载体的土地资源，无论是有限的征地增量还是可挖掘的城市拆迁存量都会由于各种补偿成本和建设支出比例的逐渐提高而使收益趋于降低，使得土地价格“剪刀差”趋于缩小，土地出让收入将不再是地方政府的主体财源。换言之，地方政府很难再通过不断扩大土地占用的方式来获得财政收入，土地出让收入占地方财政收入比重会下降。与此同时，随着房地产税立法进程的加快，以及在逐渐提高直接税比重的税制结构改革导向下，房地产税制改革有望全面推进，相关税收收入将为地方政府提供持续稳定的财源。从土地财政收入的构成变化来看，2015年我国大多数省份正在由主要依赖土地出让收入阶段向同时依赖土地出让收入与土地税收收入的阶段迈进。北京大学经济学院团队研究的结果显示，上海、北京、海南、黑龙江、内蒙古、新疆6个地区房地产相关税收已超过土地出让收入比例，吉林、河南、贵州、青海、广西、陕西、甘肃、辽宁8个地区房地产相关税收与土地出让收入基本持平，但浙江、江苏、安徽、河北4个地区对土地出让收入的依赖依然较大。另外，土地财政与地方产业升级的有效契合也将促进地方政府通过经济发展使土地增值，并从中获得财政收入，以稳定规范的体制内税收取代土地出让收入，使整个地方收入结构切实从租金型财政向税收型财政转变，实现地方财政收入的可持续的、良性循环的格局。

3.“后土地财政”的形成机制

土地财政是在不同时期制度基础、环境条件和多重制约因素下形成的，如土地制度、财政分权体制、政绩考核与激励机制、财政支出需求压力等，并且具有一种内在的自我增强机制，倘若没有外力打破现行制度的供需均衡，那么土地财政模式就会沿着既定的轨道继续运行。土地财政制度变迁具有渐进性，其治理的制度环境和生成条件也会发生相应的改变，并且这些对土地财政收入规模的变化都会发挥不同程度和不同方向的影响作用。有的制度基础的路径依赖影响程度较大，这会导致一定时期土地财政的问题和风险还将存续；有的制度基础将趋于松动，促进土地财政向“后土地财政”时代转变。从制度供给、制度需求和土地财政收入结构的转变三个方面能够对这些问题加以阐释。

（1）基于制度供给视角的土地产权和补偿制度改革。现行土地产权与征收补偿制度安排是以土地出让收入为核心的土地财政形成的基础性前提。土地出让收入是政府凭借土地所有者权取得的权益性收入，土地管理制度的城乡二元性尤其是土地出让制度是地方政府对土地出让收入依赖的根本动力。同时，地方政府在土地收益分配体制中的垄断地位与特有的农地产权残缺叠加导致成本补偿不充分、被征地农民利益难以得到保证。从经济学的意义上来说，只要收益大于成本，追求潜在收益最大化就是理性选择。在土地出让制度不能改变的情况下，缓解和减弱地方政府对土地财政高度依赖的关键在于对土地收益与成本管理制度进行改革，通过权衡收益与成本使土地净收益逐步降低。

党的十八届三中全会的有关决定明确提出要“推进城乡要素平等交换”，“维护农民生产要素权益”以及“实行与国有土地同等入市”，这预示着土地资本化收益分配体系将逐渐制度化、完善化。通过完善农村集体土地产权制度、改变地方政府主导下的土地经营模式、打破地方政府在土地收益分配体制中的垄断地位、拓展征地补偿范围和按市场原则提高征地补偿标准，能够使地方政府在征地中的多元化角色合理回归，规范调整围绕土地而形成的僵化凝固的利益格局，建立兼顾国家、集体、个人的土地增值收益分配机制，确保农民获得更大的支配生产要素的自由权利，大幅度提高农民的财产性收入，在土地财政层面真正发挥市场在资源配置中的决定性作用，进而切断地方政府低成本获取农村土地的渠道，缩小土地收购和出让之间巨大的价格“剪刀差”，削弱土地财政的制度基础。

（2）制度需求层面的地方财政收支体制完善。财政分权体制、区域竞争、政府主导的跨越式发展模式、晋升激励形成的收入强劲需求与土地财政之间存在内在相互作用逻辑。一方面，地方政府财政压力增大或财政收支缺口扩大是形成对土地财政收入依赖的必要条件，地方财政自给率与土地财政收入规模一般呈负相关关系，即地方财政自给率越高，地方对土地财政收入的依赖性越低，但二者的增长幅度却存在着不一致性。另一方面，土地财政分配的不规范又在很大程度上扩大了地方财政收支缺口。

1994年分税制改革造成地方政府在初次分配中处于不利地位，财权自主程度较低，可支配的收入规模有限，同时，扭曲的激励机制又促使地方政府追求财政收入最大化的目标；在财政支出方面，政府主导的跨越式发展模式导致地区间为彰显地区GDP政绩以大量投资形式展开竞争，加之我国正处于快速的城镇化进程中，城镇基础设施建设资金的需求必然引发对土地交易的大量需求。另外，支出绩效评价与监督机制不完善，以及财政支出规模处于不断扩张甚至失控的状态，都将倒逼地方政府四处寻求可支配收入。

在中央税权集中的体制下，地方拥有真正的非税收入权。由于土地出让收入作为预算外资金没有完全纳入预算管理，收支透明度较低，同时以土地出让收入为抵押的地方债务预算管理制度缺失，由此造成债务规模失控和投资项目效益低下，在软预算约束下形成地方财政运行的恶性循环。与此同时，由于分税制改革以来政府间事权划分不明晰，且转移支付制度在财政收入二次分配中的均等化作用效果没有完全显现，因而也在一定程度上加剧了地方事权与财力的严重不匹配。根据党的十八届三中全会有关文件的相关要求，今后上述的制度需求都会有所减弱，地方政府过度倚重土地出让收入的情况也将得到很大程度的扭转，从而为进入后“土地财政”时代创造了重要的条件。

首先，财政收入初次分配将加大向地方倾斜的力度。房地产税、资源税等税制改革的加快推动有助于地方税收体系的建设与主体税种的培育，“营改增”后共享税比重的合理调整为政府间的税源协调和地方税收收入的稳定提供了保障。

其次，地方政府为增长而竞争与投资的激励和动力将弱化。为了真正在投资领域体现市场的决定性作用，降低地方政府的投资冲动，政府职能将发生根本性改变，政府不再参与到具体的经济事务之中。竞争性地方政府主导投资将让位于市场主导投资，地方政府投资的重心将转向公益性和部分基础性投资，基础建设投资可以按市场化标准更顺利地推进。地方政府也可以从这种债务负担中解脱出来，在地方政府经济主体角色淡化的同时，地方政府公共主体的角色将增强，并通过预算绩效制度的有效实施合理控制公共服务支出规模。

再次，土地融资风险逐渐减小。土地财政备受诟病的原因之一就是土地抵押贷款的还款能力与土地出让收入捆绑在一起，土地出让收入的波动将会给这些债务带来巨大的财政与金融风险。随着城市建设投融资机制的透明规范程度不断提高，以及地方债试点的推行，地方政府拓宽城市建设融资的渠道趋于多元化。同时，随着以具有自我约束的规范合理的地方政府债务融资体制与风险预警机制的逐步建立，以及将地方债务作为经济发展的衡量标尺、把“盲目举债留下烂账要问责”纳入地方政府政绩考核指标的举措，都将进一步限制地方政府由于不正确的政绩观等因素诱发的不合理发债的冲动，增强地方财政风险防范能力，从而根本性改变土地抵押融资模式，即“后土地财政”时代土地财政衍生的风险会不断降低。

最后，地方事权、支出责任与财力趋于匹配。事权和部分支出责任上移是今后中央与地方之间职责调整的方向。一方面，在明确各级政府职能划分的前提下应适度加大中央事权的范围。原则上中央政府应承担国防、外交、国家安全、统一市场规则等事权；中央和地方共同负责社会保障、跨区域重大项目的建设维护等；地方肩负区域性公共服务的事权。另一方面，强调事权与支出责任相适应的原则。对于委托地方承担的部分事权，中央应通过转移支付的方式来履行其支出责任；对于跨区域、外溢性较大的公共服务，中央通过转移支付承担一部分支出责任；

对于因中央出台增支政策形成的地方财力缺口，原则上中央也需通过一般性转移支付进行调节，逐步取消竞争性领域专项和地方资金配套，建立财政转移支付同农业转移人口市民化挂钩机制，这些财政体制改革和完善的政策都有助于缩小地方财政收支缺口，为抑制地方土地出让收入规模提供动力机制。

（3）土地财政收入结构将适时转变。作为一种财政收入形式，土地财政收入始终贯穿于一国经济社会发展的不同阶段，但收入结构却会呈现明显的阶段性特征，其变化轨迹一般由依赖土地出售收入转向财产税收入。从美国土地财政收入的发展演化规律来看，1862年以前，土地财政收入以土地出售收益为主，财政收入高度依赖于非税收性质的土地出让收益，来自公共土地的收入与关税收入一起构成政府总收入的绝对主体，土地出售收入在联邦财政总收入中占比最高的年份曾达到48%[①]。内战结束以后，适应国内形势发展的需要，随着1863年《宅地法》的实施及大规模推进公共土地私有化，土地出售收益逐渐减少，与土地有关的非税收入比重逐渐降低。与土地财政功能再回归为地方政府服务相适应，州和地方政府基于为居民提供地方性公共品而增强了对私人财产征税。从20世纪40年代开始，各州随着消费税体系的逐步改进和完善，相继将财产税征收权利下移给地方政府，并发展演化成了当前美国地方政府以财产税为主体税种、与土地相关的非税收入占比较低的土地收入为辅的地方财政收入模式。从1945年至2010年，地方政府财政收入与土地相关的税费主要包括财产税、房屋与社区发展收入、环境资源收入和不动产出售收益，财产税在美国的土地财政转型前后扮演了重要的角色。可见，虽然联邦政府不以土地筹集财政收入作为土地政策的主要目标，但是这并不意味着联邦政府完全不重视这一目标，而是实现目标的手段发生了相应的变化，由土地出售收入转变为相关税收收入。

我国土地财政的发生、发展和转型的全过程以深圳为代表。在土地财政的初期，深圳土地出让收入主要用于城市化基础设施建设。随着基础设施发展完备程度的提高，适时将有限的土地资源向符合升级方向的

① 骆祖春，赵奉军. 美国土地财政的背景、经历与治理［J］. 学海，2012（6）：39-45.

产业倾斜，产业转型的升级和收入水平的提升为涵养税源提供了保障。这种基础设施的完善与城市人口、产业集聚与升级、财源培植之间的良性循环与土地财政的贡献有着直接的关系。深圳土地财政的实践表明，以土地出让收入为主导的土地财政应是一种过渡形态，推动土地财政向税收型收入的转变才是最终的可行性选择。

当前我国正处于从土地城镇化到人口城镇化转变的关键节点，新型的具有可持续性的土地财政收入模式应是弱化土地出让收入，强化房地产税收入，使土地出让收入为主逐渐让位于房地产税收入为主。从长期来看，土地出让收入减少具有阶段性是必然的，土地出让收入占地方财政收入比重会下降，而且随着可供开发的房地产的减少，房屋保有量的增多，建立房地产税收制度是为地方政府带来稳定财力的制度保障。

第7章　地方政绩考核机制与收入激励的兼容

政治激励与财政激励是理解地方政府行为的重要依据。古典管理理论认为，现实中每个人都是经济人，经济人的行为特质就是倾向于选择能给自己带来更大利益或效用的机会。与西方发达国家的分权体制鼓励地方政府在公共服务方面进行竞争不同，我国分权体制的特征是政治集权下的经济分权，财政分权目标是促使地方政府在经济增长方面进行竞争。这主要是源于财政单一制模式、上级政府对下级政府的绩效评价机制以及下级政府做出的理性反应。从激励结构来看，地方政府具有双重性：一方面是经济参与人，关注自身利益；另一方面，它又是政治参与人，在行政管理体制中面临激励机制的选择。

7.1 政绩考核机制下的地方经济行为取向

7.1.1 政治激励对收入增长的影响

中华人民共和国成立后中央政府在权力上一直具有结构性的优势，控制重要的政治资源和经济资源。改革开放以来，放权让利和分税制的推行使地方获得了大量的经济、管理等方面的权力，控制经济资源的范围和程度逐渐加大。但在行政和人事上仍采取高度集中的垂直管理体制，以人事控制权为主要特征，上级政府掌握着下级政府官员的升迁任免权，即人事控制权成为中央控制地方的主要资源。在这种特定的政治集权和财政分权并存的体制下，中央政府对地方政府采取了以地区生产总值增长速度为核心的政绩水平考核机制，这种带有较强功利色彩的政治晋升锦标赛制度将地方政府置于强力的激励框架下，同时这也构成中央政府约束地方政府行为的政治手段和影响地方政府发展经济的政治基础，突出表现为中央政府和地方政府之间存在一种较为明确的委托代理关系。

改革开放以来，虽然地方政府成为一个相对独立的利益主体，但是在中央与地方的委托代理关系的约束下仍面临着持续且惯性强化的政治上的晋升激励。中央通过财政制度变革赋予地方政府在地区经济发展上的主导权力，与此同时，官员的晋升机制由“政治挂帅”转变为“经济挂帅”。在此导向下，形成了以经济增长为核心要义的“标尺竞争”[①]。政治激励理论认为，激励地方政府发展经济的首要因素是政治晋升。在现行的政府治理体制中，中央政府对地方政府政治资源的控制与政治晋升的考评制度决定了地方政府的目标函数和行为方式。地方政府会以上级设定的考核标准为目标，地方政府的行为选择也必然依循中央政府设定的不同的竞赛标准。

我国地方政府的行动逻辑中始终伴随着双重代理人的角色定位。其

① 吴非. 中国土地财政依赖的区域差异之谜［J］. 云南财经大学学报，2016，182（6）：16-32.

一，源于政治体制的特点，地方官员由上级直接任命，上下级政府及官员之间存在一种较为典型的委托代理关系。作为中央政府的代理人，地方政府在拥有相对独立的财政自主权的同时，又受到来自中央政府的政治激励；而作为中央政府战略的执行者和中央政府政绩考核与任免的对象，地方官员对中央政府有着较强的依附性，紧紧追随中央政府的经济增长的激励目标。其二，作为辖区公众的代理人，地方政府是推动地方经济社会发展与地方财政改革的主导力量，要结合本地实际，实现地方财政利益最大化的目标。由此可见，地方政府对地方财政利益与自身政治利益综合考虑的多重目标，决定了在中央与地方的利益博弈中地方政府行为的多样性与策略选择往往会对中央政策表现出一定程度的回应与服从，尤其是地方官员具备经济人的特质，政治激励承载着他们的利益诉求。

激励结构直接制约着地方政府发展经济积极性的释放程度和释放方式。从激励结构来看，我国财政分权制度赋予了地方政府特有的双重激励——外在的政治激励和内在的财政激励，并为激励的进一步强化提供了资源上的支持和现实上的可能。在转型和经济发展的初期，我国树立了以经济增长为核心的发展理念，中央以地方职能履行的效果（最终会反映到经济增长上）为假定前提，认为一个地区的经济增长水平能够反映这个地区的公共管理能力。具体而言，中央政府对于地方政府的控制主要是通过考察地方政府的经济增长速度、财政收入增长速度等具体经济指标来进行。

中央政府对经济增长的紧迫性要求与经济增长指标的可测度性导致地方政府行为偏好更加符合利维坦自利政府的假说，即政策制定与实施的目的是实现本级财政收入最大化而非实现辖区居民福利最大化的仁慈政府假定。根据惯性原理，客观事物的发展变化过程常常表现出它的连续性，其大小取决于本身的动力和外界因素制约的程度，惯性越大说明延续性越强，越不容易受到外界因素的干扰而改变自身的运动状态。目前虽然我国已经对地方政府政绩考核机制进行了改革，但是由于惯性的作用，以经济增长为中心的思想观念还在不同程度上延续，地方官员仍把主要精力投入到促进地方经济增长之中。

从政治激励到财政收入增长实绩的过程中存在二个中继环节：一是中央的考核机制能够传递并影响地方政府的行为取向，二是地方政府在最大化利益过程中将其付诸实施，并在行为奏效的情况下转换为地区生产总值增长和财政收入的增长。我国1978年改革开放以来，政府间的财政分配关系不断进行变革。随着"统收统支"的财政体制逐渐被"放权让利"的财税体制所替代，地方政府开始拥有了自身的经济利益，地方政府行为也相应地受到发展增长的目标及其实现手段的驱动。市场化改革后经济增长越来越趋于地区化，地方政府力争自身独立利益的重要性更加突出，也在更大的程度上以推动本地区经济增长为首要目标。

这种以经济增长目标为主导的压力型体制导致地方政绩考核、官员标尺竞争机制与地方经济增长、财政收入最大化之间具有直接的内在逻辑关系。一方面，官员政治激励与地方财政收入水平紧密相关；另一方面，财政收入的分配也间接影响到地方官员的自身利益。政治激励与财政激励互为影响、互为促进、互为因果，共同驱动地方政府经济行为的不断固化。这主要表现在：第一，当中央分配给地方的财政收入较少时，地方政府往往会更多地依靠预算外收入和制度外收入的筹资渠道，提高大口径的宏观税负，减弱政府、企业与个人之间利益分配的共容性；第二，获得尽可能多的经济资源和追求地方财政收入最大化的目标驱动着收入指标的设定带有强烈的计划色彩，并且为了完成这种非预期性的收入指标所采取的征收方式又在很大程度上干扰了宏观经济的运行。

7.1.2 政治激励软约束的表征

财政激励不仅要考虑中央政府和地方政府之间的财权划分，比如税收收入的分成比例与转移支付制度的设计，更应关注地方政府财权的具体形式。改革开放以来，我国的经济增长是典型的以地方为主体，政绩考核的强激励机制是地方政府实现非正式财权偏好的主观动力。在以地区生产总值增长速度作为考核政绩水平的政绩观和地方政府官员仅对"对上级负责"的政绩考核模式的引导下，地方政府倾向于追逐具有明确性和便意性的考核指标，如地区生产总值和财政收入，二者的一致性在一定程度上对地方政府的行为形成反馈机制。这主要表现在地方政府对非税收入的追逐上，因为非税收入、地区经济绩效、官员职务升迁之间存在高度的正相关性，与相对规范、透明的税收相比，短期内非税收入的增长更具有可操作性，这三个方面的逻辑关系增强了地方政府官员快速扩大非税收入规模的行为动机。

地方政府的财力汲取行为受到经营土地和经营城市双轮驱动。一方面，地方政府致力于汲取体制外财源；另一方面，地方政府将有限的资源主要用于规模大、短期内能带来经济快速增长的城市基础设施、交通运输项目建设等“资源密集型”工程和彰显政绩的形象工程。由于代理人与委托人的目标不完全一致，其结果在缺乏应有的预算约束下不可避免地会出现政府失灵和合约失灵叠加的地方政府短视行为。因此，仅仅依靠人事控制的政治激励难以保证一个稳定的中央与地方政府的财政关系，也不可能达到集权与分权的长期适度与统一、激励与约束的持久平衡。

对地方政府而言，由于财政体制的激励与约束不相容导致的预算软约束主要体现在三个层面：

一是中央政府自上而下的软约束。在现行的高度集权的行政体制下，中央政府和地方政府之间存在严重的信息不对称，地方层级多，委托代理的链条长以及地方政府（官员）数量多的现实导致了中央政府管理成本高、管理程序复杂和约束能力较弱问题。

二是地方层面上级对下级的软约束。在现行的行政体制下，上下级政府（官员）都面临着类似的政绩考核体系，或都存在着追求短期政绩最大化的动机。这种激励机制的同质性会促使上下级地方政府（官员）在行为理念、行为策略及实施手段方面都达成高度的一致，因而上级政府对基层政府的预算约束意愿必然会降低。

三是地方辖区居民对地方政府的软约束。一方面，基于地方政府融资手段的财政幻觉使居民对预算的约束意愿较弱；另一方面，鉴于公共决策程序的不科学使居民对预算约束的通道有限或不畅通，从而其约束能力和作用难以有效发挥。

7.2 政治激励与预算管理机制驱动地方财政收入超收

理论上，地方财政收入规模要有合理的度。财政收入“短收”和“超收”都会造成政府与公民利益一定程度的失衡。“短收”使地方政府没有足够的财力为公众提供公共品，而“超收”则容易导致与民争利，侵害公众合法的财产权[①]。分税制改革以来财政收入成为地方政府非常偏重的考核指标，由此造成以超收为特征的地方收入预决算偏离现象日趋严重。地方财政预算超收是指经立法机关审查批准的政府预算收入同作为其实际执行结果的决算收入之间出现了差异，其背后的激励源自我国政治激励中的地方官员晋升考核机制，而考核机制又可具体量化为易于被上级识别的短期经济增长和财政收入增长这两个显性指标。经济增长与财政收入增长之间存在一定的函数关系，经济增长不仅能促进税收收入增长，而且也能带动政府非税收入的增长。而地方之间财政收入规模的排序既是经济增长态势的反映，也是展示财政状况的关键指标，因而对经济增长与财政收入增长的追求既是地方政府向上级政府传递其治理与发展能力的信号，也是对地方财政收入预决算偏离创造了政治制度环境。

1994年分税制改革以来地方财政连续多年出现财政超收。造成超收的原因分为客观误差和主观偏离两个方面，就客观误差而言，一方面，预算的编制是一个复杂的过程，要涉及众多指标和模型的选择，加之2015年之前的《预算法》中对地方政府不列赤字的硬性规定，因而在具体的预测过程中难免会产生测量误差；另一方面，预算和决算之间的时间差，使得通货膨胀、经济周期以及一次性、偶然性收入等不可预期的因素在预算执行中显现，从而增加了预算精确执行的难度。在主观偏离方面，超收的动机受到超收资金的自由裁量权、税收计划的层层加码的制约，使得现实中预算超收由被动接受的结果演化为主动追求的目标。其中预算管理体制机制的设计对于地方财政收入预决算偏离的基本轨迹的形成提供了可操作的条件。地方财政超收实质上是由收入预算编

① 付爱兰．预算民主视角下的我国财政“超收”现象审思［J］．内蒙古大学学报：哲学社会科学版，2013（2）：11-17.

制、预算执行和预算监督三个预算环节的运行机制不规范综合导致的，其规模过大和增幅过快在很大程度上折射出预算编制不科学和不精细、收入预测不准确、预算执行不规范和预算监督缺失的问题。

7.2.1 收入预算的编制环节

在收入预算的编制环节，收入指标的确定和编制方法诱发了预算超收。1994年分税制改革采用了保障地方既得利益的基数+增长的改革路径，地方政府上一年的财政收入基数成为中央政府对地方政府两税返还的基线，财政体制基数的这种捆绑效应激励地方政府大力发展经济或通过“拉税、买税、寅吃卯粮、先征后返”的弄虚作假方式来分享增量财力。一方面，在地方政府编制收入预算中以财政收入增幅略高于地区生产总值的增幅为基本指导思想，财政收入指标的测定往往按照留有空间或余地的原则确定。地方政府编制预算所依据的主要参考指标是地区生产总值计划增长率、价格指数等主要宏观经济指标的预期增长目标，并适当考虑税收等收入政策调整等影响收入的因素。而政绩考核的依据是实际地区生产总值增长率，出于政绩考量加之预算约束软化，地方政府在对收入预算进行编制时往往会策略性地低估地区生产总值计划增长率，进而低估预算收入，从而为预算超收奠定了经济基础。另一方面，由于没有对税收收入增长设定一个合理的上限，在中央设定全国税收收入增速的基础上，一些地方政府为了增加税收收入会进一步上调增速比例。

收入预算编制的技术手段往往会造成预算超收，具有一定的路径依赖性。这是因为地方财政收入的确定在一定程度上仍然带有增量预算的特征，当期预算收入的规模极有可能受到前期预算安排的影响，税务部门本年度超预算征收的税收收入一般会直接纳入下一个预算年度的税收计划基数中。具体表现在：税收计划指标编制大多采用基数加增长的方法，即实践中一般采取在上一年税收收入基数的基础上增加一定比例的方法来确定当年税收收入的计划指标，并反映为税收收入计划增长率，然后根据税收收入计划增长率计算出税收收入计划数，即当年税收收入的目标数额及考核标准。这种按基数法编制的税收收入计划的增长率是预先制定的，在缺乏科学的收入预测的前提下，难以建立起收入计划与经济增长、经济结构之间的合理稳定的联系，并与随后实际可能的经济增长存在脱节现象。

从部门利益出发的角度来看，政府部门也会在预算编制阶段刻意少列预算，然后在预算执行阶段不断追加收入，从而形成超预算收入。对于这部分的超预算收入，部门拥有很大的自由裁量权，从而形成实质上的预算收入规模最大化。在地方政府编制收入预算的过程中，可能会为了自由裁量预算的最大化而故意低估部门预算收入，从而造成部门超预算增长的主观故意，以此获得超收收入以及获取相对灵活支配的资金[①]。

7.2.2 收入预算的执行环节

在收入预算的执行环节，税收计划的刚性为超预算收入奠定了基础。理论上，税收收入是税率、税收努力和税基的增函数。在经济发展水平、税收结构与税制要素一定的条件下，法定税负与实际税负之间往往存在一定的偏差，其中除了价格水平、税收优惠政策外，税收征管是一个至关重要的因素。税收征管能力强意味着税收流失的可能性少，在严格依法征税的约束下实际税负与法定税负的偏离度就较低。倘若税收征管能力不强，税收流失多，且又不依法征税，征管部门的自由裁量权大，那么实际税负与法定税负的偏离就会很大。如果将经济发展水平、税收结构与税制要素认定为影响税负的内在因素，则税收征管能力、征收行为、征收率就是外在条件。税收征管是将潜在经济税源转化为现实税收收入的重要途径，征管能力的强弱、征收行为的规范程度、征收率的高低、征管力度的均衡程度都对税负水平产生直接影响。

在我国税收征管实践中，不同程度地存在着依计划而非依法治税的问题。指令性税收计划的制订往往缺乏科学的依据，实施中指令性的税收计划指标经过层层分解并下达到各级税务机关之后又层层加码，由预测目标转化为相关部门必须完成的带有硬约束的政治任务。为了完成税收征管硬性指标，加之在税务实践中缺乏一套行之有效的“应收尽收”的标准和能够约束税务机关行为的制度，从而导致征管部门征税行为的软约束和较高的自由裁量权，并体现在依据经济形势的变化实施严格或宽松的税收征管

① 王银梅. 官僚预算最大化理论与财政超收问题探析 [J]. 财政研究，2012 (2)：46-49.

措施，由此导致地方税务部门不断强化征管空间利用的灵活性。一方面，造成税收收入获取的非均衡性和非稳定性，税收收入指标的计划性背离经济运行周期和税收顺周期调节；另一方面，不同的税收征管措施也在一定程度上对征管机构产生了不按真实税源征税的逆向激励，并由于税收征管力度不同导致名义税率和实际税率偏离，以及各地实际税率的差异不同。除了税务系统下达的税收收入计划外，地方政府也对税收收入计划提出了目标要求，导致经济发展状况较差的地方出现“虚收空转、无利润征收”等多收税收收入问题，经济发展状况较好的地方出现“多税不征、延期征税”等少收税收收入等问题。

7.2.3 收入预算的审查环节

在预算审查环节，法律的不完善为收入超收提供了一定的条件。由于1995年实施的旧《预算法》及其实施细则对预算超收使用、地方预算调整等相关规定不明确和不完善，因而其制度漏洞使得超收收入的使用决策基本上由行政系统来决定，而没有纳入全国人大审批范围。这种脱离全国人大监督的做法使地方政府对预算超收拥有更大自由裁量权，不仅降低了预算审查的全面性和透明度，削弱了预算法治程度，而且致使每年形成的超收与当年的超支之间建立了直接的、很强的互通关系。在二者的相互作用下，超支对超收形成“倒逼”机制，进而成为推动超收规模扩大的一个源头。

各级政府一直利用税收计划来督促税务部门提高征税力度，这种做法给地方政府留下一定的博弈空间。税收征管力度不同导致各地实际税率的不同，地方利益与征管激励之间具有很强的正相关性，财政增收的官员考核机制使得税收征管机制扭曲，形成了逐年提高税收任务的棘轮效应。地方财政超收、地方政府加强税收征管与努力提高税收征管效率之间有着内在的关联性。现实中这些因素在很大程度上是地方政府的可控变量，具有税收激励与运用灵活性较大的征管空间，鞭策税务部门的征税能力和税收努力程度不断提高，结果造成税收收入连续性地高速增长。一方面，税收努力提高了税收征管的效率；另一方面，税收收入在一定程度上演变成必须完成的政治任务，预先设定的收入目标为预算超收提供了一个“倒逼”

机制，即每年各级地方政府下达税收增收的计划任务，并要求预算收入征收部门必须完成上缴任务，同时地方政府对超额完成税收任务的税务部门往往给予一定的奖励，于是税务工作强调以“组织收入为中心”确保税收计划完成，从而激励地方政府财政收入行为的短期化。

目前我国政府预算审批的重点是年度收支平衡。税收征管作为一种相机抉择的税收政策，这种安排客观上容易导致征税采用“顺周期”的方式，即收入征收部门在经济运行偏冷与增长放缓，特别是一些地方政府财政收支失衡问题比较严重时，为了完成任务选择征收“过头税”，在时间上“过头预支”，在幅度上“过头超收”，造成经济“雪上加霜”。例如，基于制造业能够直接带来稳定、持久的增值税收入和企业所得税收入，以及房地产业成为提供地方营业税收入的主要行业，地方政府便被充分激励来加强对这些高税行业的征收以缓解地方政府面临的巨大财政支出压力；而在经济繁荣或运行出现过热导致税收增长较快以及完成年度收入任务后为不抬高基数，将税收收入“藏税于民，应收未收”，为来年税收征管留下弹性空间，造成经济“热上加热”的假象。这两种“寅吃卯粮”和“超收不征”的现象不仅与依法治税原则相违背，而且有悖于经济周期变化，人为地割裂了税收与经济的正关联性，抑制了政府“逆周期”调控政策的效果。前者在经济增长疲弱的条件下通过征管变相地加税，实际上是一种与稳定税负相悖的措施，只会导致税负更加不稳定和进一步的经济衰退，后者则造成经济“热上加热”，也进一步放大了经济波动幅度。

财政超收也受其他两个因素的影响：一是非税收入与一次性增收的因素。一些欠发达地区为了完成收入任务通常会采取加大罚没力度的手段来加强非税收入的征缴工作。此外，一些一次性的因素，如税收政策调整、企业改制等也在一定程度上带来超收增加。二是财政超支往往对财政超收形成“倒逼”机制。财政支出规模直接影响地方政府行为，财政支出规模越大，对地方政府提高征税努力程度增加税收收入形成的压力也就越大。由于年度平衡原则无法对财政预算系统实施有效的总量控制并缺乏约束机制，因此预算执行阶段追加支出的行为缺乏一个严格的支出政策审查程序，预算超收部分不经过全国人大审批而自行安排，加之各级领导的任期限制和“政绩观”的作用，导致预算执行过程中频繁出现突破预设的支出总量与追加支出的现象。这种财政超支增加的刚性进一步强化了对财政超收的依赖，并形成了长期以来地方政府高支出与高收入相互循环的收支模式。

7.2.4 预决算差异度量

预决算差异度和偏离度反映预决算规模差异状况，也是预算管理规范性的一个重要衡量尺度。从我国2007年以来的地方财政收入预决算差异度和偏离度来看（见表7-1），地方本级收入预决算差异度呈现下降→上升→下降的轨迹，其中，以2011年作为分界线，2011年差异度达到8 687.11亿元；从预决算偏离度来看，也表现出下降→上升→下降的轨迹，但如果按照预决算偏离合理范围为5%的国际标准[①]，除了2013年、2014年和2015年之外都超出了警戒线，特别是2007年、2008年、2010年和2011年四个年份都超过了10%，且2011年的预决算偏离度达到了19.81%。伴随着经济减速的态势逐步形成并日趋凸显，2016—2018年税收收入和地方本级收入的预决算差异度都明显减小，非税收入短收程度较大。

表7-1 **2007年以来地方财政收入预决算差异度与偏离度** 金额单位：亿元

年份	税收收入预决算差异度	税收收入预决算偏离度（%）	非税收入预决算差异度	非税收入预决算偏离度（%）	地方本级收入预决算差异度	地方本级收入预决算偏离度（%）
2007	2 732.45	16.54	365.62	9.24	3 098.07	15.13
2008	1 862.79	8.4	981.56	20.95	2 844.35	10.59
2009	1 291.11	5.19	941.48	17.11	2 232.59	7.35
2010	3 682.15	12.67	1 060.89	15.49	4 743.04	13.22
2011	5 595.74	15.76	3 091.37	37.03	8 687.11	19.81
2012	2 124.08	4.7	1 274.21	10.21	3 398.29	5.89
2013	2 020.88	3.9	420.28	2.86	2 441.16	3.67
2014	-370.09	-0.62	1 096.67	7.01	726.58	0.97
2015	-648.07	-1.02	-1 419.89	-6.53	-2 067.96	-2.43
2016	61.69	0.1	547.66	2.49	609.35	0.7
2017	3 549.70	5.45	-2 098.31	-8.43	1 451.41	1.61
2018	2 494.79	3.4	-2 411.41	-9.9	83.38	0.09

数据来源：根据2007—2018年地方一般公共预算收入决算表的相关资料整理得来。

① 冯辉，沈肇章．政治激励、税收计划与地方财政收入预决算偏离：基于省级动态面板数据模型的分析［J］．云南财经大学学报，2015，173（3）：27-39.

从地方本级公共预算收入结构来看，税收收入预决算差异度的变化与地方本级收入预决算差异度的变化趋势保持一致，而非税收入的预决算差异度呈现上升→下降→上升的趋势，自2007—2011年持续扩大，经历2012和2013年的下降后，2014年又开始增长。从预决算偏离度来看，除了2007年、2013年和2015年以外，非税收入预决算偏离度都较大幅度地超过税收收入预决算偏离度。

在省级政府层面，2000—2012年按照全国平均水平衡量，仅有广东、山东、河北、福建、湖北5个省的预决算偏离度低于5%，宁夏（17.37%）、黑龙江（16.3%）、内蒙古（14.81%）三省（自治区）的预决算偏离度最高[①]。财政超收表明收入增长速度在一定程度上超过了社会经济可承受的范围，不仅对经济资源产生了扭曲性配置，而且对企业、居民的投资与消费形成了挤出效应，不利于经济的长远发展和财源的培育。随着经济增长进入下滑通道，2015年地方税收收入、非税收入和地方本级收入都呈现了短收的局面，表现为这三个指标的预决算差异度和偏离度都是负数。

7.3 财政收入政绩化与预算平衡约束引发地方财政收入虚增

地方财政收入虚增的动机源自对财政收入政绩化的追求。长期以来，地方政府视财政收入递增为主要的目标任务之一。在目标任务与当地政绩挂钩的考核机制的约束下，上级地方政府把是否完成财政收入任务作为对下级政府政绩考核的一项硬指标。不科学的政府绩效考核机制，以及在弄虚作假风险极低、政治收益极高的境况下，地方政府往往人为将地区生产总值规模做大、增速做高，其中一项重要支撑指标就是财政收入。基于地区生产总值增长与财政收入增长之间的正相关性原理，统计上地区生产总值的增长要求财政收入也相应的增长。

预算平衡的硬性要求也是产生税收收入虚增空转等问题的主要原

① 冯辉，沈肇章. 政治激励、税收计划与地方财政收入预决算偏离：基于省级动态面板数据模型的分析［J］. 云南财经大学学报，2015，173（3）：27-39.

因。在预算实际执行中，为了确保预算平衡或不出现财政赤字，预算支出的需求对税收收入计划的完成往往形成了一定的“倒逼”压力，特别是在税收收入受实体经济影响，出现低迷增长、税源不足以支撑完成税收收入预算时，一些地方政府采取人为增加非税收入的手段来营造一种表面增收的假象，通过非税收入虚增来片面追求排名和增幅。同时非税收入管理的不够规范，也为空转、数字造假带来了一定的可能。现实中地方财政收入虚增的表现形式主要有四种：

第一种是寅吃卯粮。这种形式一般适用于当期应纳税款不足以完成收入任务的情形。一般采取预征、预借等手段，将纳税人未来（尚未实现的）应缴税款提前缴入本期入库。

第二种是应退不退。这种形式一般被那些按规定享受国家税收优惠政策的企业所采用。在流程上对于按规定先征后退的税收收入不予退还或延期退还，目的是保证当期税收收入的增长。

第三种是虚增支出、虚增收入的“空转”。这种形式在操作中先由财政部门拨付一笔资金列在某个财政支出科目上，然后以税收或转让资产等名义重新将资金划入国库以增加财政收入。这在分税制财政体制的实施过程中表现得尤其突出，为了在体制补助和基数返还中缩小与指标相对较高地区的差距，一些发展水平相对落后的地区采取先抬基数、后保返还的办法来争取“既得利益”，结果导致财政支出基数扩大、财政收入虚增与增长压力逐年增强的不良循环。

根据国家审计署发布的一些年份（如2004年、2006年、2009年、2010年、2013年）税收征管的审计公告，税务机关为了完成年度税收收入计划，存在违规税收返还和“税收空转”的问题。违规税收返还的操作步骤是先将未完成的税收收入计划的差额在当年年末入库，下年年初再入库的方式以徒增税收收入。地方“转税”的税种选择主要体现为契税、耕地占用税、城镇土地使用税、土地增值税等。

“税收空转”原则上不构成税收收入的项目，但由于当年税收收入计划是以上年为基数进行测算的，因此上年的税收空转额会被列入当年的税收基数，如此形成的税收空转额会对税收收入超增长产生持续的推动力，进一步加剧税收收入脱离经济增长的自我增长而形成不断膨胀。

从2001—2011年的数据来看，我国税收收入的年度平均增长率为19%。由于当年税收收入计划是按上年完成的税收基数进行计算的，即上年形成的税收空转额也算作了税收增长计划的基数，这样按19%的年增长率计算，100单位的税收空转额到18年后扩大了22倍[①]。

第四种是异地入库。这种方式的通常做法是采用“拉税”“买税”等手段，将不属于本地区的税收收入在本地区入库，从而达到增加本地税收收入的目的。

税收收入征收过程中所产生的虚收空转，提前或延期征收等现象都是地方财政收入质量低劣的反映，既不符合财政收入的合法性，又掩盖了财政收入的真实性、准确性与可靠性，造成财政收入增长与经济发展不同步的现象日益严重，由于加重企业负担与制约企业发展，因而对地方财政收入增长的可持续性带来了不利的影响。

① 文桂江，李昕．大数据时代我国宏观经济数据的冲突与协调［J］．河北经贸大学学报，2014，35（5）：67-71．

第8章 规范地方财力配置的路径选择

地方财力配置机制的改革需要和财政体制改革、税制改革、预算管理制度进行联动性、系统性和协同性的配合。以财政体制改革为支点，按照财税体制改革的重点方向，采取分阶段、渐进性方式，积极稳妥地对地方财政收入体制框架进行系统性重构与适应性调整。新时期财政收入制度，尤其是地方财政收入制度的建设是建立现代财政制度的一个重要环节。地方合意性质的规定性就是要与新一轮财税体制改革要求建立的可持续的现代财政制度的总目标保持一致。作为对国家治理挑战的妥善回应，中共十八届三中全会制定了我国未来全面深化改革的路线图、时间表，进一步明确了财税体制改革的功能定位、改革重点。地方财政收入体制机制改革不仅要锁定作为良治的关键目标，还要为每个目标指明所依赖的条件和路径，并从整体上进行把握、设计和推进。

为此，地方财力体系建设不能仅仅局限于充实地方财力、优化收入结构及财权配置等领域，而是应基于作为国家治理重要制度基础的判断，把握和思考地方财政财力体系建设在实现国家治理现代化中的功能和作用，以及对地方政府治理的行为、范围和方式的影响。按照“财政是国家治理的基础”的内在逻辑，在尊重地方政府治理的现实性和差异性的前提下，积极探索提高地方政府财政收入能力，强化财政汲取行为约束机制，完善地方财力体系的改革方向和实践路径成为规范地方财力配置的应因之道与妥适选择。通过构建更加成熟和定型的地方财政收入制度，切实提升地方财力质量，以及为增强地方政府治理能力提供可持续的基础。

8.1 规范地方财力配置的基本思路

根据新制度经济学理论，经济演进和经济发展是对固有的路径依赖和制约因素的作用结果。影响变量既是当前结果的原因，也是对未来路径的选择，换言之，导致路径依赖强化的因素也可能正是导致最后突破路径依赖的因素。当路径锁定和制约性因素不利于制度进入良性发展轨道时，就需要根据客观条件和制度环境的变化实施路径创造，为未来发展提出可能的优化路径以及摆脱自我强化机制。同样，地方财政收入的运行态势也存在路径依赖和锁定的现象。在既定政府间合约框架的基础上，地方财力在规模、结构、汲取行为方式等方面的合意程度在很大程度上受到财政体制中事权、财权、财力配置模式，以及财政收入激励因素的直接约束。由于财政体制改革的渐进性和继起性，以及激励形式的固化性，因而防止路径依赖现象仍然在于破解制度性约束和制度环境的重构，这不仅要从财政体制方面寻求内在驱动因素，而且要依循地方政府的治理逻辑从激励方面建立外在治理机制。

8.1.1 地方财力配置机制建设面临的新环境

构建一个合意的地方财政财力配置机制是形成激励约束相容的经济型分权财政体制的关键。当前，在地方财政收入体制改革面前的一个难题就是如何适应新的经济发展环境的变化。地方财力配置机制的改革应针对既定路径、机制运行受限的主要症结和现实可能性，在关键环节、重点领域和根本目标定位上与经济发展的趋势以及财税体制改革保持一致。

财政收入是经济运行结果的一种体现。基于全球视野，世界范围内经济增速普遍放缓、诉求减税、释放经济活力以提升经济竞争力。2019年1月，世界银行发布《全球经济展望》报告，下调2019及2020年两年全球经济增长的预期，世界经济下行风险愈发显著。我国自2012年整体经济下滑以来，财政收入进入低位增长的新常态阶段也实属必然。为了应对经济下行压力的加大，2018年12月召开的中央经济工作会议和2019年政府工作报告都明确提出积极财政政策要加力提效，实施更大规模的实质性减税降费，这主要包括从2019年开始大幅降低增值税税率和下调社保缴费费率，实施小微企业普惠性税收减免，个人所得税六项附加扣除改革，降低企业职工养老保险缴费比例；此外，国家实施简政放权、取消行政审批带来行政事业性收费、陆续取消多项行政事业性收费等措施，这些改革都导致了财政收入的减少。

在财政收入增速也呈现出不断下滑的趋势下，地方财政收入体系运行也相应地进入了一个新的单元。当地方政府面临一个相对缩小的收入规模时，应进一步加大对环境修复治理、人口老龄化、城镇化以及“补短板”等支出力度。虽然减税降费是稳增长、促就业和增强企业活力的主要举措，但是企业税费负担一端连着企业发展，一端关系到财政经济的可持续发展。减收增支双重叠加会造成财政收支缺口增大，加大地方财政持续的收支张力与平衡压力的同时，也会加大地方财政运行的不确定性与削弱地方治理能力，特别是加剧基层地方财政的脆弱性，地方财政失衡问题会更加凸显。

因此，一方面，当地政府必须适应财政收入中低速增长的新常态，高度重视这一趋势给地方财政收入质量提升带来的新挑战，并积极寻求制度创新；另一方面，当地政府应发挥财政在国家治理中的作用。与此同时，新《预算法》的实施、税制改革、税制结构优化、税费综合改革、政府间财政关系的规范都对地方财政收入体系构建和地方财政收入制度建设提出了新的要求，如何进行有效回应以避免地方政府汲取收入能力的下降与防范地方财政风险将是一个重大的研究课题。

8.1.2 构建地方财力配置机制的系统论视角

重构地方政府财力体系的核心在于，财政收入规模既定下中央与地方如何划分收入，如何解决地方政府事权、支出责任与财力配置的不匹配问题，这也是进一步完善分税制的难点和关键环节所在。鉴于新的制度环境的多重约束，地方财政收入体制机制的改革并不是简单的修修补补，而是要保障地方财力充足，使地方政府在制度框架内有能力、有积极性贯彻中央政策的要求，并充分发挥其促进经济发展的主观能动性，科学运用系统性思维，构建一个系统论的研究框架。这是由地方财政收入系统所具有的层次结构性、联系性、动态性特征决定的。其一，地方财政收入系统包括纵向上各级地方财政收入的分配，横向上涉及的不同类型财政收入的配置。其二，系统中每一个子系统的层次环节都不是孤立存在的，都存在相互依存、相互联结的关系，只有使各项改革相互兼容、相互协调、通盘推进，才能保证系统的稳定性和有效运行。其三，影响系统形成的内在和外部环境因素的变化使得系统呈现动态性，因而需要不断适时地调整和完善来保持其动态平衡性。

为了保证地方政府在税制改革时期拥有稳定的收入来源，应根据税制改革的难易程度和宏观经济形势，分步骤或协同采用不同的对策。规范地方财政收入分配机制的基本思路是：契合现代财政制度的统一完整、法治规范、公开透明、运行高效的基本特征，以财政体制改革为支点，按照财税体制改革的重点方向，采取分阶段、渐进性方式，积极稳妥地进行预算制度、税收制度和财政体制的系统性重构，对地方财政收入体制机制框架进行适应性调整。

概括来说，一是采用规范的税收收入分权模式，明确税收收入支配权的归宿，以地方税主体税种建设为重点，扩展地方税基，稳定地方收入来源，提高地方政府提供公共品能力；二是合理设定税权层级，规范政府间的事权、财权、财力与支出责任之间的配置，增强层级政府间事权分割、支出责任与财力配置的法治水平；三是加强地方政府对非税收入汲取行为的约束，切实提高非税收入的治理能力，有效压缩地方政府非税收入的比重；四是进一步完善激励考评机制。通过这些路径进一步健全财政收入分权体系，确保财政体制的有效运转，提升地方政府治理的空间，完善地方收入治理结构，从国家治理体系现代化的角度提高地方财力配置的法治化、制度化的水平，建立健全系统完备、科学规范、运行有效的地方财力制度体系，防范地方财政风险转化为地方甚至国家的治理风险。

8.2 合理架构地方税收体系

地方税收入和地方税收收入是两个不同的概念。从涵盖范围来看，地方税收入是指地方税种所形成的税收收入，地方税收收入是指地方税收入与中央和地方共享税种中由地方分成的收入之和。相应地，地方税体系狭义上是指地方专享税的构成，从实践来看，“营改增”后地方财力基本上是通过调整增值税收入分成比例来予以保障。然而，狭义的地方税体系迟迟未能建立。广义上的地方税体系应包括地方专享税和共享税地方获得部分。从地方支配税收收入的归属角度来考虑，地方税收收入更为准确。在这一意义上，地方税体系建设应加强专享税和共享税之间的协同推进，其基本路径是调整存量、开拓增量或同时并举。

一国地方税收体系的设立不仅仅取决于税种属性，而且是平衡政治、经济、管理等因素的产物。在我国，1993年国务院发布的《关于实行分税制财政管理体制的决定》提出税收划分为中央税、共享税和地方税，没有提出地方税收体系的问题。2010年党的十七届六中全会通过的《中华人民共和国国民经济和社会发展第十二个五年（2011—2015年）规划纲要》中正式提出了要逐步健全地方税收体系。之后党的十八大报告提出“构建地方税体系”，党的十八届三中全会有关的决定提出要“完善地方税体系”，党的十九大报告指出“健全地方税体系”，都凸显出加强地方税体系建设的重要性。

8.2.1 地方税收体系优化的基本逻辑

地方税收体系的完善是一个渐进的过程，需要遵循收入充足、公平、效率的原则多方位实施。地方税收体系构建的关键环节是地方税收体系方案的设计。新《预算法》第15条进一步强调了国家实行中央和地方“分税制”，这实际上表明我国既要继续实行分税制，同时更要对分税制进行适时的改革。目前关于分税制改革的相关问题还没有达成一致的共识，未来改革的方向是按照税种划分中央税和地方税，还是在各税种之间调整分成比例，这些都是税制改革中有待探讨和解决的问题。党的十八届五中全会通过的《中华人民共和国国民经济和社会发展第十三个五年（2016—2020年）规划纲要》为税制改革提供了原则性的目标，即科学设置税种、优化结构、健全法律、规范公平、征管高效，调动各方面的积极性，根据税种属性进一步理顺中央和地方的收入划分。

应然意义的地方税收体系评判标准有：（1）地方政府拥有较大的税种开证权、税率调整权；（2）地方税种结构中主辅税种合理搭配，专享税占较大比例；（3）税收收入在全国税收收入中占有较大比重，能在较大程度上满足本地政府的支出需要；（4）设立地方征管机构，由地方自行组织收入。从实践的角度，一个国家很难完全契合这些标准，或很少有国家建立起了完整的地方税收体系。在既定的税收划分框架下，根据中央税、地方税和共享税的收入结构可以将税收体系模式分为两类：一是以共享税为主，中央和地方专享税为辅；二是以中央和地方专享税为主，共享税为辅，即各个级次政府都有相对独立的主体税种，或主要税收收入源自不同的税种。

一般来说，并不存在某一种政府间税收收入划分模式绝对优于另一种模式的情况，选择哪种模式主要取决于能否更适合某个国家特定时期的社会经济状况①，以及模式有效运作所具备的制度环境。理论上，不同的学者从不同的视角提出税收划分的原则，马斯格雷夫（Musgrave）从经济学和财政职能方面提出七原则，杰克·M.明孜（Jack·M.Mintz）从政治学和行政管理方面倡导五原则，塞力格曼（Seligman）从有利于实现财政收入目标和公平目标方面凝练出三原则。

实践中根据以上原则划分税种的结果有时会存在冲突，因此，政府间税收划分体系最优模式的选择既要注重依循学理，又要兼顾具体国

---

① 王玮．我国政府间税收收入划分模式的选择——以共享税为主还是完全划分税种[J]．财贸经济，2011（7）：19-23.

情。根据国际经验，地方税收体系有两种模式可供选择：一是实行彻底的分税制，不设共享税；二是实行不彻底的共享型分税制。后一种又分两个类型：第一，以德国为代表的以共享税为主、地方税配合的大共享税模式。该模式强调对共享税按比例分成，各级政府财政收入中来自共享税收入的比重很高，甚至可能超过地方税主体税的比例。第二，是以日本为代表的以共享税分成为辅、地方税为主的模式。这种模式也倡导对流动性强的税基或全国主要税种进行分享，但各级政府的共享税收入占本级政府收入的比重并不占主导，地方财政收入还是以地方固定税收收入为主。概而言之，在大多数联邦制国家和单一制国家中，税收分享都是构成地方政府财政收入的重要收入。

在我国，坚持共享税模式为主导还是强调地方专享税体系为主导事关分税制的改革方向，以及政府间财力协调的短期选择和长期目标之间的权衡与衔接。依此政府间税收划分体系调整的方向可以锁定在两个维度上：一是在现有税制框架下保持共享税收入规模，合理调整共享税分享比例；二是减小共享税规模，加强专享税建设，相机抉择地方主体税种培育，重点关注地方税体系的构建。

一个完善的地方税收体系应由主体税种与辅助税种组成。地方税收体系构建的基本思路应是主辅分明、结构合理、相对独立而完善，未来我国地方税收体系的构建是更加重视打造地方税还是侧重于共享税模式的完善不仅关系到税种在中央与地方间的配置，而且影响到财政收入制度构建的方向和重点。地方税收体系的构建与完善不一定非要通过开征新税种的途径，当条件不具备时贸然开设新税种可能会带来更多的问题，而借助共享税的规范调整在税源和财力的保障上对于地方政府来说与独立征收的地方税没有实质性的差别。另外，如果地方财政收入完全由地方税收构成也会产生一些问题，可能无法对不同的地方利益进行有效的协调。因此，选择科学的地方税收体系是保障地方财政顺利平衡运行的关键所在。

完善中央和地方收入分配体制是未来地方税收体系建设的大方向。我国分税制改革后地方税收体系的建设重点放在了中央与地方共享税的调整方面，基本形成了大共享分税制的模式。由于共享分税制未适时实现，地方税收体系建设的主要注意力向地方税建设转移，造成现有的地方税都是一些零星税种，尤其在财政体制改革和税制改革的攻坚期，短期内要科学设计地方税主体税种难度较大。也就是说，地方主体税种的培育并非一朝一夕能完成的，而是需要有一个过程。考虑到“营改增”引致的分税制财政体制调整的紧迫性、加快完善地方税体系的重要性以及可能作为地方税税种构建的相对长期性，作为因应之道，地方税收体系的建设设想可分为近期和远期两步实施。

近期内，基于地方财力对共享税具有较高的依存度，以及新常态下地方收入困难存在短期难以扭转的局面，政府间税收共享体制不仅不能弱化，反而应进一步对其进行科学合理的设计。“营改增”后增值税覆盖占GDP比重超过90%的工业和服务业，占税收收入的40%以上[①]。通过共享税分享比例的调整，进一步提高增值税、企业所得税和个人所得税的地方分享比例，形成共享税为主体，地方税发挥辅助作用的多元化地方财力格局，从而解决短期内“营改增”导致的地方主体税种缺位问题。国务院决定从2016年5月1日起，中央与地方增值税收入实行五五分成的过渡方案，过渡期暂定为2~3年。较为表层的做法是确立大共享税的分税制模式，建立动态调整的地方政府间收入分享机制，将大税种共享与进一步完善共享税分享机制作为制度化操作的可行性选择。税收共享是平衡地方政府财力的一个手段，税收分享体系的科学设计和相对稳定既可以保证地方政府的自主权，增强地方政府的税收激励和对财政收入的预见性，又可以保证国家整体财政框架的稳定性。

以共享税为主并不意味着单一地强调提高地方分享的比例，而是应该依据事权与支出责任划分改革的方向，以科学确定中央和地方分享方式及比例。事权与支出责任上移的改革思路表明财力划分格局将随之发生变化，按照事权与支出责任相适应的原则，一方面，事权上移要求提高中央财政支出的比重，这种趋势也体现了与近年来各主要经济体的中央财政支出增长的国际管理经验的接轨[②]；另一方面，事权与支出责任划分的调整将引起转移支付的结构性变化，进而影响政府间财力协调的

---

① 付敏杰，张平．增值税改革：从稳定税负到国家治理［J］．税务研究，2016，382（11）：18-22.

② 徐立凡．财政事权划分如何推动央地关系重构［N］．京华时报，2016-09-05.

态势，因此要建立财力协调的动态调整机制。

从长远看要坚持分税制的方向，较为深层次的措施是配合税制改革的逐步推进和到位，着眼于做实地方税种以及通过培育地方的主体税种来增加地方财政收入，从而建立起地方税为主、共享税为辅的合理搭配的税收结构。由此，地方财政收入改革的着力点应充分考虑利用体制变化与分成比例调整对地方财政收入的影响，在“营改增”过渡期内应尽快做好地方税源变化的跟踪监测分析工作，结合地方资源禀赋、产业基础、资源优势、比较优势、区位条件、经济成长阶段特征，选择产品市场潜力大、关联度强、带动作用大、资源环境可持续的产业作为财政政策优先支持的、新的经济增长点和开辟财源主渠道。

8.2.2 近期：积极完善税收分享体制

税收分享体制具有利益均沾性及中央与地方财政收入“共进退”的特点，从地方自主权程度与地方税收收入来源稳定性两个视角来看，在税收立法权相对集中的模式下，主体税种作为共享税会造成地方缺乏相应的财政自主权，但共享税体现了中央和地方之间较强的关联性、互动性和依存性，可以使中央和地方成为利益共同体。考虑到地区经济发展基础对资本、税源跨地区流动的影响，构建一个合理的政府间收入分享制度可以使各级政府共享经济发展的成果，共担由于经济形势变化、税制改革、政策调整等因素带来的减收风险。特别在面对易变的财政分配体制情况下，下级政府如果采取分税种的收入分配模式将面临很大的政策风险，实行共享税分成则能够在制度上保证地方在财政分权中的主体地位、稳定的财政收入来源以及地方税收增幅与中央的大体一致，有利于中央与地方纵向财力格局的稳定。在地区经济发达程度和产业税源结构差别较大的前提下，实行共享税分成也是实现地区间财力均衡配置的一种有效方式，在一定程度上能起到调节地区间收入再分配和防止地区间财力差距进一步拉大的作用。

1.税种分享模式应保持一定时期的稳定性

分税制财政体制运行25年来，我国逐步建立了中央和地方以共享税为收入分配主体的分税制财政体制。目前，共享税有三种类型：一是收入分成型共享税，如增值税；二是税源划分型共享税，如资源税；三是混合型共享税，如企业所得税（银行、石油企业等归中央，其余由中央与地方分享）。共享税模式能较好地适应我国税制特点和税收征管的需要，发挥增值税的优势，避免企业所得税在中央和地方政府间的调剂以及地方和中央争夺税源的弊端。

如何与以共享税为主体的收入分配体系相适应是深化分税制财政体制改革必须面对的问题。我国目前地方税改革虽然已经启动，但在地方税种有限、地方主体税种尚未成熟或相对薄弱的情况下，地方税收入的规模状况决定了其还难以充分满足地方履行支出责任的需求。特别是在我国实行单一制财政体制和五级政府层次的情境下，各级政府之间的财权、税源、财力分配界限还不能明确划分。换言之，受行政体制的制约将18个税种明确划归不同政府级次或在各级政府间确定完全意义上的税种归宿还不具有可行性。此外，将所得、消费和财产三大税基与政府层级对应起来也没有可操作性，所以，不应仅仅关注和局限于建立按税种划分收入的财政体制。

鉴于我国地方税收收入大部分来自中央和地方的共享税，特别是随着“营改增”的推进，共享税的范围和规模越来越大，地方税收体系中共享税为主体的局面很难改变。出于税收的统一性与规范性的考虑，在短期难以打破现行政府间收入合约安排的框架下，为减少过于依赖转移支付所带来的成本损耗，宜考虑建立中央与地方利益共同体的财政体制模式，以制度化方式调整相关税种的收入归属与分享比例，保证共享税框架的基本稳定，同时，以加快税制改革为契机，进一步完善与重构共享税体制，为政府间财力配置体系的稳定创造必要的外部条件，并在此基础上调整相关的制度安排和政策取向。

一般来说，地方财政收入很大一部分来自税收共享，这也是世界范围内政府间收入分权的一个特点。在实行财政联邦制的美国和德国，各级政府在均享有相对独立的税种来源的同时，也对税基跨地区流动和具有再分配性质的主要税种实行广泛的分享制度。财政单一制的日本在第二次世界大战后实行税制改革，学习借鉴德国的经验将全部税收划分为中央税（国税）、地方税（都道府县税和市町村税），并采用美国各级政府共享税源的方式，形成了以独享税为主、以同源税为辅的比较复杂而又有特色的税制模式。

事实上，不论是发达国家还是发展中国家，由于地方税收收入在地方财政收入中所占比重大都只有40%左右，而地方税收体系往往又是由所得税、财产税及货物与劳务税等多个税类构成，每个税类又包含多个税种。因此，很难指望某个税种能长期稳定地在地方财政收入中占据较大份额，成为地方财政收入的主要来源。这是因为主体税种的形成不仅受到税收管理体制（或税权划分）和税制设计的影响，还取决于经济社会的发展水平，并非主观意愿的选择。如美国主体税种在第一次世界大战之前依赖关税，第一次世界大战之后依赖消费税，在第二次世界大战之后则依赖个人所得税和社会保障税。在我国，无论是从货物与劳务税、所得税还是财产税来看，要寻找到一种能够替代地方税收收入中营业税主体地位的税种，在近期是不可能的。只有从调整共享税分配机制入手，才能保障地方财政收入的稳定和地方财政收入制度的运行更有效率。

2.改革税收分享形式

一般来说，税收分享包括收入分享、税基分享、税率分享。收入分享是以税种作为划分各级财政收入的依据，其特征是税种由中央统一立法设立，全部税种分为中央税、地方税和中央与地方共享税，中央与地方都有自己的固定收入来源，地方固定收入不能抵补支出的部分由共享税调剂。这种形式在考虑政府间的利益平衡的同时更加强调财政集权，下级政府往往缺乏税收自主权，容易受到上级政府的控制。我国税收收入分配的一个主要特征就是收入分享，但现行的增值税共享制度在一定程度上导致了地方政府间的不均衡与竞争加剧。

税基分享是指两个或两个以上级别政府利用相同的税收来源，在一个共同税基上各自征收。这种方式能够较好地满足政府间税收协调的诉求，既能够减少税收分享比例博弈中的中央优势及不确定性所导致的地方收入预期的不稳定性，也能够增强地方税收激励和提高收入的可预期性，使地方政府更好地运用税收自主权，充分调动其征税的积极性，从而确保中央政府和地方政府的财力配置更符合实际需要。此外，如果税基分享按公式而非来源地进行分配，还可以将影响均等化的客观因素纳入到转移支付制度中，从而利于实现转移支付的政策目标。

税率分享是指不同级别政府对同一税基课以不同税率，分别征税，这种形式不仅可以给予地方政府适当的税率设定及调整权，提高地方收入稳定预期，增强地方收入的规范性，而且能够较好地兼顾各级政府的财政利益，有利于加强政府之间税收收入的关联度和协调性。

基于这三种方式的优缺点，我国应创造条件逐渐采取分税基和分税率的分享形式，由各级政府采取税收协调的方式对同一税源进行征税。在税率分享方面，采用分税率的共享形式，对同一个税基分别课税，中央可以为地方拟定一个税率的幅度范围，确保税基不受到地方的侵蚀，中央还可以通过限制性条款和禁止性条款控制地方政府的税率决定权，但不能干涉地方政府在法律许可范围内的权力，这样既能授予地方政府共享税的自由量度权，充分发挥地方政府的积极性，也能约束中央政府随意调整与地方政府的共享税的比例。

3.适时调整共享税比例

“营改增”的实施使得共享税的规模进一步扩大，同时改革造成的地方主体税种缺失与减税效应为新一轮共享税比例调整带来了契机。在目前房地产税尚未出台的情况下，中央政府不宜新增地方税种以弥补财力不足，否则可能陷入钱穆制度的陷阱中而增大税制改革的难度，而在分享型分税为主导的收入划分模式下，合理调整分享比例则是一个较好的选项。一方面，共享税属于税收划分中划分税额的一种形式，基于目前税种划分的制度安排进行渐进式的增量调整不仅可以降低制度运行的成本，而且也符合分税制的规范性特点；另一方面，共享税比例向地方倾斜应合理确定收入增量比例及不同税种的调整比例。比例调整涉及具体的共享税的税种结构与搭配组合，即哪些税种调高地方划分比例，哪些税种收入向中央分成倾斜，而这又需要考虑不同税种的经济社会效应与税收调节功能定位。增值税地方划分比例较高会产生严重的地区间受益不均衡现象；企业所得税地方划分比例较高会带来利弊的双重性，一方面，企业所得税的顺周期性和流动性可能会造成资源配置扭曲和地区间受益不均衡的问题，另一方面，企业所得税的受益税属性及收入规模与企业盈利水平的相关性又能够抑制地方政府的投资冲动，促使地方政府注重经济绩效、改善营商环境，从而有利于转变经济增长方式、提升地方政府治理水平、抑制地方投资的体制性冲动和预算软约束，以及由此产生的机会主义，地方保护主义等[①]。

在目前共享税规模不会大幅度缩减的情境下，可以按照两种思路对共享税分享比例进行调整：一是按照收入确定分税方案；二是按照共享税税目设计分税方案。前者易与财权、财力总体分配格局的调整对应起来，后者则可以更好地适应不同地方税目的实际情况。2014年深化财政体制改革的总体方案明确提出了中央和地方收入分享的原则，中央应掌握收入波动性大、再分配作用较强、税基分布不均衡、税基流动性大的税种，或者中央在这些税收收入中的占比更大；地方应拥有对本地的资源配置影响较大、税基相对稳定的税种，或者地方在这些税收收入中的占比更大。可见，在我国完全按照西方税收理论划分的在中央与地方之间分配税种的归宿具有一定的限定性，在分税种比较难以实现、共享税占主体的情况下，与我国实际相符合的对策应是合理确定中央与地方之间的分享比例。对于税基分布不均匀、地区差距较大的共享税，上级政府分享比例应该更大，反之，对于税基分布较均匀的共享税，上级政府分享比例则应该较小。

中央与地方之间的分享比例调整必然涉及中央与地方税收收入分配格局的重构，因此要平衡两级政府的承受能力。在保证中央一定的集中度和强化中央宏观调控能力的同时，应更多地考虑和关注地方政府的利益诉求，尽可能寻求一个中央政府和地方政府都能承受的均衡方案。总的来说，共享税比例的调整要充分考量税制改革对中央与地方税收收入分配格局的影响，特别是随着“营改增”的推进，作为地方主体税种的营业税收入的减少对地方财政收入、地方财政收支平衡造成的影响。

需要指出的是，虽然“营改增”使大多数行业受益，但也会有个别行业的税负在一定情况下增加，比如银行业。“营改增”后可能出现税负增加的情形主要源于三个方面：一是金融服务业可以抵扣的进项税不

① 胡绍雨. 分税制下共享税比例分成探讨［J］. 经济论坛，2012，502（5）：123-125.

多，只包括购进的部分服务、企业客户和金融同业支付的各类手续费或类似手续费性质的费用，以及符合规定的不动产等。而作为银行利润主要来源的贷款业务的定义范围被大幅扩大，使各种占用、拆借资金取得的收入以及融资性售后回租、押汇、罚息、票据贴现、转贷等业务取得的利息及利息性质的收入，均需按照贷款服务以利息收入的全额缴纳增值税。二是税率的提升，由营业税的5%提升到增值税的6%。三是税种的变化，从地方税变为国税，税收征管的“弹性”可能被降低。为此，在合理测算地方财政的收支缺口及动态变化趋势的前提下，急需以“营改增”为适宜的切入点，对共享税税种及其比例进行动态性调整，来减缓地方政府收入受到的冲击及实现中央与地方财力的纵向再配置。

一是适当调整增值税、企业所得税和个人所得税中地方分享的比例。我国的共享税税种是按既定的比例和属地原则在中央与地方间进行配置的。在目前共享税总体框架不变的情况下，可以根据随时变化的情况在一定范围内对共享比例进行弹性调整，这样既能够避免对整体财力配置体制调整而增加的制度成本，也是增强政府间纵向税收良性竞争的一个途径。建议调整的思路是：随着2016年全面“营改增”的推进，在增强收入分享体制稳定性的前提下普遍提高地方分享比例，为地方政府提供大宗稳定的主体税源以保证地方政府财力不会面临削减，减少土地财政改革的阻力。例如，提高房地产业企业所得税收入和个人所得税收入中地方分享的比例，以及地方税收收入占税收总收入的比重，依此充分体现制度规范后对地方可支配财力不足或地方减收的补偿以确保增强地方财政支出能力。同时，对地方大力发展服务业给予激励，更大程度地发挥创造就业的外溢效应。

二是完善增值税分享机制。鉴于共享税体系中企业所得税和个人所得税的规模相对较小，而增值税的分享部分是地方税的主体，因此重点应放在增值税分享改革方面。增值税以商品流转额为课税对象的特点决定了增值税分配可采用两种方式：第一种是按照生产地原则分配，将增值税归属于商品生产销售地；第二种是按照消费地原则分配，将增值税归属于商品消费地。当商品销售地与消费地不在同一区域时，地方通过这两种方式获取的增值税收入会存在差别。

我国实行按照生产地原则分配增值税的方式。这种方式的运用在激励地方经济增长的同时也带来地方政府间的过度竞争，导致产业结构趋同、粗放型增长以及容易因地区产业结构的不同而发生地区间税收收入转移等问题。"营改增"后增值税仍将作为一个最大的共享税，需要对分享制度进行重构。

具体方案是按生产地原则和消费地原则进行双重分配。一是继续将增值税的25%划给地方，激励地方提高产品增加值和发展经济的积极性。二是按照各地消费占比再将增值税划归地方一部分，以鼓励地方政府更加注重居民消费，促进本地消费水平的提高。同时，这种方式能够在一定程度上解决增值税税收收入与税源背离的问题，保障税收收入分配进一步合理化。

三是适时将消费税从中央税改为中央和地方共享税。随着现代税收制度改革的纵深推进，消费税将迎来改革的窗口期。改革的思路是将一些高污染高耗能产品、高档消费品以及高档服务纳入消费税征收范围，征收环节从生产环节转移到零售环节。从税收功能效应来看，消费税改革是一项增税措施，将高污染高耗能产品、高档消费品以及高档服务纳入消费税征收范围，明显就是扩大税基，由此将带来更多的税收收入。除此之外，将带来新增税负在厂家、商家和消费者之间的重新分配。随着2016年"营改增"等减税改革的全面推进，在为企业减负松绑的同时，地方财力和财政运行所承受的压缩效应不容忽视，因此将增加的消费税在中央与地方之间分配将是扭转"营改增"全面实施后地方财政收入规模缩小、主体税种缺失的局面，以及加强地方财政保障和履职能力的一个可行性选择。

四是规范省以下分税制财政体制。不同层级的地方政府具有不同的社会经济功能与行政管理能力，故而对收入来源的要求存在着较大的差异。基于我国财政体制中财政级次改革向两级政府，即省与市县（地方财政体制中的基层板块）的靠近，应遵循分级分层的原则，按照省级政府和市县级政府两个层次构建地方税体系。由于目前在各省实行整齐划一的分税体制还不具有可行性，因而应根据各级地方政府的职能范围及特征，分步骤采取相应的对策。首先要合理确定省级财政收入规模，鉴于省级政府承担着均衡省以下财力的责任，要合理确定省本级财政收入占全省收入的比重，加强省级政府调节区域内财力均衡的力度，有效缩小省以下地方政府间的财力差距。其次，应以省级政府为核心，赋予省级政府在决定省内各级政府财政收入分配方法、市县财政收入留成和上解比例方面的自主权。最后，在准确把握省内各地方资源优势和弱势的基础上，及时调整省级和市县之间的税收分成或共享比例。

在地方层面，鉴于不同层级政府对财政收入规模的要求不同，应实行不同的分税办法，推行差别的税种分享比例。目前的重点应是下划省级部分共享税收入，财力增量分配向市县倾斜，在保证省级调控能力的同时，从体制上保障基层财政收入归属的稳定性和市县运转基本财力的需要。从长期来看，应结合省域经济社会发展实际，进一步对省、市县两级事权进行科学划分。以基本公共服务均等化为取向，完善省以下转移支付体系，明确省以下财力分配方案，着力解决县级财政保障机制建设及相关问题。

8.2.3 长期：努力培育地方税主体税种

主体税种培育是地方税配置结构的主要环节之一，地方税主体税种税收收入的增长情况决定着地方整体税收增长的稳定性，是决定和支撑地方税收体系形成的关键要素。随着“营改增”的逐步实施，地方税收入空间将被压缩，对地方总体税收收入造成减收影响。从长期来看，随着税制改革的逐步深化、完善和地方主体税种建设的时机成熟，当地方具备了充分成长性的支柱性税种、可持续的税源和收入保障条件后，可以对共享税模式和专享税模式进行深入整合与采取相应的协调措施，适时逐渐减少共享税收入的规模；同时，立足于各个地方的比较优势和禀赋优势，着眼于地方税主体税种的补位、做实与重建，通过开征新税种、调整现有税种，循序渐进地进行地方主体税种的培育和改革，以此拓展地方税收来源，适当提高地方税种的收入规模和所占比重，增强地方财力预期和财政自主性，提高地方财政收入的初次分配权重，切实推动目前最大限度的转移支付与最低限度的地方税组合向最低限度的转移支付和最大限度的地方税组合的转变，保持地方财政体系的持续运行，进而实现党的十九大报告提出的建立健全地方税体系的目标。

1.地方税主体税种的选择标准

自1994年分税制改革以来，营业税一直是地方政府的最主要税种。2000年以后，营业税收入占地方税收收入的比重都超过30%。“营改增”扩围改革导致税源、税种在政府间发生转移，变化后的收入配置格局使地方自主财源受到冲击，地方财政的稳定机制受到影响，地方税体系建设面临更加严峻的挑战。在这一背景下，地方政府急需新的主体税种以保障支持其运转的财力。如何培育地方主体税种，为地方寻求新的税收支撑点和着力点就成为应因之道的重要选择。由此，关于重构地方税体系与地方税主体税种的选择问题就成为近年来学界关注和研究的重点和热点，并形成了丰富的研究成果，其中具有代表性的观点体现在：

一是提出地方税体系构建应以房产税和资源税为重点（贾康，2012；胡洪曙，2011；杨志安，2014；程瑶、郭欣，2015），保有环节房地产税应作为县（市）地方主体税种（王乔等，2016）。二是认为应该构建以消费税为税基的地方独享税种（刘尚希，2013；高培勇，2014；吕冰洋，2014），将消费税打造为省级地方主体税种（王乔等，2016）。三是提出企业所得税应成为地方税主体税种的现实选择（杨卫华、严敏悦，2015）。四是提出多个税种组合的主体税种模式，主要包括：房地产税+资源税+环境税（白景明，2015）；国内消费税+车辆购置税（倪红日，2013）；零售税+个人所得税+房产税（郭庆旺、吕冰洋，2013），将个人所得税中劳动综合所得以及经常性资本所得税作为省级主体税（吕冰洋，2015）；房地产税+个人所得税+资源税（马海涛，2013）；房产税+资源税+销售税等（朱为群等，2015）；消费税+不动产税，消费税、资源税作为省级政府主体税种，房地产税、城乡建设税和环境税作为县级政府主体税种（童伟、丁超，2015），财产税和所得税对地方税收收入贡献大，适宜作为地方税主体税种（刘蓉，2016）。

现有文献都是基于西方地方税的理论与实践，从某一税种的属性、税源与地方政府努力的关联性以及征收环节的调整视角来展开分析。由于制度环境和条件所限，西方国家的地方税与我国的地方税存在实质性的差别。事实上，地方税主体税种是由地方税和主体税种两个既相关又区别的单元构成。理论上，税种的划分归宿与相应政府的财政职能是一致的。总的原则是，具有宏观政策稳定性和收入分配性质的税收被指定为中央税，与经济发展增长更加密切的税种被指定为共享税，适合地方管理的税收归地方。

从税权的角度来看，地方税的界定可以从立法权、征管权和支配权三个维度来划分：按照立法权的标准，地方税是指地方政府拥有自主立法征收权、税基税率调整权，以及对与中央分享的税基也能够自由调整税率。如果地方政府只是分享收益而不能决定税基与税率，则不能称为地方税。实践中，能够全部满足立法权标准这些特征的税种很少，规模极小；按照征管权的标准，地方税是指由地方政府征收的税。按照支配权的标准，地方税是指收入归地方政府自由支配的税。鉴于我国目前税制体系的建设情况，应以支配权标准来构建地方税体系，从地方税和共享税两个维度进行推进。

理论上，主体税种的衡量侧重于收入规模的标准。一是主体税种收入在地方各税收收入中所占比重较高，收入规模较大。二是主体税种收入受经济和时间变动影响较小，或者说主体税种能够给地方政府带来相对稳定的收入来源，能够保证本级政府财政收入的稳定性。具体到量的区分上很难找到一个具体的评判标准，比如：占比多高才能算是主体税种？收入的波动幅度多大才能算相对稳定？由此，现实中除了基于政府职能、税种属性、受益范围、征管效率的因素外，还应从潜在税源增长、预期稳定性及现实可行性的角度来考量一个税种是否可以成为主体税种，而这些标准很难达到较高的吻合度，即一个税种往往不能兼顾地方税和主体税种两个特性。虽然有的税种具备地方税主体税种的经济基础，但是由于法理、征收技术、税制设计和政策环境等因素的影响也不具有可行性。

从地方来看，设立地方税的实质是地方政府需要取得一定的固定收入，地方税主体税种建设的目的是充实地方税基，稳定地方收入来源，扩大地方政府治理的空间，提高地方政府的产能。为此，地方税税基的选择要综合考虑收入充足、税种属性、兼顾发挥地方政府的积极性以及受益性原则，对商品劳务税、所得税和财产税三个税种的税基进行合理的组合搭配。由于地区间状况差异性较大，这必然体现在同一时期不同级别的不同发展水平的地方政府税收收入的来源和结构存在差异，因此用同一标准和同一比例来确定主体税种不仅缺乏理论依据，也会脱离现实。一方面，完全按照分级分层原则，在各级政府间确立一个主体税种，即中央为增值税、省级为销售税、市县为财产税还不具有现实的可行性。

从范围来看，房地产税的筹资能力较为有限。例如，OECD成员方的房地产税收入占税收总收入的比重平均仅为3.287%[①]，另外，房地产税税基的增长得益于辖区公共服务的改善及周边地区的基础设施建设，而这些方面提供的资金既有来自县市级本级政府的支付，也有中央与省级政府的转移支付。基于投入与房地产税收入的相互关系，以及不同级别的城市房地产市场冷热不均与房地产税收入规模的地区不平衡性，将房地产税收入划归地方层级共享税比较可行，这样既能提高基层政府筹集收入的积极性，又可以平衡省域内房地产税的利益分配与改善公共服务质量，并在一定程度上降低了一些地方对土地出让收入的依赖。总之，保有环节房地产税一般是经济发展到一定阶段后才征收的，因而应成为主体税种建设的长远目标。

单一税种往往不能承担地方主体税种的责任，拥有稳定的收入来源不等于必须要有一个地方主体税种。由于各个地方税源分布不均衡，一个地方的主体税种在另一地方未必适用。现实中哪个税种作为地方主体税种除了参照税种属性外，还要全方位考虑一些其他条件的约束。从世界范围来看，地方主体税种的设置具有多样性特点，例如，2011年OECD成员方中财产税占地方税收收入比重超过30%的有丹麦、芬兰、卢森堡、瑞典等12个成员方，商品税占地方税收收入比重超过30%的有匈牙利、智利、斯洛伐克等7个成员方[②]。

现实中我国由于各地区的税源差异，相同的税种在不同地区筹集到的税收收入也可能存在差别。如资源丰富和房价高的地方，开征资源税和房地产税对其税收收入影响可能更大。此外，税制改革的动态性也使

① 吕冰洋．论推动国家治理的税制改革［J］．税务研究，2015，369（11）：13-18.
② 石子印．中国地方税：配置机理与体系重构［J］．财贸研究，2015（1）：91-97.

改革后各个税种的收入走势预测带有不确定性。因此，不宜人为设定地方主体税种收入占地方税收收入的比例及主体税种的种类，应在统一性、整体性理念的引导下，根据适度收入规模与合理收入结构的要求，以及不同地方税种设立情况、税源分布、地域特点及地方政府的需要等复杂因素，选择符合地方实际情况和适合地方政府征收的不同税种或税种组合作为地方主体税种，并注重各个税种之间的功能协调和整体互补，建立起与地方经济发展相一致的稳定、规范、科学的省、市（县）主体税种体系。

2.提升房地产税收入的潜力和现实增长性

房地产税改革是我国近期税制改革的主要议题之一，特别是“营改增”在一定程度上凸显了房地产税改革的紧迫性。房地产税开征的有效性取决于目标功能的准确定位和税制要素的合理设计。房地产税改革主要目的是筹集地方财政收入，还是调控房地产或调节收入？功能定位不同，改革思路就会不同，改革方案的侧重点也就有所不同。从我国房地产税制度的改革历程来看，2003年提出了开征物业税的设想，其初衷是发挥物业税宏观调控的作用，抑制当时过快的房价涨幅。特别是在房价高企的2009年和2010年更是把房地产税的房价调控功能放在重要的位置上。在这种功能定位下，方向性的基本思路被确定为：将房产税、城市房地产税、城镇土地使用税、土地增值税以及房地产开发领域的各种收费和土地使用权出让金等税费合并，转化为房地产保有阶段按年统一收取的物业税。遵循这一思路，包括北京、深圳等在内的共计10个省市开始进行物业税空转试点。

2011年初，经国务院同意，上海、重庆两地推行针对个人住房征收房产税的试点。两地试点房产税主要是从房地产市场调控的角度出发，税收筹集收入的作用放在比较次要的位置。2013年11月，党的十八届三中全会的有关文件中提出了加快对房地产税立法改革的推进，2014年6月发布的《深化财税体制改革总体方案》进一步明确了房地产税改革的总体方向，对城乡个人住房和工商业房地产税收进行统筹考虑，合理均衡房地产建设、交易、保有各个环节的税负，促进房地产市场的健康发展，逐步把房地产税建设成为地方财政持续稳定的收入来源。

物业税或个人房产税不是决定房价走势的主导因素，其对降低房价的效应无论短期还是长期都具有不确定性。实际上房价是由多种因素的相互影响而形成的，主要包括土地的供给与需求、房屋的供给与需求、建材价格、拆迁成本、金融体制等。另外，房产价格过高与土地非农业利用的政府垄断和其他政府垄断有关，与房地产税并没有直接的关系。现实中，2014年之前房价的上涨是由城市化的快速推进、未来通胀和房价上涨的预期加大、储蓄率过高，以及实体投资预期收益率不稳定、应对金融危机实行适度宽松的货币政策使货币流动性增强等因素综合作用驱动的，导致了房产刚性需求和投资需求的扩大，进而带来了房价的快速提升。可见，通过开征物业税或个人房产税来实现控制房价上涨的目标也是不现实的、难以奏效的。因为房地产市场是区域性市场，房价归根到底是由市场供求力量对比决定的。只要土地供应有限，居民对住房需求较大，房地产市场就会呈现卖方市场，房价走高的势头就不可避免。因此，应充分发挥各项制度的合力和综合治理效应，对土地供应制度、税收制度、政府住房保障制度、信贷制度、房地产市场管理制度等进行全方位的配套改革和相应的政策调整。

房地产税的资本化效应使得房地产税形成地方政府财政收益与满足居民公共品有效需求之间的互补关系，这一财政激励效应也是房地产税作为地方主体税种的最重要依据。作为房地产税税基的房价，其高低与增值速度在很大程度上受地方公共服务提供水平的制约，在其他条件一定的情况下，公共服务水平越高，房地产升值空间就越大。在这一意义上，房地产税是资本化增值向地方政府转移的一种必要形式，是公共服务的价值折现。房地产税与地方公共服务内在关联性体现了地方政府与纳税人之间的受托责任与民主责任，确保地方政府在履行职能和财源建设之间建立了一种收入与成本分担的对称机制，可以正向激励地方政府树立“取之于房，用之于房”的用税理念，强化公共服务职能，实现地方财政收入和支出的良性循环，进而提高地方财政的运作绩效。可见，房地产税的本源功能应回归于作为地方政府有效提供公共品的重要收入来源和财力支撑。房地产税是一个整合了房产和地产的综合概念，属于财产税范畴。尽管房地产税与现行的房产税仅是一字之差，但在征税范围、计税依据等诸多方面都有不同之处。随着财政体制改革的深入，应更好地注重房地产税在地方税收体系中的收入功能，这也是构建地方税收体系、提高房地产税科学性的基础。

一方面，从激励相容和信息处理效率的角度，房地产税的特点与地方税的性质有较强的匹配性，符合地方税制设计的一般性原理，具有成为地方税主体税种的良好禀赋。根据马斯格雷夫（Richard A.Musgrave，1983）的分税原则（The Principle for Tax Assignment），税基分布均匀、税基流动性小、不易转嫁的税收由地方政府负责课征，属于地方政府的税收。房地产税征税对象具有可预见性和非流动性，不易发生税基隐藏，税负不易转嫁，地方征管高效，税源受商业周期短期波动的影响较小，收入相对充足稳定且具有地方性和普遍性特点，特别是保有环节的房地产税税基具有随经济发展而不断扩大的特性，可以保证地方重要收入来源的可持续性。另一方面，房地产税负与地方基本公共服务组合是衡量地区间财政竞争能力的重要尺度。房地产税与地方公共品提供之间存在内洽性，而且通过资本化机制存在一种相互强化关系，能充分体现税负与受益对等原则，其产生的社会经济效应带有显著的区域性，有利于构建一套强化地方政府公共服务职能、转变地方政府治理方式及促进地方财政收支合理运转的内在激励机制。因而将房地产税培养成地方政府支柱性财源就成为一种比较合理的选择。

房地产税具有较强的潜在与可行的汲取能力。从税收收入汲取的可能性来看，随着我国经济持续高速增长，尤其是2000年以来住房商品化进程的加快，居民个人可支配收入转换为房地产的数量已达到了一定的价值规模，财产的积累和拥有能力不断增强，增值速度也不断加快，为开征房地产税提供了丰沛的税源，因而适时开征房地产税是适应这种税源结构变化的一种可行性选择。与此同时，在房地产市场经历了持续增长后正面临转型调整，房地产开发增长速度的下降使依赖房地产开发环节的税收增长受到了较大冲击，急需根据房地产持有量不断增长的情况建立相应的税收制度，并开拓税源。房地产税也是合理调节政府与房地产占有者之间收益分配的一种方式，房产保有者每年缴付的房地产税是动态的，随着房地产价值的升值而提高，政府可以参与房产持续升值的再分配，这样既有利于为地方政府开辟新的财源，获得长期稳定和持续性的财政收入，减少地方财政对土地出让收入的过度依赖，也能够降低地方财政对转移支付的依存度以及财政资金的运行成本，为完善地方税体系和分级财政构架、增强地方政府事权与财力的能力创造良好的环境。

我国现行相关的房地产税种设置注重发挥税收的调节功能。如上海、重庆试点的个人房产税的税基以增量为主、税率较低，这种税制设计使短期内房产税难以承担地方主体税种的重任或作为地方主体税种还不具有现实性。目前房地产税改革还处于探索阶段，相关理论问题与操作性方案有待深入研究与细致谋划。从今后发展的趋向来看，一方面，在各地房产存量不断攀升的情况下，预期房地产税的综合改革将为地方政府财力带来可观的增长潜力，房地产税承载财政收入功能的定位将更加明确。另一方面，开征房地产税也有利于优化税制结构，充分发挥税收促进收入分配和有效配置资源的功能。为此，要把改革的重点放在以下三个方面：

一是根据党的十八届四中全会提出的全面推进依法治国的要求，切实落实税收法定原则，加快房地产税立法进程，这也是财税领域依法治税、税收法蕴含的题中之义。以税收法定为基础推进税收法制化的重点是将我国现有税收法规、条例升级为税收法律，提升其权威性和规范性，这是保证房地产税的合法性与合意性，更是落实税收法定原则和推进税收法治化进程的基本要求。我国现行房产税依据的是1986年国务院颁布的《中华人民共和国房产税暂行条例》，立法层次较低。按照修订后的《中华人民共和国立法法》（以下简称《立法法》）第二章第八条第六项的规定，税种的设立、税率的确定、税收征收管理等税收基本制度都要通过法律来规范。房地产税改革并不只是对旧税种的调整，而是开征一个新的税种，因此需要更加严格的立法程序。通过税收立法，合理限制征税权，保障纳税人合法财产权益不受侵犯，从而能够增强社会公众对房地产税的接受度，减少税制执行成本和遵从成本。

二是重构以土地和房产为基础的税制体系。从发达国家的实践来看，地方财政收入主要依赖房地产税收本身并不一定会造成很大的财政风险。问题的关键在于我国的房地产税收主要来自建设、交易的课征环节，现行房地产建设、交易环节涉及的税种包括耕地占用税、印花税、土地增值税、契税、企业所得税、个人所得税等；保有环节仅有房产税和城镇土地使用税，建设、交易环节税负较重，保有环节税负较轻。这种不均衡的税负构成会进一步加剧税收结构的不合理性。

未来的房地产税改革应兼顾减少改革阻力和降低推进的难度，重点放在两个方面：第一，在充分考虑现有的以土地和房产为基础的相关税种的课税对象、税源实际状况及税收征管方面的约束条件基础上，对相关税种进行归并。合宜性的归并方案的选择应以税制功能定位为目标导向，以税制要素的整合为手段。具体思路是：设立统一的房地产税，并依据房产税和土地税的性质和计征方式的不同分别设置若干税目。房地产税有利于税制结构优化与贫富差距调节，土地税可以促进节约、集约用地与提高土地资源配置效率，房地产税可以增强土地功能的啮合与优势互补效应。除了整合保有环节的房产税与城镇土地使用税，还应将房产保有环节外的房地产开发和交易环节的相关税种统一整合到房地产税框架内进行集中管理，这样才能真正拓展房地产税的功能边界，强化开征房地产税的意义。第二，理顺房地产不同环节的税收关系，有步骤地推动保有环节的房地产税改革，加强对保有环节征税，均衡各个环节的收益分配，实现税负重心从建设、交易环节向保有环节转移，这一变化既符合发达国家房地产税收制度变迁的共同趋势，也是提升房地产税功能的关键。

第三，是采取分步推进的渐进改革模式。房地产税的课税对象、税基和税源是不一致的，课税对象是房地产的存量，税基是房地产的评估价值，税源则是纳税人的收入流量。作为一种直接税，房地产税波及面广，税负主要由居民和企业承担，直接关系到潜在纳税人的切实利益，明显增加纳税人的税痛感或敏感性。如果不能形成合理方案，就可能在征收时遭遇阻力。在课税对象、税基和税源相偏离的情况下，必须遵循纳税水平与收入水平、税负能力的对称性原则来设计税制。一方面，要按照民生原则，保障居民“住有所居”的居住权，尽可能对拥有合理住房的居民生活造成较小的影响；另一方面，依据房产资源的占用程度，体现量能负担的公平原则。基于我国宏观经济运行态势和结构性减税改革取向的考量，以及纳税人的税收负担能力，近期房地产税改革应确保总体宏观税负不增加，征收房地产税后要在其他领域实施减税，以最大程度地降低房地产税对居民消费和企业投资的限制。

在税制的设计方面，初始阶段可采用低水平税率设置和较大免征范围的政策组合。在征税范围选择上以城镇为主，纳税人设定在部分房产较多的群体，避免短期内纳税人负担上升过快。中长期宜坚持宽税基与扩大覆盖面的原则，把房地产存量和农村也逐渐纳入进来，逐步过渡到对所有居民开征并以房地产的评估价格作为计税依据，并定期按物价指数进行调整，增强房地产税筹资能力，促进房地产税由潜在功能向现实功能转化，使其逐渐成为科学合理的地方税制体系中长远、稳定的主体税种，确保房地产税成为在地方财政收入中的地位逐渐加强的制度要件。

第四，是科学确定房地产税归属。就房地产税而言，该税在各国都作为地方税种，地方都享有较高程度的税收立法权，征税对象、税基、税率都由地方决定。比如，在美国，一般财产税税率在各个地方不同，即使在同一地方的不同年份也有差异。从我国来看，应坚持开征权适当集中、税率设定合理分权的原则。一方面，房地产税是一个全国普遍性的地方性税种，根据《立法法》关于税收立法应该由全国人大或全国人大常委会制定的规定，房地产税的开征权必须高度集中，将税收立法权赋予中央政府，税收征收管理和收入支配权可赋予省级政府。为了调动地方政府积极性，同时适应区域发展不平衡的情况，在税率上中央政府可规定一个幅度范围，各地根据自身的经济发展情况、收入水平、物价消费指数和应税房地产的位置和用途等实际情况，因地制宜地选择本地区的适用税率，并随着地方情况的变化适时调整，从而增强税率的弹性。

房地产税收入规模在地区间存在不均衡的特性。虽然房地产税属于地方管理和使用的税种，但房地产税的税基分布在不同地方之间存在很大差距，因为一个地区房地产税收入的规模取决于经济发展、产业集聚水平、房地产供求等因素。经济发展越落后，产业集聚水平越低，房地产价格越低，房地产税收入也就越少，即落后地区往往无法通过房地产税来满足其地方基本公共服务供给的需要。反之，发达地区往往可以获得较大规模的收入。所以，开征房地产税将带来不同地区之间财政能力的不均衡分配和经济利益的不对称分配。如果房地产税收入完全按属地原则，则会引起地区间税源不平衡，进一步加大地区间财政收入能力、财政净利益及贫富差距，因而将房地产税作为地方共享税是一个比较可行的选择，地方各级政府之间的分享比例通过地方立法来确定。

从现阶段来看，让房地产税发挥正向作用还要有一个培育过程。房地产税实质上是不同税种的整合，在计征方式上由先行的开发和销售环节转向保有环节，客观上会增加房产的持有成本和投资成本，这对于消除目前房地产业的产能过剩将是不利的。因此，在鼓励房地产市场的发展重新成为政策导向、房地产带动经济发展的作用重新得到确认的背景下，开征房地产税还需考虑其房地产市场提振经济作用的影响，统筹兼顾增加财税收入和维持房地产市场景气度的关系。

8.2.4 规范资源税收入分配体制

1.研究文献述评

我国自1984年10月1日《中华人民共和国资源税条例（草案）》试行以来，资源税经历了四次较大的改革。1993年12月国务院发布的《中华人民共和国资源税暂行条例》及《中华人民共和国资源税暂行条例实施细则》重点是扩大资源税征收范围；财政部于2011年10月31日发布并于2011年11月1日起正式施行的《中华人民共和国资源税暂行条例实施细则》（修订后的）规定，对石油、天然气的资源税由从量计征变为从价计征；党的十八届三中全会的有关文件提出要加快资源税改革，2014年10月9日财政部、国家税务总局发布的《关于实施煤炭资源税改革的通知》中规定，自2014年12月1日起实施煤炭资源税从价计征改革，同时清理相关收费基金。2018年7月1日起全面推进资源税改革，明确扩大资源税征收范围，逐步将其他自然资源纳入征收范围，实施矿产资源税从价计征改革；按照现行财政管理体制，此次纳入改革的矿产资源税收入全部为地方财政收入。2019年8月26日通过了《中华人民共和国资源税法》，将于2020年9月1日起施行。随着不同时期资源税制度改革的推进，其定位也从对资源开采企业级差收益调节扩展到完善资源价格形成机制以矫正负的外部性、促进资源综合利用和生态保护，以及逐渐打造成地方税体系的重要税种以增强地方财力。

国内一些学者对资源税的分配体制进行了较为系统的探讨。周莉（2011）通过对新疆资源税改革的地方政府增收效应研究，提出应考虑资源税增量配置如何在中央与地方之间以及各省之间进行平衡。杨志勇（2011）依据资源税的性质和规模分析了以提高税负为中心的资源税改革可以在一定程度上增加资源丰富的地方的可支配财力，但不能从根本上调整中央和地方财力分配格局。张海莹（2013）分析了资源税的地方税属性，提出要让资源税所在地分享到更多的资源开发收益。陈龙（2013）基于对各个地方资源禀赋差异的考虑，提出可由省级统筹一部分资源税收入以防止各地资源税收入差距过大。

纵观国内学术界的研究现状，大多都是结合不同时期资源税改革的背景和政策目标进行专题分析，这些研究为进一步深入探讨资源税改革问题奠定了较好的基础和进行了有益的鉴察。然而，在资源税改革影响中央与地方财力分配格局调整关系方面的探析有待进一步增强针对性、明晰度和严谨性。从一般均衡的角度来看，资源税费的变化会影响其他税种税收收入，如资源税增加会降低企业利润水平进而减少企业所得税，这在分税制体制下必然会触及中央与地方的财力分配格局，以及影响资源禀赋不同的地方税收收入的结构变化。

2.合理调整煤炭资源收益分配结构

煤炭资源税改革涉及多方利益格局的重新调整和再平衡。新一轮提税降费的资源税费改革一方面会导致煤炭资源税收入增加，一定程度上改变资源税对矿产资源丰富的地方财政收入贡献率较低的状况，增强资源税改革的地方财力效应，另一方面相关收费（基金）规模会降低。这两方面的共同作用对地方一般公共预算收入结构和政府性基金预算规模都会产生一定的影响，进而也会影响到中央与地方的基本财力配置的格局。

从我国当前主要矿产资源收益分配格局来看，除了海洋石油外，资源税收入都归地方，相关收费（基金）由中央与地方共享，其中：矿产资源补偿费中央与省、直辖市分成比例为5：5，中央与广西、西藏、新疆、内蒙古、宁夏5个自治区和青海省的分成比例为4：6；石油特别收益金纳入中央财政预算管理；探（采）矿权使用费在中央和省两级财政之间分配；国家出资形成的探矿权采矿权价款收入按固定比例进行分成，其中20%归中央所有，80%归地方所有，所有海上矿区使用费归中央政府所有，而陆上矿区使用费归地方政府所有[①]。虽然这种矿产资源开发收益在中央和省级政府之间进行分配的方式能够保证中央和省级政府都从资源价值分配中获得收入，但收益分配没有充分地向矿产资源地区倾斜，使其获得的收益与资源开发成本之间不匹配。

党的十八届三中全会的有关决定明确提出“建立公共资源出让收益合理共享机制”。在矿产资源收益分配改革中，应重点规范省以下探矿权、采矿权价款共享机制。省级政府应合理确定和调整价款收入在省、市、县的分成比例，切实改变过于分散均等的状况，维护产业结构相对单一地以煤炭行业为主的地方政府利益诉求，加大向矿产资源地区的倾斜力度，从而显著增强矿产资源地区的财政实力，更好地按照“价款取之于矿，用之于矿”的原则提高矿产资源的使用效率。

3.健全资源税收入政府间分配体制

资源税是国家以资源所有者和管理者的身份对资源使用者征收的一种资源收益税，是集调节资源级差收入和体现资源有偿使用于一体的税种。按照课税目的和意义来划分，资源税可分为级差资源税和一般资源税两种形式。级差资源税是指对开发和利用自然资源的经济活动因资源结构和开发条件的差异所取得的级差收入课征的一种税，旨在使经济活动主体的利润水平能够真实地反映其主观努力经营所取得的成果，排除因资源优势造成企业利润分配上的不公平；一般资源税是基于受益者付费的原则，对使用自然资源的经济活动主体为取得应税资源的使用权而征收的一种税。1986年《矿产资源法》第五条规定“国家对矿产资源实行有偿开采，开采矿产资源必须按规定缴纳资源税和资源补偿费”。这一规定明确了资源税的有偿使用性质，表明资源税既是资源所有权的

① 高萍．我国矿产资源开发收益分配实践与改革建议［J］．中国矿业，2009，18（7）：36-38.

经济体现，也有助于资源合理开发与增强资源利用的可持续性。

根据政府间税种划分原则，中央政府应掌握税基在各辖区之间分布不均匀的税种，否则会引起地区间税收收入不平衡的现象，税基在地区间流动性较差的税种应由级次较低的政府征收。对资源税而言，理论上如果资源只在某个或某些地区存在，并且这种资源又不易流动，或者拥有这些资源的地区具有特定的经济优势，对这种资源或对资源运用所产生的税源进行课征不会导致资源在各地区的不合理转移，则可以将这种税归地方所有，同时一般资源税的税基具有不可流动性，各个地方政府课征具有征管上的便利性。但是，不同地区间资源占有上可能有丰寡之别和分布不均匀，资源税由地方政府课征无疑会使各地区资源分布的不均衡在财政上固化下来，因而通常把那些对地区间分布不均匀的自然资源课征的一般资源税归中央政府，以避免地区间税源的不均衡，而将对那些在地区间分布相对均匀的自然资源课征的一般资源税划归地方①。

现实中，我国资源国有的性质决定了资源税收入应在中央和地方之间合理分配，而资源所具有的地域性且分布极不平衡的状况又造成资源税税基的区域差异及不同地方对资源税的依赖差异。在税制设计中，资源税收入不是真正意义上的税收共享，而是按资源品种划分中央与地方的归宿。1985年的财政体制改革和1994年的分税制改革都基于中西部地方财力的考虑将资源税（除海洋石油外）划归地方税。从世界范围来看，各国关于资源税在中央与地方的归属没有一个统一的模式。日本天然气税和石油税归中央，矿井税归都道府县和市町村。美国各级政府根据矿产资源所有权的级次来获得收入。澳大利亚除了大陆架矿产及油气资源税归联邦政府所有外，其他资源税归州政府所有。

与健全地方税收体系的改革相适应，当前资源税的重点应放在两个方面：一是增强资源税收入功能。由于资源税课征范围相对较窄，税收收入占地方税收收入比重较低，因此资源税的收入功能始终没有得到有效的发挥。未来资源税收入的增长空间要受到地方资源产量、资源价格、资源税征收范围、税率与计税依据选择等因素的约束。在其他因素

① 王玮. 地方财政学［M］. 北京：北京大学出版社，2013.

一定的条件下，应进一步扩大资源税征收范围。随着十八届三中全会的有关文件中提出的关于逐步将资源税扩展到占用各种自然生态空间的改革精神的贯彻，资源税征税范围将得到扩展，森林资源、水资源等将纳入课征范围，同时对资源税税率进行适时调整，使资源税收入保持总体增长趋势。另外，新一轮矿产资源税改革是在地方财政和煤炭行业双重压力下进行的，从资源税从价计征、地方在税率区间自主确定税率、未来扩大资源税征税范围的综合改革效应来看，地方政府获得资源税的意愿和能力将会增强，特别是资源税在资源丰富地区的收入效应将逐渐显现，或成为地方具有成长潜力的税种。二是理顺资源税分配体制。资源税改革的增量部分向省级倾斜，由于省域内不同地区的资源存在差异，如果把资源税完全归属某一地区，不仅会对资源过度开采造成扭曲性激励，而且会扩大地区之间财力水平的差距。因此，应以新一轮矿产资源税改革为契机，提高资源税省级分享比例。通过规范的省级转移支付加大资源税在省域内的统筹使用力度，充分发挥资源税对于省域内资源保护和利用的调节功能。同时，也可在很大程度上解决市、县政府由于事权与财力不匹配导致的生态治理支出不足的问题。

8.3 科学配置地方税收自主权

8.3.1 地方税收自主权的衡量与约束条件

税收自主权是指地方政府的税收权限，包括两个方面的内容：一是对于地方税，地方政府是否具有开征、停征某个税种的权力，是否具有设定税率、税基的权力以及是否具有进行税收减免的权力等；二是对于共享税，地方政府是否有权决定分成比例。我国除了在沪渝试点的房产税，地方税的税收立法权基本集中于中央政府，地方政府仅有的权力包括：在既定范围内确定税率，如城镇土地使用税等；自主确定税收减免，如车船税等；自主确定纳税地点[①]。

① 赵书博．我国税收收入分权改革问题研究［J］．税务研究，2016，379（8）：18-23.

地方税收自主权是可持续的分权模式的重要特征。税收自主权是一个权力束，或者说是一个权力集合。税收自主权表现为可自主决定开征新税种、定义和改变已有税种的税基和税率、调整税收收入分成比例、设定税收减免范围等。税收自主权的大小直接影响地方税收利益。按照OECD关于“税收自主权”指标体系设计的概念，地方税收自主权由大到小依次为：（1）地方能自主确定税基和税率；（2）地方能自主确定税率；（3）地方能自主确定税基；（4）地方有决定税收分成比例的权力；（5）中央调整税收分成比例时须经地方同意；（6）中央可以单方面改变税收分成；（7）地方无权确定税基和税率。对照这一标准，我国符合最后两条，这在一定程度上反映出我国地方税收自主权水平较低的状况。

赋予地方税收自主权不是仅仅解决哪些税种提供的收入或哪些税收收入更多地归地方所有的问题，其核心目标是构建一套约束机制，有效规避地方在分权趋势中被虚化的倾向，保障地方财政的相对独立性，确保地方在财政收入体系中的主动和主导地位，提高地方政府对财政收入的直接支配度，充分调动地方政府管理财政资金的积极性，并更加有效地提供地方公共品。这一目标实现的有效途径就是赋予地方税收自主权，而在多大程度上赋予地方税收自主权及如何选择适应性的税种则要受到四个因素的制约。

第一，地方税权主体的确定。根据我国《宪法》、《立法法》和《地方各级人民代表大会和地方各级人民政府组织法》等法律规定，地方税权只限于省级立法机关或经省级立法机关授权同级政府，不能层层下放。同时，为了维护税法体系的统一性，在赋予地方适度税权的同时，要对地方税权进行约束与监督，在程序上确保不与中央税权相抵触，在实体上不能通过税权的实施干扰经济活动的正常运行。

第二，均衡区域财力。基于各地区在经济发展状况、资源禀赋、地理位置等方面的差异，如果允许各个地方政府按照本地区情况自主调整税率与设置税基，那么同一税种的税收收入在不同地区之间就会存在差异，进而加剧地方政府财力的不均衡，影响地区间公共服务均等化。

第三，对地方政府行为的激励。基于不同税种对税源的要求、对投资、消费以及税收收入结构的影响效应不同，设置哪些税种和在哪个环节征收税款对地方政府将产生不同的行为激励。例如，资源税会激励地方政府加大对本地资源的开发力度；房地产税将激励地方政府改善本地环境以提升不动产价值。又如，在消费环节就会激励地方政府提高本地居民的消费能力；在生产环节就会激励地方政府引进资金以扩大本地的商品增加值。这就要求通过地方税权的配置对地方政府行为产生正向激励效应。如果为了抑制地方政府盲目扩大投资与无序竞争，可以弱化地方与投资相关的税权，同时为了增强地方的消费能力，将与消费相关的税权更大程度地赋予地方政府，从而使地方政府的经济发展目标与国家的宏观经济发展目标保持一致。

第四，兼顾地方的可能和需要。税收收入与税源密切相关，赋予地方开征税种权力的前提是地方必须要有可靠的税源，使得税权的行使和收入的获得保持统一性，否则即使赋予税收开征权但没有税源也不一定能获得对称的收入。由于各个地方（如我国四类主体功能区[①]）的税基、税源存在异质性，特别是对落后地区而言，税收开征权的形式意义大于实质意义，因此税源和税收收入才是最重要的。此外，要符合地方确有开征需要的条件。赋予地方税权的目的是让地方政府自己负责为本地的财政支出融资，使得地方政府的财政权力和支出责任对等。为此，遵循以支定收的理念，在科学确定地方政府职能和合理界定地方财政支出边界和规模的基础上，需要综合考虑其他税种收入与支出的缺口，为了弥补收支缺口而赋予地方一定的税收自主权，并对相关税种的税率、税基等税制要素进行规范设计。

8.3.2 政府间税权配置：国外做法比较与启示

基于各国财政体制变迁的实践经验，由中央政府向地方政府进行适度的经济分权、为地方政府的事权匹配稳定有效的财权有助于地方经济发展已然成为共识[②]。政府间税权配置是政府间纵向竞争的重要表现形式。从世界范围来看，分税制作为规范政府间财政关系的有效形式没有

① “十一五”规划纲要草案将国土区分为优化开发区域、重点开发区域、限制开发区域和禁止开发区域。

② 吴非．中国土地财政依赖的区域差异之谜［J］．云南财经大学学报，2016，182（6）：16-32.

固定模式、标准和样本。虽然各国分权程度不同，但是在中央都处于支配地位的基础上适当地赋予地方权力却都带有一定的共性。实践中无论是联邦制的美国、德国，还是单一制的日本、英国和法国，政府间的税权配置都不是单一的集权或分权，而是分权中蕴含集权的成分，集权中带有分权的倾向，这集中体现在上下级政府间税收立法权的协调和管制相结合。

美国的税权配置模式属于地方分权型。州和地方政府都有相对独立的税收立法权，但下级政府在立法权方面也受到上级政府一定程度的规制，如各州的法律不能与联邦宪法相抵触，地方政府的税收权限要通过州的法律来授予并受到州的监督。上级政府对下级政府的财政活动实施各种管制，联邦宪法对州政府和地方政府的税权做出限制性的规定，州政府的有关法律直接制约着地方政府的征税能力。在收入管制方面，最常见的做法是许多州对地方财产税限定最高税率，并对地方财产税收入设定增长的幅度。

德国属于中央地方兼顾型的税权配置模式。联邦政府有单独的关税立法权，对于其他税收联邦政府有竞争立法权，各州在联邦法律授权下享有一定的立法权，即在竞争立法权范围内，只要联邦政府未立法，各州就有立法权，对于地方性的消费税，各州有税收立法权。尽管州和地方政府在地方税的管理方面，如在确定税率及其是否开征方面拥有自主权，但仍需依照联邦的有关规定，税收自主权较弱，其主要原因是为了避免各州在税收收入之间的不平衡。

日本属于中央集权型的税权配置模式。主要税种税收立法权集中于中央，国家制定的《地方税法》规定了地方政府的税收权限，如可以起草征收条例、选择法定地方税的税率，同时赋予地方政府对少数的法定外普通税的立法权。日本地方政府对地方税收立法的管制主要根据法定原则，即地方只有在规定的范围内才享有立法权。为了确定地方的税收立法范围，地方税收分为法定税收和法定外税收，法定外税收被定义为不属于中央立法范围内地方可以自由选择开征的税收。为了防止地方随意征税，日本采用课税否决制度，即地方在开征地方税法规定的税种之外的税收时，必须得到日本自治大臣的许可。课税否决制度对地方政府的税收开征权、地方税税率都做了非常严格的规定和适当的限制。这些约束便于控制地方滥用税权，防止各地税收负担严重失衡。

英国和法国的税权配置模式都属于中央集权型。在英国，中央掌握全国的税收立法权，地方只对属于本级政府的地方税享有征收权、适当的税率调整权和减免权，但这些权限也在很大程度上受到中央的限制；在法国，中央统一制定税收法律和政策，地方只对归属本级政府的地方税拥有一定的税率调整权、税收减免权，同时在中央授权范围内也有对零星税种的开征权。

综上所述，西方国家的税权配置模式大体有地方分权型、集权分权兼顾型、中央集权型三种类型。地方分权型是指地方政府对地方税拥有完全的税收立法权，但要受国家法律的制约；集权分权兼顾型是指中央掌握重要的税收立法权，地方政府享有调整税目、税率，开征停征一些特殊税种的立法权；中央集权型是指中央政府拥有全部或主要税种的立法权，地方只拥有一定的税率调整权和征管权。

虽然税权配置的模式不同，但是它们都遵循了两项基本原则。一是法定主义原则，税权划分明确规范。这不仅有利于约束中央政府行为和地方税收管理的随意性，也可以保障财政体制的有效运转。二是强调中央主导，地方拥有一定权限。各国中央税权都处于主导和控制地位（中央集中管控全部税收的一半以上），在此基础上根据地方政府的事权与支出需求的不同程度赋予地方政府一定的税收自主权，这样既有利于保障中央政府的宏观调控能力，又有利于调动地方政府的积极主动性，充分发挥资源配置的最佳效率。相比而言，我国的税权配置立法层次低，调整频繁且稳定性较差，地方税权范围较小。因此，我国应加强税权配置的法律规范性与权威性，同时根据我国国情，在中央集中管理中央税和共享税立法权的基础上，适当赋予省级政府税权，如确定税收实施细则等。

8.3.3 我国地方税收自主权模式的选择

税收自主权模式选择的实质在于根据实际情况确定适应国情的税收分权程度。地方税收自主权模式的选择要遵循统一税法与适度分权、全国统一与地方因地制宜相结合的原则。党的十八届三中全会的有关文件围绕财政体制改革原则提出了调动地方积极性的思路。沿着这一指导方向，如何合理确定税收分权的模式就成为进一步完善财政体制改革的关键环节。我国实行单一制财政体制，应采用适度分权模式，将保持中央宏观经济调控与地方高效征管与执行结合起来。赋予地方税收自主权不是一味地强调扩大地方政府的税权，而是要对税收自主权结构进行优化和合理配置。税收自主权是一个综合性体系，改革不应只着眼于开征权，还应关注税率、税基调整权及实行地区间的差异性制度。

1.税种开征权归于中央

税收自主权的模式选择一般取决于预算约束性、财政制度透明度、地方政府的责任感等因素，否则即使赋予了地方政府真正的权力，结果未必取得正向绩效。考虑到我国地区间社会经济发展不平衡的现状、地方财政行为的软预算约束、地方政府治理结构的激励不相容性等因素，特别是在缺乏有效监督的环境下，税收开征权过度分散会纵容地方政府大开“地方税口子”的行为，加大各区域财力差异，加剧地方政府和中央政府争税源等获取财政收入行为的失范与机会主义行为，增加政府间财政关系协调的复杂性，减弱中央对地方的控制力，以及加重企业和居民负担。一般来说，中央政府依据支配权标准来配置地方税，可以更好地均衡各地区的税收收入分配。因此，税种开征权应归属中央政府。具体来说，对于在全国统一开征、对宏观经济和社会发展影响大的税种由中央统一立法；对于在全国统一开征、对区域经济和社会影响较大的税种由中央立法，同时地方可以制定具体实施办法；对于具有明显地域特征的税种可以由省级政府立法但需报中央核准。

2.根据不同税种属性确定拥有税率、税基调整权的政府层级

在我国中央与地方财政关系的演进中，税收自主权的集权趋向始终占主导。除了税收开征权外，地方在税率、税基方面的权限也受到了很大的制约，在历次共享税调整中都是中央单方面调整税种和改变分成比例，并且出发点和结果都是税种由地方向中央让渡，税收收入由地方向中央集中，这不符合真正的分税分权财政体制要求。因此，必须按不同税种属性重构复合型税权结构，加强中央与地方税权的相互补充性。对

于中央税、共享税以及维护全国统一市场和公平竞争的地方税等，税率、税基的确定调整权应归中央；对某些具有税源分散、地方特色的地方税，可以赋予省级政府根据本地区的税源结构自主决定税率和税基的权力；对于中央与地方的共享税，应按照中央为主、地方为辅的思路，赋予地方政府对税收分享比例的一定决定权，适当增强地方在分成比例确定中的决策影响力；对根据共同税基课征的分税源式税收，允许中央和地方各自制定税率，但有主次之分。

依据税种的覆盖范围及经济影响有针对性地选择税权实施主体。一是对全国统一开征、覆盖范围广、税基流动性较大、对宏观经济影响较大的税种，由中央统一确立税率和税基。二是对全国普遍开征、对全国统一市场与宏观经济影响小、作用范围仅限于地方且对地方经济影响较大的全国性地方税，赋予省级政府一定的税收自主权。因为地方是由多个层级构成的一个有机整体，省级政府肩负着辖区的主要财政责任，省级政府不但要管好本级财政，还要考虑省域内市、县、乡之间的纵向财政平衡和各地市间的横向平衡问题。赋予省级政府税权有利于因地制宜、充分发挥分权体制的优点。具体来说，省级政府可在授权范围内根据本地情况规定其实施办法，在税率、税基、税收减免方面拥有一定区间内的调整权，如可以随税源变化自主选择不同水平的税率，以更好地与地方治理结构相适应。三是对不具备在全国开设的条件，只适合某些地方开设的具有地方特色的地方税，可以赋予地方政府确定的税率和税基权力，从而确保地方政府因地制宜地获得收入来源。

3.赋权程度根据地区差异来确定

充分考虑各个地区税源的异质性，在税权集中与分散的程度方面因地制宜地、灵活地对各个地区实行差异化的具体措施。基于主体功能区规划，以及不同地区经济发展程度、财源建设水平、以及地方治理能力的现实差异性，在确保税权模式统一性的基础上，打破“同质化”的假设，即不能假设每个地方赋予它相应的财权或税权就能获得相应的财力，从而使地方政府的努力与地方税源可以形成联动机制，有利于形成正向激励。对经济发达地区可给予必要的控财自主权，并进一步优化地方财政收入结构，为地方政府治理和改善基本公共服务供给提供稳定的可持续的税收基础；对于欠发达地区则应适当集权，通过充分利用规范、透明、公平、高效的转移支付制度来弥补地方在提供基本公共服务上的财力缺口及改善地方社会福利水平，以避免地区间税收收入差距扩大和区域发展失衡。

4.遵循税权纵向配置法治原则

税权配置法治原则是指政府间税权和事权的划分、调整都必须由相关法律明确规定，遵循一定的法定程序方可进行。由于税权配置属于财政基本事项，由立法决定不仅是市场经济发展的必然要求，也是民主政治的应有之义。税权配置法治原则主要包括两个方面的内容：①各级政府关于税权、事权配置的初始框架必须以法律的形式加以固定，如宪法、税收基本法、预算法等；②事权与税权配置关系的调整与变动也应以法律的形式确定[①]。

8.4 完善政府间收入划分体制

政府间收入划分是财政层级分配关系的制度化体系，体现中央和地方获取公共资源的分配格局，并受到财政权力模式与财政位阶状态的制约。政府间收入划分是调和政府间利益冲突与调整利益关系的重要方式，其最终落脚点是最优划分规模与收入激励结构的合理确定，收入过度集中和过度分散都不利于实现各级财政的稳健性与理顺政府间财政关系。合意的政府间收入划分是规范现代政府间财政关系改革与“营改增”收入划分调整过渡期平稳转换的关键性因素。中共十九大报告把中央和地方财政关系的构建置于财政体制改革的优先序位，相对于财政事权与支出责任划分改革的实质性的有序推进，政府间收入划分改革推进的步伐相对缓慢与滞后，特别是“营改增”的全面实施以及财政事权与支出责任改革方向的明细化调整为收入划分改革既带来了挑战也提供了契机，如何加快制定政府间收入划分总体方案与构筑具有中国特色的收入划分体系就成为深化政府间财政关系改革的突出点，以及中共十九

① 彭艳芳. 行政抑或法治：中央与地方税权配置的路径选择——基于扩展性成本方法模型的讨论［J］. 地方财政研究，2016（7）：81-86.

大后财税体制改革亟待破解的首要难题。

8.4.1 政府间收入划分的对象框定：税收收入与全口径收入

一国政府收入体系是由各种形式有机组合而成的，鉴于中央和地方收入的不同构性，中央与地方间收入划分要解决的首要问题是划分的标的物，即对什么收入以什么形式或在多大范围内进行划分。受效率性、公平性、自治性、责任性等不同因素的影响，不同国家在收入划分的形式、性质及收入分权程度方面都呈现出不同的特点。长期以来，我国财政体制演变及对地方税体系建设的关注使得收入划分都聚焦在税收收入的框架内展开。这种划分范式比较符合发达国家政府以税收收入为主要来源的实践，而对于我国而言，中央与地方间的税收收入结构和全口径收入结构存在较大的差异。相应地，也折射出收入集权与分权程度测度结果的不同。虽然目前学术界对财政分权的界定标准与度量指标呈现多样性的态势，但是一般而言，收入分权意味着收入下移，收入分权度高低反映了地方政府拥有的财政收入支配权的大小。在这一意义上，从税收的角度收入划分的集权程度较高；而从全口径收入角度来看，收入划分的分权程度则较高。

根据与自然资源有关的收入划分原则，如果资源性收入的分布具有较强的非均衡性，则该收入应划为中央政府，以发挥调节和平衡收入的功能。反之，如果该收入划归地方，则可能加剧现有地方间财力的差距。实践中土地出让行为联结了房价变动与地方政府收入，根据现行土地出让收入管理办法，全部土地出让收入缴入地方国库，由地方自行支配，中央不参与土地出让收益分配。这不仅加大了中央对地方房地产宏观调控的难度，加剧了地方债务的风险，而且也降低了地方财政收入的质量。由此可见，合理调整和优化中央与地方间的收入划分，除了锁定税收渠道之外，应从更宽广的全口径预算视野来拓展收入划分改革的思路，还应逐步建立中央与地方间的土地出让收入分享机制，中央和省级财政应适时参与收入的分成。

中央与地方间收入划分的范围随着制约收入划分环境的变化具有动态调整性。经济进入新常态、供给侧改革中的降成本战略实施、税制结构优化、一般公共预算与政府性基金预算的统筹整合、房地产调控政策等因素都会对税收收入、非税收入、政府性基金收入的规模变化和收入预期产生直接的影响，这些既是收入划分改革面临的约束条件，同时也为收入划分改革带来了新的不确定因素。因此，收入划分模式既要因循普遍性的原则，更需契合一国不同时期的特殊性。另外，国税地税合并之后的垂直管理体制将在一定程度上弱化地方税收征管权，从而应更加关注这一改革对非税收入征收及其收入划分的问题。

8.4.2 政府间收入划分级次的厘定：同一性与差异性

中央与地方间收入划分的研究起点是政府的分级性，只要有多级政府的存在，客观上就存在权力在不同级次政府间的配置。相应地，收入划分的目的就是中央和地方各级政府的利益都能得以保障，并形成稳定的预期以及协调和平衡好各级政府间的财政关系。由此观之，收入划分级次的廓清是研究收入划分归属的基础性前提。在多级政府治理的语境下，中央与地方间收入划分必然涉及在多少层级政府之间进行划分以及如何进行划分的问题，即哪些在中央和省级之间划分，哪些在各级政府间划分。

建立两层面的政府间收入划分模式是基于效率及可操作性的适宜的选择。一是立足国家层面，中央政府和省级政府之间实行全国同一的一元化分税形式与收入划分框架；二是基于地方层面，适应地方治理和考虑各个区域要素禀赋的差异性特征，省级以下政府实行多元化的收入划分模式。我国具有不完全财政分权的特征，地方税收自主权程度较低，只拥有部分税种的征收权、税率选择权和减免权，而支出自主权较大。从我国财政体制改革的实践来看，税收划分基本上都限于中央和省级政府之间，并且这种纵向税收划分关系相对统一，省级政府对市、县级政府的财政管辖方式比照中央对省级政府的制度安排执行，各省省内政府间税收划分由本省结合实际自己决定，由此形成省际间收入划分方式大相径庭的局面①。这源于较大的地区差异导致各省级政府对下级政府的

① 王华春，刘栓虎．转移支付是否促进了省内财政分权？——基于全国县级面板数据的分析［J］．财经论丛，2017，226（11）：11-23.

管辖方式各异，延伸到财政领域则表现为各省级政府内部的每一层级政府财力配置状况的差异就更大[①]，同时也说明为什么分税制改革只在中央和省级政府之间划分税种，以及在不同地方不能整齐划一地实施收入划分的缘由。

推进政府间收入划分改革的方向应该锁定在构建省级统筹协调机制方面，充分发挥省级政府在省域内财政纵向平衡和横向平衡方面的职责，以及在平衡省以下政府间财力与基本公共服务均等化中的作用，合理构建省域内收入划分体制以适应各级地方政府的支出责任，这有助于降低收入划分中的制度交易成本与构建省域现代财政制度，同时对纵深推动分税制改革，以及合理运用地方自主权与提高财政分权的有效性也有作用。

8.5 健全地方财力与支出责任匹配制度

我国1994年分税制改革后政府间事权、财权与财力配置匹配的问题一直是财政体制改革的重点。从分税制原则的历史演变可以看出，截至2012年中共十八大，就财力、财权和事权三者的关系而言，官方文件有两种表述：一是事权与财权相结合——1993年12月15日国务院发布的《国务院关于实行分税制财政管理体制的决定》把“事权与财权相结合”作为按税种划分中央和地方收入的原则。二是财力与事权相匹配——2006年10月11日中共十六届六中全会通过的《中共中央关于构建社会主义和谐社会若干重大问题的决定》提出，“进一步明确中央和地方的事权，健全财力与事权相匹配的财税体制”；2011年3月通过的《中华人民共和国国民经济和社会发展第十二个五年规划纲要》也提出，“按照财力与事权相匹配的要求，在合理界定事权基础上，进一步理顺各级政府间财政分配关系，完善分税制”；2007年的中共十七大报告、2012年中共十八大报告也都强调了“健全中央与地方财力与事权相匹配的体制”。

① 平新乔. 建立与现代化经济体系相适应的财税体制所面临的一些问题［J］. 经济理论与经济管理，2018（2）：12-14.

之所以舍掉了原来的“财权”一词，主要是源于1994年的分税制改革。这次改革以收入划分为特点，打破了我国原有的财政管理体制，地方财政实行收入与支出脱钩，收入随着税权首先向中央集中，然后中央再以税收返还、转移支付形式补助地方，以弥补其财政支出所需资金之不足。也正是在此背景下，原本的政府间财政关系理论中的“财权与事权相匹配”原则中的“财权”一词逐渐被“财力”所取代。财力与事权相匹配强调了事权是二者关系的核心，财力要围绕事权运转。这是因为政府的事权是提供公共服务的，而要提供公共服务需要有相应的财力。

2014年财税改革的核心内容也是调整中央与地方事权与支出责任的划分，理顺中央与地方收入划分。地方拥有与其事权相应的财力是支持地方政府履行财政职能的基石，理顺并合理划分中央与地方的事权及支出责任是政府间财力配置的基本依据，由此地方财政收入体系建设除了从地方税体系和地方税权两个端口发力外，还必须从更广的视角考虑地方财力的形成及其与地方政府事权的动态匹配问题。这不仅符合地方财政改革的合理次序——事权和支出责任划分→税权划分→地方自有财力形成→转移支付规模确定→地方总财力形成，也是未来财政体制变革的方向，有助于分税制体制在明晰事权划分方面的纵深推进。

8.5.1 正确厘清地方自有财力与转移支付的关系

事权与财力相匹配的基本含义是某一层级的政府应当做多少事就应当具有足以完成这些事的财力保障。地方政府的事权确定是决定其财力规模的前置条件。鉴于区域发展的多样性和不平衡性，中央事权或者共同事权一般要靠地方政府来实施，这就需要借助转移支付来为地方履行事权提供财力保障，这不仅有助于提高公共品的提供效率，而且能更好地明确支出责任的主体。

财力可以是一级政府凭借财权获得的自有财力，也可以是一级政府接受转移支付后的财力。从地方政府财力形成的逻辑来看，初始环节形成的地方税收入是地方政府的初始财力 I 或自有财力，其规模与中央政府相比往往比较小，通常表现为中央税收集中度较高或政府间税收分配呈倒金字塔型，其主要原因是区域间经济发展的非均衡性、区域间税收收入与税源的背离，由此决定了中央政府必须集中较多的税收收入并借助财政转移支付手段来调控和平衡各地方政府的财力差距；通过再分配环节自上而下的税收转移将形成地方的最终财力Ⅱ，政府间税收分配关系也相应地呈正金字塔型。转移支付规模越大，地方政府的最终可支配的财力能力就越强。可见，最终财力Ⅱ最能准确地反映地方政府所面临的财政收入状况。

自有财力与转移支付收入对地方最终财力的配置都能产生影响。一般来说，地方政府自有财力规模的大小直接制约着地方政府自主决定的程度，如果转移支付收入在地方财力中占有非常高的比例，则地方自主性的程度必然受到限制。同时，转移支付在地方财政总收入中比重过高会产生黏蝇纸效应，刺激政府支出规模膨胀，降低财政资金的使用效率，造成公共品过度供给。因此，各种财力配置形式之间要互相协调和配合。随之的逻辑就是要解决在地方财政收入中自有财力和转移支付收入哪个占主体地位，哪个发挥补充作用的问题。在转移支付规模不断扩大的情况下，地方政府会在自有收入与转移支付之间进行权衡与选择，现实中的研判标准可从两个维度切入：一是转移支付对地方税收努力的激励效应，如果在实施转移支付过程中降低了地方自有收入的努力程度，则意味着转移支付对地方自有财政资金产生了“替代效应”，背离了转移支付的正向激励目标。二是对地区间财力差异的影响程度。如果初次分配环节的税收收入划分体制导致的收入差距大于再分配环节的转移支付制度的差距，就应该更好地发挥转移支付的作用，反之，就应更加注重税收收入划分体制的效应。

从我国的实践来看，在既有的分税制体制下，地方政府因自有财力不足而导致的财政缺口在一定时期内将难以缩小，而现有的税收收入划分体制必然造成地区间财力的横向不平衡，因此，通过完善转移支付体系的方式保障地方政府的财力就成为弥补地方财力缺口的重要途径，而这在很大程度上受制于一般性转移支付制度的设计。政府间事权、财权和财力的体制要素不同组合直接决定了转移支付制度改革的方式、路径与成效。

我国转移支付制度存在的问题主要体现在转移支付收入分配的滞后

性，转移支付资金分配程序的繁杂化，部分资金空转虚增导致使用效率低，专项转移支付不规范，纵向转移支付制度频繁变动，如先后采用过渡期转移支付、一般性转移支付、均衡性转移支付、财力性转移支付等，这些问题不利于地方政府形成稳定的利益预期，造成不规范的短期筹资行为难以根本性消除。从地方财政的角度来看，财政转移支付制度的规范化受制于地方事权和财权的合理划分、地方税体系的完善和地方财政行为的规范化。当前转移支付改革的着力点应放在控制规模、优化结构、完善资金分配方法和提高资金使用效率方面，进而提高转移支付收入的质量，实现转移支付制度均等化和激励约束相协调。

（1）在合理安排财政收支责任的基础上，正确确定转移支付的规模。转移支付规模应由实践中真正的共同事权和地方事权及其相应支出责任的比例来决定，并根据各地区情况确定差异化的分配制度，以实现转移支付手段与实践需求的深度契合。不能简单抑制地方政府对中央财政转移支付的依赖，或降低转移支付占中央财政支出的比例，要重视对民族扶贫地方的转移支付，加大对中西部地区民生领域的倾斜力度，这样既能稳定地方履行支出责任的财力保障，促进地方财力及基本公共服务的均等化，又能在很大程度上避免转移支付的效率损失。

（2）建立健全“一般转移支付为主，专项转移支付为辅”的复合型转移支付体系。根据2014年政府收支分类科目，我国现行的转移支付体系是由税收返还、一般转移支付和专项转移支付三个部分构成的。优化转移支付结构的基本思路是，逐渐取消税收返还，提高一般性转移支付的比例，规范专项转移支付制度。具体来说，结合一般性转移支付和专项转移支付的各自特点，科学合理地确定一般性转移支付和专项转移支付在转移支付中的比例，消除一般性转移支付专项化与专项转移支付一般化的弊端。一方面，进一步提高一般性转移支付的权重，建立健全一般性转移支付资金分配的稳定增长机制；另一方面，针对专项转移支付存在的主要问题，如申报、审批程序复杂，缺乏明确的核算方法、有效的监督体系和退出机制，项目覆盖面广、种类多、碎片化与“部门财政”特征明显，一部分专项补助配套率的设置并未考虑地区间的财力差异等，切实按照新《预算法》第十六条、第三十八条、第五十二条对转移支付的设立原则、目标、预算编制方法、下达时限等做出规定，建立健全专项转移支付的设立、定期评估、退出和配套机制，通过减少、合并一批专项转移支付项目来优化专项转移支付种类，减少“跑部钱进”现象和中央部门对地方事权的不适当干预。

（3）完善一般性转移支付的资金分配方法。一是适时出台《财政转移支付法》，对转移支付的目标、基本原则、合理模式、法定形式、分配标准、财政监督等做出明确规定，从法制的角度解决转移支付资金中间环节渗漏严重和使用效率低下的问题。二是以实现财力均等化为目标科学分配资金。根据各地方的人均GDP、人均财政收入、人均居民收入、公共服务成本、功能区定位、城镇化水平等客观因素，科学设置转移支付的均等化分配公式，在强调资金分配公平性的基础上，增强转移支付制度化、透明度和规范化，有效解决地方“等、看、靠、要”的问题，减少地方政府的不合理预期和“投机”行为。三是注重地方政府行为激励机制的设计。在转移支付制度设计方面应该建立健全转移支付资金使用的绩效评价体系，将地方财政努力程度、资金支出绩效作为转移支付分配的重要依据，进而从源头上确保转移支付制度产生正向激励效应，规避转移支付资金的使用偏离基本公共服务均等化的目标。四是优化资金分配流程，降低资金分配的时间滞后性，增强缓解地方财政矛盾的及时性，从制度上消除通过列收列支实现账面虚增的现象。

（4）转移支付制度改革与支出责任划分调整协调实施。转移支付制度改革对中央和地方支出责任划分的实质性推进会形成“倒逼”机制。就转移支付的两种形式而言，一般性转移支付与中央支出责任没有对应关系，而专项转移支付与中央承担的委托事权或共同事权直接相关，是中央委托事权或共同事权的支出责任的体现。按照减少共同事权或委托事权的改革方向，应降低中央对地方转移支付的比重，特别是通过规范减少共同事权而降低专项转移支付规模。就地方财政而言，这种改革路径一方面有利于弱化转移支付补助期待的定式，另一方面，支出责任和转移支付收入同时减少的叠加将对财政收支状况产生不同程度的影响。如果在支出责任上移、减少转移支付收入下地方财政压力真实增加了，就要相应地提高共享税分成比例来弥补财政缺口，并需要科学测度转移支付收入和共享税比例调整之间的替代关系，采取有效措施以税收收入的增加对冲转移支付收入的减少。与此同时，增强一般性转移支付在转移支付制度体系中的主导作用，提高转移支付资金的统筹使用效率，从而谋求税收收入划分、支出责任划分和转移支付之间的平衡，以及纵深增强财力与支出责任匹配的确定性。

（5）完善省以下转移支付制度。目前我国的转移支付制度只限于中央和省级之间，省级以下政府间的转移支付问题还缺乏制度性解决方案和路径，由此带来了全国基层财政转移支付分配的不均衡以及资金截留的问题。因此，应将规范省级以下政府间的转移支付制度作为深化财政体制改革的一个重要环节。建立规范的基层财政最低财力保障补助制度的重要环节是科学设立分配程序，首先确定州（县）、县（市）每年最低开支标准，其次根据州（县）、县（市）的收入能力与基本财政支出需求的差额确定补助规模。鉴于受基本数据、诚信度等因素的限制，可以选择在全省范围内计算各州（县）、县（市）人均可支配财力的方法，对于低于人均可支配财力的州（县）、县（市），省财政给予一定数额的补助。通过规范和稳定的转移支付制度的建设，减少资金分配中的机会主义行为，提高转移支付资金效率，有效发挥基层政府作为国家治理基本单元的作用。

8.5.2 明晰政府间事权和支出责任划分

在多级财政体制下，各级政府原则上应分别承担实现各自财政事权所需的财政支出责任，体现不同层次财政事权与支出责任分担之间的一致性。财政事权的实现是通过财政支出安排的，理想的状态是哪级政府承担财政事权，哪级政府就应具有财力保障，做到支出责任与财政事权相适应。在现代财政制度框架下，中央与地方各级政府的财政事权划分是相应的财力配置的前置条件。政府间财政事权与支出责任划分不规范是地方政府财力不足的重要体制根源。就我国政府间事权划分的法律溯源来看，《中华人民共和国宪法》规定国务院有18项职能，《中华人民共和国地方组织法》规定县级以上政府有10项职能。理论上中央与地方政府的职能各有侧重和差异，但地方职能大多参照中央职能列示，而且二者有诸多重合之处。实际上，各级政府间财政事权同构必然带来支出责任的重合问题。

1.政府间财政事权划分

在多级政府的架构下，根据公共品的外部性、信息复杂性和激励相容原则，可把政府的财政事权划分为中央独有财政事权、地方独有财政事权和中央、地方共同财政事权。如果外部性主要发生在地方，其财政事权应属于当地政府。如果信息分散程度越大、越不容易对称，越适合地方基层处理；如果信息分散程度相对较小、相对容易对称，且外部性属于全局的，则适合中央政府处理。如果中央和地方各级政府都按照划定的职能尽力做好自己的事情，可以使得全局利益最大化，这种制度安排就是激励相容[①]。

根据上述原则，国防、外交、国家安全等属于中央政府的事权。关于地方事权和共同事权的范围，党的十八届三中全会的有关文件做出了比较明确的规定，区域性公共服务属于地方政府的事权，把养老保险等社保项目、跨区域重大建设项目的建设与维修等作为中央和地方共同事权。一般而言，地方政府承担的事权包括地方事权、中央和地方共同事权和中央委托事权三个部分。这种划分方法在技术层面上比较容易，但细化程度较低，在很大程度上缺乏对实践操作的指导性，特别是共同事权划分的笼统性造成支出责任由各级政府分担不明晰的问题比较突出。

2016年8月国务院印发的《关于推进中央与地方财政事权和支出责任划分改革的指导意见》（以下简称《指导意见》）进一步明确指出，要逐步将国防、外交、国家安全、出入境管理、国防公路、跨界河湖治理、全国性重大传染病防治、全国性大通道、全国性战略性自然资源使用和保护等基本公共服务确定或上划为中央的财政事权；将社会治安、市政交通、农村公路、城乡社区事务等受益范围地域性强、信息较为复杂且主要与当地居民密切相关的基本公共服务确定为地方的财政事权；将义务教育、高等教育、科技研发、公共文化、基本养老保险、基本医疗和公共卫生、城乡居民基本医疗保险、就业、粮食安全、跨省（自治

① 田国强. 中国改革历史、逻辑和未来［M］. 北京：中信出版社，2014.

区、直辖市）重大基础设施项目建设和环境保护与治理等体现中央战略意图、跨省（自治区、直辖市）具有地域管理信息优势的基本公共服务确定为中央与地方共同财政事权，并明确各自承担主体的职责。同时这个《指导意见》提出了事权和支出责任划分改革的时间表和路线图，2016年率先启动了国防、国家安全、外交、公共安全等基本公共服务领域的改革；2017—2018年在教育、医疗卫生、环境保护、交通运输等基本公共服务领域取得了突破性进展；2019—2020年争取完成对主要领域的改革，形成中央与地方财政事权和支出责任划分的清晰框架。

2018年1月国务院办公厅印发了《基本公共服务领域中央与地方共同财政事权和支出责任划分改革方案》，进一步明确了基本公共服务领域共同财政事权的范围、支出责任分担方式、国家基础标准（由中央确定），将义务教育、学生资助、基本就业服务、基本养老保险、基本医疗保障、基本卫生计生、基本生活救助和基本住房保障纳入中央与地方共同财政事权范围，并强调共同财政事权范围随着社会经济发展和相关领域管理体制改革进行相应的调整。

2.政府间支出责任划分

各级政府支出责任原则上按照“谁的财政事权谁承担支出责任”来确定。对属于中央并由中央组织实施的财政事权，原则上由中央承担支出责任；对属于地方并由地方组织实施的财政事权，原则上由地方承担支出责任；对属于中央与地方的共同财政事权，根据基本公共服务的受益范围、影响程度，区分情况确定中央和地方的支出责任以及承担方式。

具体来说，属于中央的财政事权，应当由中央财政安排经费，中央各职能部门和直属机构不得要求地方安排配套资金。中央的财政事权如委托地方行使，要通过中央专项转移支付安排相应经费；属于地方的财政事权原则上由地方通过自有财力安排。对地方政府履行财政事权、落实支出责任存在的收支缺口，除部分资本性支出通过依法发行政府性债券等方式安排外，主要通过上级政府给予的一般性转移支付弥补。地方的财政事权如委托中央机构行使，地方政府应负担相应经费。

根据基本公共服务的属性，体现国民待遇和公民权利、涉及全国统一市场和要素自由流动的财政事权，如基本养老保险、基本公共卫生服务、义务教育等，可以研究制定全国统一的标准，并由中央与地方按比例或以中央为主承担支出责任；对受益范围较广、信息相对复杂的财政事权，如跨省（自治区、直辖市）重大基础设施项目建设、环境保护与治理、公共文化等，根据财政事权外溢程度，由中央和地方按比例或中央给予适当补助方式承担支出责任；对中央和地方有各自机构承担相应职责的财政事权，如科技研发、高等教育等，中央和地方各自承担相应支出责任；对中央承担监督管理、出台规划、制定标准等职责和地方承担具体执行等职责的财政事权，中央与地方各自承担相应支出责任。

在具体规范基本公共服务领域中央与地方共同财政事权的支出责任分担方式方面，根据《基本公共服务领域中央与地方共同财政事权和支出责任划分改革方案》的规定，一是中等职业教育国家助学金、中等职业教育免学费补助、普通高中教育国家助学金、普通高中教育免学杂费补助、城乡居民基本医疗保险补助、基本公共卫生服务、计划生育扶助保障7个事项，将全国分为五档由中央和地方按不同比例进行分担。二是对义务教育公用经费保障，中央与地方按比例分担支出责任，第一档为8：2，第二档为6：4，其他为5：5；对家庭经济困难学生生活补助，中央与地方按比例分担支出责任，各地区均为5：5；对人口较少民族寄宿生增加安排生活补助所需经费，由中央财政承担；免费提供国家规定课程教科书和免费为小学一年级新生提供正版学生字典所需经费，由中央财政承担，免费提供地方课程教科书所需经费，由地方财政承担；贫困地区学生营养膳食补助，国家试点所需经费，由中央财政承担；地方试点所需经费，由地方财政统筹安排，中央财政给予生均定额奖补。基本公共就业服务、医疗救助、困难群众救助、残疾人服务、城乡保障性安居工程5个事项，中央分担比例主要依据地方财力状况、保障对象数量等因素确定。

3.适度加强中央财政事权和支出责任

地方分权程度高低不应该只简单地看财权本身，还需要考量事权、支出责任与财力之间的匹配关系。解决地方财政的事权与财力匹配问题可以有两种途径：一是维持财力格局不变，以财政事权匹配财力，上收中央财政事权，加大中央支出责任；二是维持财政事权与支出责任划分格局不变，以财力匹配财政事权与支出责任，进一步加大地方财力规模。这两种途径都能解决一些地方财力不足的问题。根据党的十八届三中全会的有关文件，关于保持现有中央和地方财力格局总体稳定的战略要求，鉴于目前地方支出责任权重过大及资金整体使用效率偏低的情形，在重新调整中央与地方财政事权与支出责任划分时，应遵循分级分层和总体集权的原则，有效兼顾财政事权适当上移与控制转移支付规模的关系，最终形成财政事权、支出责任与财力匹配的格局，因而第一种途径是较为理想的选择。

在中央、省级和市县级政府的财政事权划分方面，近期内增强地方财政事权与财力匹配程度的可行性思路是：以重新调整各级财政事权与支出责任分配为切入点，在明晰各级财政事权着力点上，强化中央宏观管理、制度设定职责和必要执法权，加强中央财政事权与支出责任，适度提高中央财政事权与直接支出比重，减少委托事务，明确共同财政事权；强化省级政府统筹推进区域内公共服务均等化职责，强化市县政府的执行职责，并在此基础上明晰支出责任，从根本上改变地方财力和财政事权相脱节的问题，这也是《中华人民共和国国民经济和社会发展第十三个五年规划纲要》中提出的深化财税体制改革的一个重要环节。

一是推进立法进程。在中央和地方之间财政事权与支出责任的划分方面，我国未对各级财政事权和支出责任做出明确而又具有法律效力的规定，仅有一些粗略的原则性规定。缺乏法律保障造成体制调整过程中的不确定性和随意性较大，不利于形成比较稳定和长期性的制度安排。今后在综合考虑政府间财力配置改革的基础上，应注重在国家治理理念的引导下以立法的方式来规范和调整政府间财政事权和支出责任关系结构。适时制定《中央与地方关系法》，通过法律来规范和明确规定中央与地方政府的财政事权与支出责任，促进政府间财政关系的管理由清单式模式转变到法制化轨道，进一步规范中央与省、省以下支出责任划分目标清单与分阶段实施方案，最终建立各级政府财力与财政事权相匹配的法律保障。

二是强化中央政府的作用，提高全国性公共服务水平和效率。除了将国防、外交、国家安全等关系全国政令统一、促进区域协调发展等重大事务集中到中央外，中央和地方之间的财政事权分配还应将一些外溢性强、涉及国民素质与社会公共产品、容易被挤占的领域上收为中央财政事权。将属于公民基本权利的基础教育、基本医疗卫生，环境保护和治理等社会性、民生性支出责任适当上移。例如，从根本上改变农村基础教育经费由中央和地方共同负担、城市基础教育经费由地方负责与中央适当奖补相结合的碎片化政策，完善和优化基础教育的政府间支出责任分担机制，在明晰财政事权的基础上，进一步明确中央承担财政事权的支出责任的内容。对城乡基础教育实行统一的“分项目、按比例”的中央和地方财政分担机制，如将信息复杂程度低、透明度高、容易统筹管理的教师工资实现省级统筹或由省级补差，将信息复杂程度较高、信息不对称较严重的支出责任，如校舍改造、教学仪器购买等主要由地方政府承担，省级或中央给予补助。

基础养老渐进性地实现由省级到中央政府统筹，加大中央政府在社会保障方面的直接支出。在城镇化发展的大背景下，社会保障支出责任过于分权化，特别是养老保障统筹层次过低严重影响了要素的自由流动，并造成发展水平不同的地区间养老保险平衡状况的差异。由于当前基础养老金的统筹层次只上升到省级层面，因此导致了经济越发达的省份吸引优质劳动力流入的能力越强，缴纳养老保险的人数也就更多，养老保险支出压力相对较低的良性循环；而经济越落后的省份的劳动力流出规模越大，缴纳养老保险的人数也就越少，养老保险支出压力就更大的一种恶性循环。

针对养老压力失衡越发严重的问题，十八届五中全会提出了“养老金实现全国统筹”的目标。如果养老金实现全国统筹，既可以解开养老金贫富不均的复杂绳结，合理调剂缓解养老金支付的局部紧张问题，提高资金使用效率，也可以方便参保者转移接续社保以及领取保险待遇，增强劳动力的流动性。然而，这在现实操作中势必触及经济发达地区政府的既得利益，因而如何对企业部分进行切割，原缴纳地方是否该保留以及保留多少等技术难题都有待突破。在目前养老金因地方发展差距而多寡不均的现象短期内难以改变的形势下，加大中央财政对养老金缺口较大地区的支持力度不失为一个可行的选择，这也是中央政府系统性地承担基本养老的兜底责任的基本要义。

对于中央和地方的共同财政事权，应在中央、省、市县三级政府间逐步分解细化，明确中央与地方支出责任的比例并动态优化。对于基础教育、医疗卫生和社会保障等民生类的支出，中央政府应承担更多的财政事权和支出责任，从而切实减少地方政府，特别是基层政府承担的繁重的社会性支出事务，加强民生保障，健全防范民生风险的兜底机制。在具体实施中，要采取分区域、分步骤的渐进推进方式，对于财力不足的中西部地区，中央财政可先上收一部分财政事权，降低地方政府的财力负担并相应降低转移支付，对东部财力充裕地区不做调整，从而强化转移支付的均衡性。在中央与地方投资权的划分方面，将投资权适当上移能够严格限制地方政府在竞争性和生产经营性领域的投资权、有效规范地方政府投资行为的多重功效。需指出的是，中央和地方的共同财政事权划分也是相对的，随着国家财力的变化、政策发展和宏观调控的需要，中央和地方的共同财政事权的范围可以适时调整。从事权与财力匹配的角度，中央和地方应按照事权划分相应承担起支出责任，尤其是针对其中的共同事权要建立稳定、可预见的支出责任标准。

三是加强转移支付制度与政府间财政事权划分的相关性。除了中央财政事权适当上收，还应明晰地方财政事权（区域性公共服务）及中央与地方共同财政事权（具有地域管理信息优势但对其他区域影响较大的公共产品和服务）与委托事权的支出责任。原则上，地方财政事权由地方承担支出责任，中央和地方的共同财政事权由中央和地方按规定的比例分担支出责任，中央委托财政事权由中央通过转移支付方式来承担支出责任。对于部分委托的中央财政事权与支出责任应以投入的效果为导向，通过转移支付安排由中央承担，并逐步取消地方配套资金的要求。对于跨区域、对其他地区影响较大的公共服务，由中央承担一部分财政事权，并通过转移支付方式来承担支出责任。共同财政事权支出责任地方承担的部分，由地方通过自有财力和中央转移支付统筹安排。中央加大均衡性转移支付力度，促进地区间财力均衡。在一般性转移支付下设立共同财政事权分类分档转移支付，原则上将改革前一般性转移支付和专项转移支付安排的基本公共服务领域共同财政事权事项，统一纳入共同财政事权分类分档转移支付，完整反映和切实履行中央承担的基本公共服务领域共同财政事权的支出责任。

转移支付制度的设计还必须与城镇化发展结合起来，确保资金分配与城镇化的空间发展进程保持一致性。一方面，要通过供给侧管理来加大对人口流入地的基础设施和公共服务的转移支付力度，如大城市地铁项目和都市圈内部城际铁路建设、教育和医疗设施投入等，以保证基础设施和公共服务的供给满足人口增长的需求，确保流入地政府财政能力的可持续与常住人口公共服务均等化目标的实现。另一方面，对人口流出地合理规划转移支付的规模和结构，防范地方政府的过度供给与低效供给，从而保障转移支付分配空间的均衡性和有效性。

4.健全地方政府间财政事权与支出责任相适应制度

根据政府的社会管理职能和经济调控职能，地方政府的财政事权可分为政权运转、市场监管、社会管理和公共服务。从承担支出的主体角度来看，支出责任分为省级、市级、区（县）以及各级政府的共担支出。具体而言，每级政府都承担着本级政府机构运转以及辖区经济社会发展的职责，省级和市级还同时拥有省域（市域）范围的经济调控、协调发展及均衡区域内财力差距的财政事权。这种财政事权和支出级次的界定客观上要求按照权责对称、合理分担、协调平衡的原则来划分省级、市级、区（县）的支出责任。省级财政承担省级财政事权的支出责任，市级财政承担市级财政事权的支出责任，区（县）级财政事权的支出责任由区（县）级财政承担，各级政府共同承担的财政事权按照合理的比例承担相应的支出责任。

当前省以下地方各级政府之间的财政事权和支出责任划分不清晰，界定不明确，缺乏规范性。由于延续了中央和省级分税制的做法，因而在地方层面也存在财权、财力和事权之间的逆向运动，形成财权、财力相对集中在上级，财政事权、支出责任主要落在基层的不合理局面。上级政府将公共服务和社会管理中心下移，属地化管理造成基层政府承担了大量的公共服务和社会事务，而且支出责任大部分是刚性无法压缩的。为了实现财政事权和支出责任在省级、市级、区（县）以及各级政府部门科学、清晰、合理的配置，应按照公共事项受益范围、成本效率以及有利于发挥各级政府自主性、积极性的要求，逐步推进财政事权和支出责任在各级地方政府间的置换调整。改革的总体思路是：

其一，出台财政责任法。从法律上建立地方各级政府的辖区财政责任机制。明确省域范围内纵向财政能力的平衡责任，以及横向财政能力的均衡责任，这既是保障省域范围内基本公共服务均等化的基础，也是整体政府间财政关系中具有承上启下功能的关键环节。

其二，在支出责任安排上遵循自上而下和自下而上相结合的程序。省级政府要参照中央做法，结合当地实际，按照财政事权划分原则合理确定省以下政府间财政事权。省级政府要充分发挥承上启下的作用，要着眼于本辖区范围内横向、纵向的财力与事权的匹配，将部分适宜由更高一级政府承担的基本公共服务职能上移，对超出市（区／县）管辖范围或超越市（区／县）管理能力的事务，由省级承担。明确省级政府在全省统一市场建设、促进区域内经济社会稳定与协调发展，以及基本公共服务均等化等方面的职责，减少委托事务。

其三，将直接面向基层、地域信息强、由基层管理更加方便有效的事务下移给基层政府。有关居民生活、社会治安、城乡建设、公共设施管理等适宜由基层政府发挥信息、管理优势的基本公共服务职能下移，强化基层政府贯彻执行国家政策和上级政府政策的责任，进而更好地满足区域性公共服务的需要。省与市（区／县）的共同事务，按市（区／县）政府优先原则，凡是能够由市（区／县）政府有效实施，体现行政效率最优的事务由市（区／县）政府负责，主要负责为本辖区的居民提供基本公共服务和社会管理。

其四，对于难以明确区分受益范围，省与市（区／县）均有义务提供的公共服务，作为省与市（区／县）的共担财政事权。其主要包括基础教育、医疗卫生、环境保护、社会保障等涉及国民素质、医疗保健、公共资源保护和环境治理方面的事权。在明晰财政事权的前提下，省级政府要根据省以下财政事权划分、财政体制及基层政府财力状况，合理确定省以下各级政府的支出责任，避免将过多支出责任交给基层政府承担。要对各级政府履行支出责任的财力需求进行测算，按照保持现行各级政府财力格局总体稳定的原则，结合国家财税体制改革方向，考虑各级政府支出责任和财政承受能力，适当调整地方政府间财政收入划分，正确处理加强省级统筹调控能力、促进区域财政经济的发展和调动市（区／县）财政能动性，以及基本保障和激励引导的关系。

其五，健全与财政事权与支出责任改革后相衔接的财政转移支付制度，省级政府负有弥补所属市（区／县）级政府财力缺口的直接责任，应根据自有财力状况合理调整一般性转移支付资金和专项转移支付资金的比例，一般性转移支付优先保证县级政府资金需求，不足部分由上级政府承担托底责任而给予补助，从而切实建立市（区／县）级基本财力保障动态平衡机制。对于共担的财政事权，上级政府通过专项转移支付的形式将自身负担的资金下达至下级政府，对于委托的事权，通过转移支付进行全额补助，并取消对受援地区的配套资金要求。这样才能从根本上约束上级政府的财力分配，改变各级政府只关心本级财政的状况，避免造成政府治理缺陷和基层财政陷入困境。

8.6 提升非税收入治理能力

作为地方财政收入的必要补充形式，非税收入治理能力的大小直接关系到非税收入的规范性、合理性，以及地方财力统筹程度和地方公共财政体系的健全性。同时，如何规范非税收入分配、匡扶扭曲的非税收入制度也是解决政府间纵向均衡和横向均衡面临的一个重要课题。鉴于目前非税收入管理中的困态，其突破的总体思路是建立一个架构合理、规范统一、运行顺畅的新型非税收入管理综合体系，其实现的根本性路径在于提高非税收入的治理能力，硬化地方政府对非税收入汲取行为的预算约束，有效调整非税收入项目，完善非税收入的分配体制。

8.6.1 地方非税收入的困态表现

非税收入的起因源于地方财政的不完全性，与地方税收收入的变化有着直接的因果关系，并且往往被用作弥补税收收入下降的权宜之计。与正式的税收收入相比，非税收入通常表现为非正式的财政体系，是构成企业综合负担的一个子集。虽然正式财政与非正式财政的交替变动便于地方政府及时灵活地调整财政收入，能够确保财政收入增长的一定弹性，但是由于收费主体的多元化，收费的项目、规模、标准、范围、管理使用等方面都存在着一些问题，非税收入的政策效果往往存在不合意的问题。

一是非税收入管理法制建设滞后。与税收相比，非税收入全国性立法缺失，主要依靠国务院行政法规和财政部门的规章，制度化、规范化程度较低，配套分类制度不完备，以及项目设置缺乏法律上的有效约束。由于财政法制化水平较低，执行中在一定程度上存在随意性调整、权力滥用的现象，不仅固化了以费代税的倾向，而且对实现“预算民主”也产生了不利的影响。

二是非税收入管理粗放致使资金使用效益低下。管理粗放主要体现在非税收入门类庞杂、收费项目较多、项目设置管理较宽泛。政府性基金由国务院批准，设立行政事业性收费由中央和省级政府批准，财政部门和发改委都有收费批准权。另外，地方非税管理条例差异大，征收的范围、标准、程序等缺乏一定的明确性和透明度，征管中自由裁量空间较大，在执行中容易诱发扩大收费范围、提高收费标准等乱收费行为，如擅自拓宽收费范围，违规调整收费标准。票据使用过于杂乱，部分国有资源（资产）和罚没物资被无偿或低价占用，使用处置等收缴覆盖不全面和价值补偿不合理，以及收支不脱钩①。

三是非税收入波动性大、时效性较强，不能为地方财政收入带来稳定的预期。收入规模过大不仅造成中口径及大口径税负的宏观税负过高，而且对税收收入的挤出效应更为突出，造成地方财政收入自身结构性问题更加凸显，致使财政收入质量恶化。总之，地方政府过度依赖土地出让收入来释放地方财政压力的偏好会给地方财政运行带来一系列的风险。

8.6.2 非税收入治理的施策选项

1.健全非税收入管理的法规制度体系

在全面推进依法治国的背景下，纠正地方政府非正式财权偏好与化

① 白宇飞，张紫娟. 地方政府非税收入困态摆脱路径研究［J］. 财政研究，2015（9）：59-63.

解非税收入的风险需要从法律治理的视角切入。非税收入管理需遵循法定主义的原则，从法律层面来优化调整非税收入的制度环境，构建符合现代国家治理能力与治理体系要求的非税收入治理新格局，从而更好地适应公共收入治理体系现代化的要求。

一是加快非税收入立法进程，确保非税收入依法征收、依法管理的权威性和严肃性。非税收入的管理应该建立在以法治为基本框架的制度基础上，通过法律约束获取非税收入的权力和规范利益分配，规避随意性和主观性的运作方式，这既是限制非税收入任意征收的前提，也是衡量财政法治程度和非税收入管理水平的重要标尺。在我国，非税收入的项目设立是通过一些相关法律加以确定的，其中主要包括《中华人民共和国土地管理法》《中华人民共和国森林法》《中华人民共和国矿产资源法》《中华人民共和国教育法》等，这种根据某些特定领域的法律法规来设定非税收入项目的做法为地方政府巧立名目的“搭便车”收费提供了制度环境，并逐渐形成了制度惯性。为了改变这种状况，在实际操作中可以根据非税收入的不同特点和管理需要，分类制定非税收入征收管理条例，时机成熟时再颁布由全国人大审议通过的非税收入征收管理法，并辅以非税收入征收管理法实施细则。地方政府则据此修订、完善地方性非税征管法规制度，最终形成一套从中央到地方、涵盖全部非税类别的完备的非税收入法律法规体系。

二是提升非税收入设定权的法治化标准。非税收入项目要上升到法律层面，经过一系列的法定程序，全国范围内正式的非税收入项目由全国人大立法，地方性收费项目由地方人大立法，制定面向非税收入设立主体的权力清单，明确非税项目的立项审批权限，切实做到法无授权不可为。凡是新设立的非税收入项目，设定权应进一步向中央层面集中，逐步压缩地方政府依据地方性法规和政策文件设立非税收入的空间。对于合法的、仍得以保留的地方非税收入项目，其设定权的授予或者剥夺应以相关法律依据和法律赋予各级政府的行政职权范围作为严格的判断标准，从而规避地方政府以非法制的行政方式随意设定收费项目的现象。

三是合理设计非税项目的征收制度。为了抑制地方政府扩大非税收入规模的动机，应加强非税收入的规范化管理，有效约束地方有关部门在非税收入立项、征收、管理与使用中的权限，明确非税收入的征收目的、征收标准、征收时限，建立定期评估与退出机制。根据政府公共管理职能细化非税收入项目设置，对一些符合市场经济发展要求的项目应予以保留，并探索一种新型的管理体制，严格控制规模。非税收入征收标准合理与否是其管理规范化程度的直接体现，征收标准的确定既要防止征收标准过度调整，也要避免僵化不变。应按照需要灵活运用成本补偿、级差调节等定价原则，综合考虑经济社会发展需要与非税缴纳人的实际承受能力，逐步建立以财政部门为主、物价部门为辅的按年度对征收标准进行测算调整的动态管理模式。

2.规范实施清费正税改革

既然地方财政收入中税收和非税并存，那么财政收入结构调整必然涉及税收收入与非税收入的配比问题。调整这两类收入规模的比例要么通过并税式改革将一些非税收入纳入正式财政体系，要么继续维持非税收入的规模。基于非税收入分配关系的特殊性质及管理现状，短期内不可能简单地将非税收入都置换成税收收入，下一步改革的大方向应按照清费正税、税费归位、优化非税收入结构的原则逐步对非税收入进行整治，构建一个税主费辅、各司其职、规范稳定的地方政府财政收入格局，这是结构性减税配套改革的必要条件，也是在财税制度层面加强供给侧结构性改革的一个重要举措。如果仅仅实现了减税，而法定税收之外的减费没有减少，就有可能出现税退费进的局面，不利于降低非税收入对地方财政收入主体的冲击与重塑税收收入在财政收入中的主导地位。

一是积极实施费改税。对于某些具有税收性质的非税收入实行费改税，将这些非税项目归并到现有的税种之中或根据情况适时地开设新的税种。近期可从两个维度进行改革：

首先，环保费改税。依据《排污费征收使用管理条例》确定的排污费制度实施以来在节能减排方面发挥了一定的作用，但在实践中呈现出强制性和规范性不足、环保部门执法权有限、操作困难且拖欠现象严重、地方保护等问题。与税收制度相比，排污费制度仍存在执法刚性不足、地方政府和部门干预等问题。目前，我国对具有一定规模的大企业的排污费征缴率达90%以上，但在一些地方，行政干预影响了排污费收缴率的提高。2013年，党的十八届三中全会将“推动环境保护费改税”作为完善税收制度的一个重要环节。排污费改成环保税有助于增强税法的刚性与强制性，更好地发挥企业污染治理的能动性，促进企业环境污染外部成本内部化，提升环境保护和治理的自觉性。当然，这些杠杆作用的发挥取决于环保税制的设计，应按照“污染者付费”的原则，将税收与污染程度、污染治理成本紧密挂钩，这样才能充分体现对污染行为调节的这一环保税的核心功能，更好地发挥环保税的“双重红利”。《中华人民共和国环境保护税法（草案）》2016年8月29日提请全国人大常委会首次审议，草案提出在我国开征环境保护税，2018年正式实施。改革的基本思路是按照“税负平移”的原则，将现行排污费制度向环保税制度转移。征税对象包括四类：大气污染物、水污染物、固体废物和噪声。自征税起，不再征收排污费。未来环境税收入中绝大部分收入应当归地方所有，由地方政府承担更多的环境治理以及监督企业减少污染排放的职责。

其次，重构资源税费框架。以统筹税费关系为核心，改变“税轻费重”的现象，在适当提高资源税收入的同时，配套实施选择性清理相关收费和基金，进而建立功能明晰的资源税费制度体系。理论上，资源税费是由资源品种差异和稀缺的特点决定资源税征收的不同形式。与土地租金、垄断技术和市场的租金与获得政府许可租金一样，是经济租金的一种来源。从世界范围来看，对矿产资源租课税一般有六种形式：统一收费（FF）、从量或从价特许使用费（SAVR）、较高比例所得税（HRIT）、累进利润税（PPT）、资源租税（RRT）和布朗税(Brown Tax)。

我国现行的资源税费是国家以双重身份和权力以多种形式获得的。就矿产资源而言，资源补偿费和资源税是资源税费体系的核心，探（采）矿权使用费和价款是重要组成部分，此外还包括对石油开采企业征收的石油特别收益金，部分地方政府征收的基金，如主要在山西省征收的煤炭可持续发展基金、煤矿转产发展基金、水资源补偿费、采矿排水费；在山西、辽宁少数省份征收的林业建设基金；在陕西省征收的水土流失补偿费；在新疆维吾尔自治区征收的煤炭资源开发地方经济发展费[①]。从地方涉煤企业税费类型及征收情况来看，目前存在的问题主要有税费种类多、涵盖环节广、征收部门多、涉及中央与地方、计提标准不一、存在地区差异。

虽然资源税费的法理不同，但是具体操作中现行矿产资源税费框架存在着税与费（基金）在征收环节及对象、计税依据等方面重叠、功能界限划分不清晰、费重税轻的问题。矿产资源补偿费是凭借国有资源所有权而对矿产资源开发者收取的，在性质上相当于多数市场经济国家的权利金；资源税兼具调节级差收入和资源补偿费的作用，与权利金在更大程度上存在重合部分；探（采）矿权使用费是凭借矿业权在矿产权有效期内按年度征收的；探（采）矿权价款是由矿业权的招标、拍卖和挂牌、协议出让程序产生的一次性收入，类似于国外的矿业权红利，在征税范围上也类似于传统意义上的权利金[②]。由此可见，资源税、矿产资源补偿费、探（采）矿权使用费及“两权”价款之间在性质上存在着部分重复的问题，在目标上都体现了矿产资源有偿使用制度的要求，都是对矿产资源开发所造成的资源经济价值损失进行的补偿，以保障和促进矿产资源的勘查、保护与合理开发。

从资源税费收入规模的比较来看（见表8-1），资源税与相关税费的绝对额及其占一般公共预算收入的比重都存在明显的差距。2008—2018年专项收入与资源税的差额从1 252.34亿元扩大到5 893.48亿元，资源税占一般公共预算收入比重也低于专项收入占一般公共预算收入的比重，这反映了税费规模不匹配，费挤税的现象比较突出。因此，规范资源税费制度体系建设的举措就是通过各类资源税费在征收对象、用途性质、征收主体方面的分析比较，厘清租、税、费之间的关系，把资源非税收入纳入资源税统一框架中协调推进，通盘有序实施增税减费改革。

---

① 李刚．煤炭资源税改革：国际视野与方案建议［J］．地方财政研究，2014（10）：57-62.

② 邓晓兰，鄢哲明，陈宝东．公共财政视角下矿业权价款收益分配制度的比较借鉴［M］．成都：西南财经大学出版社，2014.

表8-1　　**资源税费收入规模的比较**

年份	资源税收入（亿元）	专项收入（亿元）	专项收入与资源税的差额（亿元）	资源税占一般公共预算收入的比重（%）	专项收入占一般公共预算收入的比重（%）
2008	301.76	1 554.10	1 252.34	0.49	2.53
2009	338.24	1 636.99	1 298.75	0.49	2.39
2010	417.57	2 040.74	1 623.17	0.50	2.46
2011	595.87	3 056.41	2 460.54	0.57	2.94
2012	904.37	3 232.63	2 328.26	0.77	2.76
2013	1 005.65	3 528.61	2 522.96	0.78	2.73
2014	1 083.82	3 711.35	2 627.53	0.77	2.64
2015	1 034.94	6 985.08	5 950.14	0.68	4.59
2016	950.83	6 909.26	5 958.43	0.60	4.33
2017	1 353.32	7 028.71	5 675.39	0.78	4.07
2018	1 629.90	7 523.38	5 893.48	0.89	4.10

数据来源：根据2007—2017年全国一般公共财政收入决算表、2018年中央一般公共预算收入决算表、2018年地方一般公共预算收入决算表整理得来。

注：我国非税收入中的专项收入包括排污费收入、水资源收入、矿产资源补偿费收入、探矿权、采矿权使用费、价款收入等。由于涉及主要的资源费项目，因此用专项收入的数据替代。

二是合理调整非税收入项目。随着社会主义市场经济体制改革的深化，市场在资源配置中的决定性作用将日益突出。相应地，应进一步推进从中央到地方的简政放权，并具体落实到削减政府的社会规制性权力范围与取消一些行政审批事项。体现在非税收入管理方面，就是要合理配置地方非税收入管理权，在各级地方政府之间规范确定非税收入的决策权和执行权。重点是要逐步实行目录清单管理制度，依据合法合规标准来设置非税收入的分类调整制度和退出通道，对于那些能够体现政府职能、收入规模比较大、来源渠道相对稳定、具有一定税收特性的非税收入，应逐步纳入税收征管体系；对于所有不合法、不合规的非税项目应予以彻底废除；对于那些合法合规但征收期已满的非税项目应及时清理；对于部分随着经济发展和财税改革而存在意义不大的非税项目应适时取消。在制度执行过程中要规范征收程序，细化征收标准，缩小征收弹性空间，增强征收信息的透明度，从而有效遏制非税收入项目名目繁多、政出多门、多头治理等现象。

3.加强非税收入全口径预算管理

将非税收入全部纳入预算管理是现代财政制度对预算管理规范、透明和精准的基本要求，也是预算全面性原则的根本特征。在预算管理方面，现实中一些有必要继续保留的非税收入项目分别被纳入一般公共财政预算、政府性基金预算和国有资本经营预算，也有一些项目还没有被纳入全口径预算管理的正常运行轨道。由于非税收入分配权的地方高度自治性，以及三类预算管理的规范性程度不同，因此这种非税收入不同项目之间相互分割的情形会弱化非税收入的整体性功能，不利于地方政府对财政收入进行统筹调剂、财力整合和规模控制，进而可能造成地方财政收入质量下降和系统性风险增大。

为了提高地方财政资金的统筹调配能力，目前应按照全口径预算管理的规范要求，将所有非税收入项目分类纳入不同预算进行管理，从而确保收入来源和支出去向公开、透明，便于社会公众的监督。目前非税收入预算管理规范化的重点应放在四个方面：

一是加大政府性基金预算、国有资本经营预算与一般公共预算之间的统筹力度，建立规范透明的资金往来渠道，着眼于在政府预算总盘子上实现预算平衡或政府预算体系的综合平衡。

二是优化各类预算之间的非税收入项目结构。完善国有资本经营预算制度，进一步改革地方国有企业利润分红制度以及整合不同行业国有资本经营收益，逐步提高国有资产收益上交比例及其在非税收入中的比重；逐步缩小政府性基金预算规模，避免政府性基金因专款专用形成大量资金结余的现象，进而疏解预算收支的结构性矛盾。

三是基于预算内非税收入、预算外非税收入和制度外非税收入并存的现实，分类管理非税收入，将预算外收支和体制外收支都纳入预算进行有效监管，逐步实现地方预算收入、财政收入和政府收入口径的统一，增强地方预算的规范性和收支的透明度。

四是弱化部门权力，切断非税收入征收与部门既得利益相关的链条。扭转长期以来在一部分非税收入的征收、使用和管理中形成的“利益部门化”和被部门权力“绑架”的局面，改变在体制转轨时期形成的政府各部门、各单位的多元财力支配主体和独立于财政之外的利益格局，取消非税收支财政专户管理模式，将非税收入由单位财力正式转为政府财力，由单位自行支配转为政府统筹使用，真正还权于财政，重塑财政在政府收入活动中的主体地位，从而使非税收入更好地接受人大和社会监督，增强非税收入的约束力和透明度，提高地方政府预算的统一性和完整性。

8.6.3 适时调节土地收益分配制度

土地财政收入是地方政府保障和推动基础设施投资、经济建设和社会事业发展的资金支撑。目前，对土地财政的广为诟病是因为其支出背后的激励机制产生了较大的负面效应而导致地方政府行为模式的扭曲。例如，地方投资快速扩张导致产业结构不合理和产能过剩，土地城镇化模式造成土地资源利用粗放和效率低下，政府、企业和个人收益分配比例失衡，资金使用中预算管理与监督约束缺位、透明度较低，以及服务于政绩的资金投向的约束失效，等等。实际上，这些问题的形成是由多种因素耦合而成的，和土地财政并不形成一一对应的因果关系，作为一种地方财政模式，土地财政具有中性，不能把这些全部归咎于土地财政的影响，关键是在土地收益的分配和使用中如何有效规避这些消极结果，弱化土地出让收入的路径依赖效应，从根本上建立有效矫正地方政府土地出让收入偏好、防范土地财政风险的长效治理机制。

后“土地财政”时代打破土地财政收益不合理分配的路径锁定，放缓地方政府对土地出让收入依赖强度的基本思路是：根据经济社会发展要求适当确定土地财政收入规模，并动态优化土地财政收入结构。构建税收与土地出让收入相辅相成的收入体系，改革收入体制，即在中央与地方之间合理划分土地财政收益，完善预算管理，健全国有土地资本预算体系，实现地方土地财政收入的稳定性和可持续性，总体上对地方社会经济发展提供较为均衡的财力支持，保持地方财政处于良性运行的轨道。

1.合理引导土地财政由租金型向税收型转变

土地财政收入的形式主要表现为土地出让收入和税收收入。理论上，二者具有不同的依据、性质、政策功能，土地出让收入是公共资源所有权收益的回收补偿，而税收是凭借政治权力筹集收入来补偿公共服务的成本，所以土地财政收入并非只能采取某一种形式，关键是在不同的经济社会发展阶段如何对这两种收入形式进行有效协调、合理确定规模和优化结构。事实上，土地收益具有跨期分配效应，土地财政转型本身也内含着土地财政不同收入形式的转换和协同。因为土地财政作为一种地方财政收支模式，其可持续性的标准不能仅以土地出让收入的增减情况或比重高低为依据，而应从土地财政收益的结构性视角来分析。

随着土地用途管制增强、土地征收成本大幅攀升，地方政府土地出让的直接净收益将趋于减少。因此，急需构建土地财政能够自我持续的长效生财机制，推进土地财政收益结构性调整和收益形式权重的改变，使土地财政收益重心由前端的土地出让收入向后端的相关税收转移，逐步降低土地出让收入在地方政府财政收入中的比例。结合目前的"供给侧"管理发展战略，地方政府应制定总体产业扶持规划，将有限的土地资源向符合结构升级方向的产业倾斜来推动产业转型，通过产业升级转型驱动内涵式增长来涵养税源，同时通过不断提高公用服务供给能力，优化投资环境，促进经济发展的途径来确保土地增值，并从中获得更多的土地税收收入，进而构建地方土地财政收入合理转型中的可持续模式。

房地产税改革可作为开辟地方财政收入渠道和税制综合改革的一个选择举措。地方财政应以房地产税改革为契机，通过加快房地产税的立法，切实推进房地产税制体系的建设，使房地产税在土地财政转型后承担主要的筹资责任。但需要指出的是，这一改革应采取渐进的模式，无论从土地出让收入存在的法理性还是房地产税所提供的收入规模的角度，房地产税都不能完全代替土地出让收入。特别应在当前税制改革和收入分配改革的大框架下进行房地产税改革，在增加地方财政收入来源的同时更要兼顾收入分配的公平性。换言之，不宜对房地产税收入水平有过高期待，以防止土地出让收入与房产税出现同向过快增长，以及由此造成进一步加重微观经济主体税负和抵消结构性减税的效应。从长远来看，随着房地产税制的建立及相关配套措施的跟进，体制外土地出让收入的重要性将趋于下降，而稳定规范、相对均衡的体制内税收收入地位会不断上升，从而改变扭曲的地方财政收入结构，使整个地方政府财政收支走向良性循环，在一定程度上避免债务风险爆发和金融风险恶化。

2.建立规范的政府间土地财政收入分配体制

我国在政府间财政收入分配体制改革方面，长期以来只关注了“分税”，而忽视了公有制背景下如何“分产”。分税制只按税种对税收收入流量进行了划分，而对以公共产权体现的国有土地收入却没有涉及，使得作为公共产权收益主要部分的土地出让收入被置于中央与地方财政关系之外。按照现行政策规定，地方政府掌握土地的实际控制权与土地出让收入的支配使用权，中央只集中了30%的新增建设用地土地有偿使用费收入（见表8-2），分配比例过低。2010—2016年中央新增建设用地土地有偿使用费收入占全国新增建设用地土地有偿使用费收入一直在30%左右，而地方占比则超过2/3，这种分配格局使土地财政收入处于高度分权化的管理状态，导致地方政府把土地分级管理变为事实上的“分级所有”，强化了地方政府对土地财政的依赖度和路径锁定，也在很大程度上拉大了地方间的财力差距。

表8-2　**新增建设用地土地有偿使用费收入分配情况**

年份	全国（亿元）	中央（亿元）	地方（亿元）	中央占比（%）	地方占比（%）
2010	981.66	288.21	693.45	29.36	70.64
2011	1 011.19	304.10	707.09	30.07	69.93
2012	1 108.60	335.36	773.24	30.25	69.75
2013	1 002.36	303.14	699.22	30.24	69.76
2014	805.73	249.70	556.03	30.99	69.01
2015	810.62	250.94	559.68	30.96	69.04
2016	679.98	207.95	472.03	30.58	69.42

数据来源：根据2010—2016年全国财政决算表整理得来。

要改变这一状况，后“土地财政”时代除了合理调整土地财政收入结构外，还应着力重构财政间收入分权体系，把公共产权纳入分级财政体制框架之中。建立健全土地出让收入分级管理体系也是完善财权划分的一个重要内容，在法理依据方面，国有土地属于全体人民，其收益自然应当由全体人民共享，中央集中土地出让收入是全体人民共享土地收益的具体体现。从地区间财力差异的角度来看，作为国有资源有偿使用收入的形式，土地出让收入具有分布不均匀的特点，单独划归某级政府不符合收入划分原则，也会在一定程度上造成政府间纵向财力差异，以及对单独享有和支配收益的政府形成扭曲的财政激励。在土地资源利用持续性和土地出让收入分配的均衡性方面，土地收益分配也存在在代际之间、区域之间、城乡之间、群体之间的有效性配置和公平、公正分配的问题，完全由地方政府自主掌握和支配会导致地方建设需要与国家宏观调控之间的冲突。因此，中央政府应科学确定政府间收入共享体制，重塑中央与地方之间的土地收入分配格局，并根据城镇化发展的不同阶段、宏观经济调控需要以及财政体制改革的目标取向进行动态性的调整，增强土地出让收入筹集、管理和使用各个环节的规范性和透明度。

为了确保土地收益分配在中央与地方财政关系上能够得到充分体现，可考虑两种方案对土地出让收入进行分成改革。一是适当提高中央政府在新增建设用地有偿使用费收入中所占比例；二是建立土地出让收入分享的合约架构，将中央政府和地方政府对新增建设用地有偿使用费的分成改为直接对土地出让收入总额的分成。具体分成比例可根据不同的地区进行差异化对待，同时对从土地收益中计提的农业土地开发资金、保障性住房建设资金、教育发展资金、水利建设资金也分别以不同的地区确定划入中央国库的项目和份额，由中央进行全国范围内的转移支付和地区间的再分配调节。不管采用哪种方案，分成比例的确定一方面要对地方政府形成激励和约束相容的制衡机制，这样既可以调动地方政府合理开发使用土地资源的能动性，又能有效抑制地方政府单纯追求当期土地出让收入最大化的倾向，并规范地方政府的土地财政行为；另一方面，以促进政府间财政事权、支出责任与财力匹配为着眼点，土地财政收入分配体制的改革应和中央与地方共享税比例调整相协调，在地方共享税比例没有大的调整、地方其他财力不能保证与事权较好匹配的条件下，不宜大幅度提高中央土地财政收入的分享比例，从而保证改革后地方政府的财力不受到较大的冲击。

长远的举措应该是合理调整中央与地方在非税收入上的分配权限，以及中央与地方间的相关土地收益的分成比例，使国家财产性收益在中央与地方财政关系上真正有所体现。此外，为了能够真实客观地反映地方政府的实际收入和全面考量地方的筹资能力，转移支付的计算口径应统一考虑税收努力和非税收入规模，在一般转移支付制度设计中，将非税收入纳入到测度地方财政收入缺口的变量中，而不是单一地衡量地方税收的能力，进而使转移支付制度切实收到均衡地方财力的功效。

3.健全土地资本预算管理体系

现行土地财政收入的预算管理存在割裂的问题。由于土地出让收入纳入政府性基金预算，土地相关的税费纳入公共预算，以土地出让收入为抵押的债务收入尚未纳入债务预算，因此不符合全口径预算管理的要求。后“土地财政”时代土地收入预算管理的重点应放在两个方面：一是建立土地资本预算管理体系。通过相关预算法律清晰界定土地资本预算管理权限与预算责任，完善土地收入管理体制和监管方式，促进预算软约束向预算硬约束的转变；二是将土地出让收入纳入中期预算框架。通过编制中期预算，既实行周期内的收入总量控制，又保持年度间的弹性调整，这不仅可以切实控制土地资源供给和利用的节奏及资本化进程，而且能够防止土地出让收入大起大落，有效增强地方政府相对均衡获取土地出让收入的能力。

8.7 构建地方政府政绩考核正向收入激励机制

8.7.1 完善地方政府政绩考核制度

按照机制设计理论，对地方政府进行恰当激励的有效性取决于一套合理机制的构建。在依法治国的背景下，改革地方政府绩效考核制度的当务之急是以经济社会协同发展为导向，对地方政治激励制度进行有针对性的改革。改革绩效考核准则，推进政绩考核立法，从制度根源上对地方官员的行为进行监督。通过立法对地方政府政绩考核的考核内容、考核程序、考核方法和考核结果运用等诸多问题进行规范，建立一套严格、科学的有法律效力的地方政绩考核体系。

一是树立科学的政绩观，使得地方官员从“唯GDP导向”向科学发展观转变。重新塑造地方官员的晋升考核体系，纠正单纯以经济增长速度评定等短期政绩的偏向，适当降低GDP增长、财政收入等一般性指标的重要性（权重）。同时，可考虑将土地供给指标作为地方官员晋升的一个“负向指标”进行考察，赋予对土地资源依赖行为的相应的“政治成本”，改善地方官员短期化的土地利用偏好[①]。将政绩考核权力进行适度的下放，使地方政府官员由仅“对上级负责”转变为“向上和向下相结合，主要对下级负责”的政绩考核模式，从而在一定程度上对当地政府的行为产生约束，有效防止地方政府短视行为。特别是在经济增长新常态带来地方财政收入增长区间也进入新常态的环境下，更需要逐步淡化地方财政收入规模和位次的观念，取消对各地财政收入指标的考核，不再进行预算收入及增幅排名。

二是将循环经济和环境质量指标纳入干部政绩考核指标体系中。根据“十三五规划”把绿色发展列入五大发展理念和实行最严格的环保制度，构建资源消耗、环境损害、生态效益等方面的评价指标并加大考核的权重。由于环境污染存在明显的时间惯性，为了确保前后任职官员行为目标的一致性与连续性，应在离任经济审计的同时开展离任环境审计，以真实反映在任期间的环境质量变动情况，从而更好地明晰权责，避免地方以牺牲环境为代价来换取地方GDP的快速增长。

三是构建衡量经济发展水平的综合性考核指标体系。在考核指标设计中增加促进民生事业发展等经济社会协调发展的指标权重，更加重视将地方政府的基本公共服务供给能力、地区社会发展质量、社会稳定性、居民生活水平等关系民生的因素作为考核参照要素。

四是建立健全土地出让收入审查制度，将审查结果作为地方领导干部考核、任免、奖惩的重要依据，从制度根源上对地方官员的行为进行监督。目前在土地出让收入征收管理中存在一些突出的问题，如一些地方少征、缓征、减免和返还土地出让收入，一些地方未及时将土地出让收入缴入国库并纳入政府性基金预算；一些地方在招商引资过程中以土地开发、奖励款等名义进行返还、变相减免土地出让收入，等等。因此，应强化土地出让收入预决算管理，细化收入预算编制，严格执行预算，完善预决算报告制度，建立健全信息公开制度。在年度地方财政预

① 吴非. 中国土地财政依赖的区域差异之谜［J］. 云南财经大学学报，2016，182（6）：16-32.

算执行情况审查和地方领导干部经济责任审计时，将土地出让收入管理审查作为一项重要内容，将土地收入征收管理作为审计重点。

8.7.2 有效约束地方政府收入预算行为

第一，加强收入预算编制的科学性和完整性。预算编制科学完整是建立清晰透明的现代预算管理制度的核心内容之一。为了控制地方预决算收入的偏离度，在政府收入预算的编审环节要着力从三个方面入手：

一是合理确定预算收入目标。强化税收收入科学预测管理，改进预算收入预测方法和技术，运用科学分析和现代信息技术手段，按不同地区、不同行业、不同税种等要素建立符合地方实际的收入预测模型和体系。在准确预测收入的基础上，合理确定收入的增速区间和征管目标，进一步弱化税收收入计划管理约束，促使收入预算由约束性转为预期性，收入计划不再作为一个硬性的任务和重要的绩效考核指标，而是成为一个收入适度增长的合理预期，从而减少税收收入预算对税收收入征收的压力，并避免税负的超速增长。

二是逐步规范收入计划的编制。为了增强财政收入政策的前瞻性和财政收入的可持续性，要加快推进中期预算改革，在尽可能正确分析预测未来2~4年经济增长速度走势、宏观经济政策变化、财税及社会经济改革措施、物价水平变动等因素对预算收入总量与结构影响的基础上，强化中期预算对年度预算的约束性。另外，在收入预算编审中要消除各级政府“留有余地”的思想，提高各级人大在预算编制阶段的事前参与度。

三是增强转移支付收入的可预测性。规范转移支付公式化分配方法，为地方提供一种清晰的、稳定的、可预期的收入制度规则，同时，建立转移支付资金的提前告知制度，从而提高地方预算资源预测的确定性与预算编制的准确度。

第二，加强预算收入收缴管理。为了加强地方财政收入预算管理，应改变目前财政专户资金只接受行政部门内部的管理，以及其规模和用途都不需报经全国人大审批的状况，将财政专户资金全部纳入预算管理。目前对土地出让收入管理的重点应放在三个方面：一是全面清理财政专户，二是逐渐取消过渡性账户，三是确保收入及时足额缴库。原则上土地出让收入采取直接缴库方式，对于暂时无法采取这种缴库方式而需要通过非税收入收缴系统缴库的，必须严格按照规定的期限全额划转。只有这样才能切实体现预算资金的完整性，彻底消除游离于预算管理之外的公共资金，对财政资金进行有效约束和统筹安排，真正增强预算资金分配使用的透明度。

第三，增强收入预算执行的合理性和规范性。在收入预算执行环节，要严格按照新《预算法》第五十五条第一款的规定对收入预算执行加以管理。首先，预算收入征收部门和单位必须依照国家法律、行政法规的规定，及时、足额地征收应征的预算收入。其次，不得违反国家法律、行政法规的规定，多征、提前征收或者减征、免征、缓征应征的预算收入。最后，不得截留、占用或者挪用预算收入。各地要对“寅吃卯粮”“空转收入”等问题开展自查整改，遏制收取“过头税”或“税收压库”的做法，纠正收入征收过程中的虚列、空转等作假行为，遏制通过虚增非税收入来片面追求排名和增幅的现象。

第四，增强税收征管的规则性。新《预算法》第五十五条第二款明确规定，各级政府不得向预算收入征收部门和单位下达收入指标，这为正确处理依法征税与完成税收计划之间的关系提供了法律规范。今后不应再分月、分地区、分部门分解摊派税收征收任务，而应当从经济发展实际出发依法征收、依率计征、应收尽收，不断减少税收收入计划管理对税收收入质量的负面影响，这既是降低税负的基本要求，也凸显了用税收法律与纪律严格约束征收行为和建立有限政府的财税改革的价值取向。

第五，消除地方政府为了追求成绩和自由支配权而产生的财政超收动力，切断超收与超支之间的通道。在超收资金使用方面，一是从法律上消除超收随意转化为支出的可能性。各级人大要严格执行新《预算法》中关于财政超收的有关规定，有效监督地方政府依法合理使用超收资金。二是建立健全跨年度的、合理的平衡机制，克服年度预算的局限性。以跨年度平衡为导向，预算执行中的超收不必全部用于当年支出，可补充预算稳定调节基金或在以后年度冲抵赤字、化解债务；对于一般公共预算年度执行中出现的短收，允许地方增列赤字并通过调入预算稳定调节基金在下一年度预算中进行弥补。

主要参考文献

[1] 陶然，杨大利.财政收入需要与地方政府在中国转轨和增长中的作用［J］. 公共行政评论，2008（5）：6-40.

[2] 陈志勇，陈莉莉.财政体制与地方政府财政行为探讨——基于治理“土地财政”的视角［J］. 中南财经政法大学学报，2009，173（2）：42-46.

[3] 徐涛，杨荣.转移支付对地方财政收入稳定效应的实证分析［J］. 中央财经大学学报，2009（6）：16-21.

[4] 贾康.中国财政改革：政府级次、事权、支出与税收安排的思路［J］. 地方财政研究，2005（10）：40-42.

[5] 吕冰洋.政府间税收分权的配置选择和财政影响［J］. 经济研究，2009，44（9）：16-27.

[6] 李婉.中国式财政分权与地方政府预算外收入膨胀研究［J］. 财经论丛，2010，151（3）：24-30.

[7] 李永友，沈玉平.财政收入垂直分配关系及其均衡增长效应［J］. 中国社会科学，2010（6）：108-124.

[8] 孙文基，魏文斌.税权划分的国际比较与借鉴［J］. 国外社会科学，2011（2）：83-87.

[9] 赵合云.“土地财政”的生成机制：一个逆向软约束理论的分析框架［J］. 财政研究，2011（10）：36-39.

[10] 王银梅.官僚预算最大化理论与财政超收问题探析 [J]. 财政研究，2012 (2)：46-49.

[11] 尹超.制度分割下地方政府“土地财政”之转型路径探析 [J]. 中南大学学报：社会科学版，2012，18 (4)：118-123.

[12] 胡家勇.地方政府“土地财政”依赖与利益分配格局——基于东部地区Z镇调研数据的分析与思考 [J]. 财贸经济，2012 (5)：27-36.

[13] 王道树.中国税收可持续增长问题研究 [J]. 财贸经济，2012 (5)：18-26.

[14] 骆祖春，赵奉军.美国土地财政的背景、经历与治理 [J]. 学海，2012 (6)：39-45.

[15] 李学文，卢新海，张蔚文.地方政府与预算外收入：中国经济增长模式问题 [J]. 世界经济，2012，35 (8)：134-160.

[16] 梁俊娇.有关我国地方政府间税收收入划分问题的思考 [J]. 中央财经大学学报，2012 (10)：1-5.

[17] 史成虎，张晓红.当代中国政治体制改革的困境与进路——以路径依赖为视角 [J]. 西南大学学报：社会科学版，2013，39 (2)：24-31.

[18] 张平."后土地财政时代”我国地方政府财政可持续性实证研究 [J]. 经济体制改革，2013 (2)：131-134.

[19] 贾康.财政体制改革之后的分权问题 [J]. 改革，2013 (2)：5-10.

[20] 王玉波."后土地财政时代”地方政府角色转变与公共财政体系重构 [J]. 改革，2013 (2)：46-53.

[21] 匡小平，刘颖.制度变迁、税权配置与地方税体系改革 [J]. 财经问题研究，2013 (3)：77-81.

[22] 褚敏，靳涛.分税制效率的经济学分析——基于分税制与包干制的比较研究 [J]. 上海经济研究，2013，25 (5)：16-26.

[23] 童锦治，李星，王佳杰.财政分权、多级政府竞争与地方政府非税收入——基于省级空间动态面板模型的估计 [J]. 吉林大学社会科学学报，2013，53 (6)：33-42.

[24] 娄成武，王玉波.中国土地财政中的地方政府行为与负效应研究 [J]. 中国软科学，2013 (6)：1-11.

[25] 白彦锋，刘畅.中央政府土地政策及其对地方土地出让行为的影响——对“土地财政”现象成因的一个假说 [J]. 财贸经济，2013 (7)：29-37.

[26] 谢芬，肖育才.财政分权、地方政府行为与基本公共服务均等化 [J]. 财政研究，2013 (11)：2-6.

[27] 刘立峰.地方政府的土地财政及其可持续性研究 [J]. 宏观经济研究，2014 (1)：3，9-24.

[28] 王小平.地方财政收入的空间非均衡性、溢出效应与经济增长：基于省际面板协整模型的研究 [J]. 山西财经大学学报，2014，36（12）：1-12.

[29] 陈工，洪礼阳.省级政府非税收入竞争的强度比较与分析——基于财政分权的视角 [J]. 财贸经济，2014（4）：5-13.

[30] 李建军.新形势下我国地方税系构建的现实选择 [J]. 财政监督，2014（4）：20-21.

[31] 白景明.进一步理顺政府间收入划分需要破解三大难题 [J]. 税务研究，2015，362（4）：3-8.

[32] 文桂江，李昕.大数据时代我国宏观经济数据的冲突与协调 [J]. 河北经贸大学学报，2014，35（5）：67-71.

[33] 唐善永，李丹.政府间转移支付对民族扶贫县财政收入行为影响研究 [J]. 财经论丛，2014，182（6）：24-30.

[34] 张谦煜，姚明华.省级全口径预决算审查监督：辽宁样本 [J]. 地方财政研究，2014（8）：13-16.

[35] 谷成.分税制框架下地方税体系构建 [J]. 税务研究，2014，356（10）：16-20.

[36] 李刚.煤炭资源税改革：国际视野与方案建议 [J]. 地方财政研究，2014（10）：57-62.

[37] 王峥，周全林.地方政府预算外收入与财政努力研究 [J]. 当代财经，2014，361（12）：28-35.

[38] 石子印.中国地方税：配置机理与体系重构 [J]. 财贸研究，2015（1）：91-97.

[39] 郑谊英.地方政府非正式财权偏好成因分析及法律治理 [J]. 财政研究，2015（1）：75-79.

[40] 王亚芬.房地产市场波动对地方财政收入的影响研究——基于面板误差修正模型的区域差异性分析 [J]. 财政研究，2015（2）：63-69.

[41] 陈志勇.现代税收与政府预算：内在逻辑和制度契合 [J]. 税务研究，2015，360（2）：10-16.

[42] 周潇枭.2014地方财政质量分析：15个省未完成预算目标 [N]. 21世纪经济报道，2015-02-10.

[43] 佚名.地方财政收入质量分析：收入实现14万亿 [N]. 21世纪经济报道，2015-02-10.

[44] 葛静."营改增"后重构我国地方税体系的思路和选择 [J]. 税务研究，2015，360（2）：57-61.

[45] 朱为群，唐善永，缑长艳.地方税的定位逻辑及其改革设想 [J]. 税务研

究，2015，360（2）：51-56.

[46] 田志刚，丁亚婷.构建现代地方税体系的理念、路径与策略［J］．税务研究，2015，360（2）：62-67.

[47] 孟天广，苏政．“同侪效应”与“邻居效应”——地级市非税收入规模膨胀的政治逻辑［J］．经济社会体制比较，2015，178（2）：165-176.

[48] 李晓红，魏微.房地产行业税收负担研究——基于沪、深房地产上市公司的经验数据［J］．税务与经济，2015，200（3）：92-97.

[49] 冯辉，沈肇章.政治激励、税收计划与地方财政收入预决算偏离：基于省级动态面板数据模型的分析［J］．云南财经大学学报，2015，173（3）：27-39.

[50] 王宇.财税改革过程中地方主体税种的选择［J］．税务研究，2015，362（4）：91-96.

[51] 高丽丽.地方财力与地方税体系的相关度分析——以天津为例［J］．地方财政研究，2015（4）：45-49.

[52] 杨龙见，尹恒.县级政府财力与支出责任：来自财政层级的视角［J］．金融研究，2015，418（4）：82-98.

[53] 王玮.共享税模式下政府间财力配置——基于中德的比较分析［J］．财贸经济，2015（4）：71-79.

[54] 石子印.中国地方税的界定标准与体系重构研究［J］．当代财经，2015，366（5）：37-44.

[55] 李林木，李为人.从国际比较看地方财政收入结构与主体税种的选择［J］．国际税收，2015（6）：53-56.

[56] 刘和祥，诸葛续亮.重构增值税分享比例，解决地方财政失衡问题［J］．税务研究，2015，364（6）：72-75.

[57] 周小林，冯力沛.重构我国地方财税体制：基于契约、公平与效率的分析框架［J］．税务研究，2015，364（6）：93-97.

[58] 伍红，潘世华.破解县域财力困境的思考——基于某样本县数据的实证分析［J］．财政研究，2015（6）：64-69.

[59] 苏扬.选取地方税主体税种：参考特征、潜力分析和总体思路［J］．地方财政研究，2015（8）：62，66-81.

[60] 白宇飞，张紫娟.地方政府非税收入困态摆脱路径研究［J］．财政研究，2015（9）：59-63.

[61] 贾晓俊，向振博，岳希明.美国政府间税收划分的实践与借鉴［J］．税务研究，2015，367（9）：106-109.

[62] 武玉坤.中国地方政府非税收入汲取研究：一个财政社会学分析框架［J］．

贵州社会科学，2015，310（10）：136-142.

[63] 张迪.增值税扩围后地方主体税种选择［J］. 湖北经济学院学报，2016，14（2）：62-68.

[64] 崔志坤，李娜，胡斯.构建地方税体系的现实约束与优化方向［J］. 经济纵横，2016（4）：101-105.

[65] 王振宇，郭艳娇.地方财政收入负增长现象、影响因素及量化测度：以辽宁为例［J］. 财贸经济，2016，37（4）：19-29.

[66] 高培勇，蒋震.常态下中国财政：若干趋势性变化［J］. 财政研究，2016（6）：2-15.

[67] 付文林，赵永辉.财政转移支付与地方征税行为［J］. 财政研究，2016，（6）：16-27.

[68] 彭艳芳.行政抑或法治：中央与地方税权配置的路径选择——基于扩展性成本方法模型的讨论［J］. 地方财政研究，2016（7）：81-86.

[69] 陈颂东.与分税制原则有关的几个认识问题［J］. 地方财政研究，2016（7）：60-63.

[70] 平新乔，黄昕，安然.地方财政收入中的土地出让金和房地产税收问题研究［J］. 中州学刊，2016，235（7）：29-37.

[71] 赵书博.我国税收收入分权改革问题研究［J］. 税务研究，2016，379（8）：18-23.

[72] 徐国祥，龙硕，李波.中国财政分权度指数的编制及其与增长、均等的关系研究［J］. 统计研究，2016，9（9）：36-46.

[73] 李金龙，武俊伟.我国中央与地方分税制财政体制改革路径依赖的困境及其消解［J］. 求是，2016（9）：38-45.

[74] 谢国财，王少泉.中央与地方财政收入比重变迁曲线研究——基于1953—2014年数据［J］. 中共福建省委党校学报，2016（10）：78-85.

[75] 付敏杰，张平.增值税改革：从稳定税负到国家治理［J］. 税务研究，2016，382（11）：18-22.

[76] 李杰刚，李志勇，高子达.县级转移支付与地方财税收入相关性分析——以河北为考察样本［J］. 地方财政研究，2016（11）：53-59.

[77] 尔茜.全面营改增后地方主体税种的选择［J］. 地方财政研究，2017（1）：57-62.

[78] 马国贤.现代国家治理与责任型分级财政体制［J］. 地方财政研究，2017（1）：4-9.

[79] 张成松.共享税标准的反思与体系化建构［J］. 江西财经大学学报，2017，113（5）：112-123.

[80] 童光辉，赵海利.大国治理框架下地方财政的层级数量与支出责任调整——基于历史和现实的双重视角［J］. 河北大学学报：哲学社会科学版，2017，42（6）：69-77.

[81] 李永海.增值税分享比例调整对地区财政收入的影响研究［J］. 兰州财经大学学报，2018，34（4）：30-37.

[82] 陈素娥.关于统一税制建设的地方税体系重构［J］. 税务研究，2018，399（4）：70-42.

[83] 张德勇.健全我国地方税体系的现实选择［J］. 税务研究，2018，399（4）：57-61.

[84] 高凤勤，刘金东.增值税跨区域转移与地方财力不均等——基于营改增前后的比较分析［J］. 上海财经大学学报，2018，20（4）：89-99.

[85] 朱德云，孙若源.地方财政对转移支付长期依赖问题：理论机制及治理选择［J］. 财政研究，2018（9）：81-92.

[86] 郭玲，姜晓妮，钟亚琼.我国地方政府间财力差异的多维分析［J］. 郑州大学学报：哲学社会科学版，2019，52（1）：50-58.

[87] 宁静，赵旭杰.纵向财政关系改革与基层政府财力保障：准自然实验分析［J］. 财贸经济，2019（1）：53-69.

[88] 郭贯成，汪勋杰.地方政府土地财政的动机、能力、约束与效应：一个分析框架［J］. 当代财经，2013，348（11）：25-35.

[89] F. A. Hayek. The Use of Knowledge in Society ［J］. The American Economic Review，Vol .35，No.4，1945（9）：519-530.

[90] Charles M. Tiebout. A pure Theory of Local Expenditures ［J］. The Journal of Political Economy，Vol. 64，No.5， 1956（10）：416-424.

[91] G.J. Stigler. The Tenable Range of Functions of Local Government，in Federal Expenditure Policy for Econonic Growth and Stability ［R］. Joint Committee，Washington，D.C.. 1957（11）.

[92] Musgrave R A. Theory of Public Finance ： A Study in Public Economy ［M］. New York ： McGraw-Hill，1959.

[93] Allace E. Oates. The Theory of Public Finance in a Federal System ［J］. The Canadian Journal of Economics，Vol. 1，No. 1，1968（2）：37-54.

[94] Oates W E. The Effects of Property Taxes and Local Public Spending on Property Values： A Reply and Yet Further Results ［J］. Journal of Political Economy，1972，81（4）：1004-1008.

[95] Sato，Motohiro & Yamashige，Shinji. Decentralization and Economic Development in Asian Countries： An Overview ［J］. Hitotsubashi

Journal of Economics, Hitotsubashi University, 2000, 41 (2): 77-84.

[96] Anwar Shah. Fiscal Decentralization in Developing and Transition Economies: Progress, Problems and the Promise [J]. World Bank Policy Research Working Paper. 2004 (3282): 1-44.

[97] Kai-yuen Tsui. Local tax system, Intergovernmental transfers and China′s local fiscal disparities [J]. Journal of Comparative Economics, 2005 (33): 173-196.

[98] Y. Y. Qian. B. Weignast. Regional Decentralization and Fiscal Incentives: Federalism Chinese Style [J]. Journal of Public Economics, 2005 (89): 1719-1742.

[99] Fox, William.the Unite States of America, in Anwar Shah. The Practice of Fiscal Federalism: Comparative Perspectives [M]. Montreal: McGill University Press, 2007.

[100] Bryson, Phillip J. User Fees in Local Finance: Performance and Potential in the Czech Republic and Slovakia [J]. Eastern European Economics, 2008, 46 (2): 5-27.

[101] Sui, K Y, Wang, Y Q. Decentralization with Political Trump: Vertical Control, Local Accountability and Regional Disparities in China [J], China Economic Review, 2008 (16): 403-418.

[102] Ronald C. Fisher. The State of State and Local Government Finance [J]. Federal Reserve Bank of St. Louis Regional Economic Development, 2010, 6 (1): 4-22.

[103] Bilin Neyapti. Fiscal decentralization and deficits: International evidence [J]. European Journal of Political Economy, 2010 (26): 155-166.

索引

后记

在新的经济发展时期，建立现代财政制度的一个重要环节是建设财政收入制度，尤其是地方财政收入制度的建设。地方财力配置合意性的、质的规定性就是要与新一轮财税体制改革要求的“建立可持续的现代财政制度”的总目标保持一致。作为对国家治理挑战的妥善回应，党的十八届三中全会制定了全面深化改革的路线图和时间表，明确了财税体制改革的功能定位和改革的重点指向。2016年的中央经济工作会议，进一步明确了要推进中央与地方财政事权和支出责任的划分改革。

目前，影响地方财政收入运行质量的财税体制、预算管理制度和激励评价机制的框架和规则都难以适应变化了的新情况，需要进行系统性的反思与改革。由于财税体制、预算管理制度改革的渐进性和继起性，以及激励形式的固化性，需要从动态的视角来探究地方财力配置问题。防止路径依赖现象和打破非合意局面的路径，仍然在于破解制度性约束和对制度环境的重构。这不仅要从财税体制、预算管理制度方面寻求内在驱动因素，而且要依循地方政府的治理逻辑从激励方面建立外在的治理机制。这既符合分税制改革向地方层级拓展的方向和逻辑，也是着眼于解决实践中地方财政收入运行偏离合意性等问题，从而确保地方财政平稳运行的客观要求。

地方财政收入体制的改革不仅要锁定关键目标，还要为每个目标指明所依赖的条件和路径，并从整体上把握、设计和推进。为此，后续研究应致力于科学运用系统性思维，构建一个系统论的研究框架对这些问题进行瞄准性的探析，以期对未来我国的财税体制改革、税制体系建设和预算管理制度规范提供良好的借鉴。要紧密结合地方财力配置的现实状况，有针对性地积极探索提高地方政府获得财政收入的能力，强化财政汲取行为约束机制和完善地方财政收入体系的改革方向和实践路径。关于地方财力配置与路径选择的探析应主要着力解决以下5个方面的问题：

（1）地方财力配置与地方政府目标定位的契合度。地方政府的目标具有多重性，不同时期的目标定位对地方财力的规模、结构与持续性增长的影响效应不同。今后不能仅限于研究财政收入对地方经济增长的影响以及经济结构、社会福利效应等问题，还应对不同目标与财政收入相关性的实证分析进行深入探讨。

（2）地方财政平衡系统各个要素的协调改革问题。地方财政平衡主要受制于政府间事权、财权和财力的科学分配程度，地方税收体系建设的完备性，财政转移支付制度改革的有效性，地方财政支出行为的规范化。未来在事权上收和财权适当下放之间，地方税收体系建设和转移支付收入分配机制之间如何进行权衡和选择等方面，需要进一步研究理论依据以及有效实施的环境条件。

（3）加强对县级财力配置问题的研究。研究地方财力配置问题既涉及中央与省，也包括省以下各级地方政府，还包括同一层级地方财力配置之间的能力差异。受数据可及性的限制，本书只把地方作为一个整体，以及对个别省、市、区县级的相关指标进行研究。今后的研究要尽可能系统地收集县级的变量和数据，将研究对象拓展到样本量更大的县级财政收入，从点面协同的视角加强研究的系统性，使分析的结论更具准确性和普适性。

（4）地方债务收入纳入全口径预算收入框架的问题。随着新《预算法》对地方发债问题的突破，今后债务收入将成为地方具有常态化的收入来源之一。如何编制地方债务预算、加强债务收入管理，如何使债务预算与现行的四类全口径预算衔接，以及如何重塑测度地方财政收入合意性的规范性指标，以期能更精准地衡量和透视地方财政收入规模的适度性、结构合理性及可持续性就成为一个新的研究课题。

（5）政府间财力协调的改革问题。财力协调是明确政府间财政关系的构成元素与理顺政府间财政关系的必要环节，也是现代财政制度建设的客观要求，其规范性程度与路径选择直接关系到中央与地方利益格局的形成，并可以通过中央和地方的收入汲取能力的提高而间接影响财政治理能力。党的十九大报告中，首次提出“财力协调”这一新的表述，而财力协调蕴含着哪些新的内容、改革指向与约束条件？单一修补性的收入划分改革能适应政府间财政关系纵深改革的需要吗？在深化财税体制改革、构建现代财政制度的新阶段，如何从财力协调的视角重新确定调动中央和地方“两个积极性”的可行思路？对这些问题的揭示，为关注和研究中央与地方财力协调问题提供了充足的内在动力，同时也是全面理解和实施党的十九大报告中关于财政改革战略的重要课题。

本书是在国家社会科学基金、辽宁省财政科研基金项目研究过程中逐渐形成的，由衷地感谢在写作过程中有关研究人员提出的宝贵意见，他们为本书提供了诸多有益的启示和指导。

著者

2020年1月